Eckart Warnecke

# *Reiki*

## Der zweite Grad

*(Die Zukunft liegt in Dir)*

Verlag tao.de

Autor: Eckart Warnecke

Erstauflage: 1996
Umschlaggestaltung: Torsten Winter
Printed in Germany

Verlag: J. Kamphausen Mediengruppe GmbH, Bielefeld · www.tao.de

Bibliographische Information der Deutschen Nationalbibliothek: Die Deutsche Nationalbibliothek verzeichnet diese Publikation in der Deutschen Nationalbibliographie; detaillierte bibliographische Daten sind im Internet über http://dnb.de abrufbar.

ISBN
Paperback: 978-3-96051-274-5
Hardcover: 978-3-96051-425-1
e-Book: 978-3-96051-276-9

# Vorwort zur überarbeiteten Neuauflage

*„Ein lebendiger Geist versucht, sich in seiner Zeit zu begreifen und so einen Weg zu suchen in die unbekannte Zukunft.“*
(Dr. Walther Schmandt)

Es ist genau 20 Jahre her, seit die erste Fassung dieses Buches erschien. Da es das einzige seiner Art war, welches sich mit den fortgeschrittenen Anwendungen der Energie-Arbeit mit Hilfe von Reiki beschäftigte, kam es in den Jahren darauf zu einer erfreulich großen Nachfrage. In Briefen, Telefonaten und persönlichen Gesprächen teilten mir immer wieder Leser mit, es gäbe zwar eine Vielzahl von Büchern über Reiki, allerdings keines, dass sich derart ausführlich und praxisnah mit den vielfältigen Einsatzmöglichkeiten des zweiten Grades und dem Weg der persönlichen Weiterentwicklung befassen würde. Und da das Interesse groß war, die Inhalte des Buches auch praktisch zu erlernen, kamen Jahr für Jahr viele Menschen zu mir in das Zeit-für-Dich Zentrum, um sich in Reiki-2-Seminaren und Aufbaukursen unterrichten und fortbilden zu lassen.
Allerdings geriet mein früherer Verlag ‚PeterErd‘ etwa ab dem Jahr 2004 in Schwierigkeiten und wurde im Zuge dieser Entwicklung nach und nach liquidiert. Ich hatte seinerzeit lange gar nicht bemerkt, was da lief, denn es gab ja noch genügend Exemplare in den Beständen der Buchhändler. Erst, als ich immer wieder Anrufe oder Zuschriften bekam mit der Frage, ob ich noch ein Reiki-2-Buch zum Privatverkauf haben würde, merkte ich, was sich hinter den Kulissen scheinbar abzuspielen schien.
Da ich über die fast drei Jahrzehnte, in denen ich mich inzwischen mit Meditation, Gesundheit und Selbstfindung beschäftige so viele wunderbare Erfahrungen gemacht habe und meine, dass die liebevolle Reiki-Kraft sowie ein mitfühlender Umgang zwischen uns Wesen in einer Zeit, in der immer häufiger Worte wie Militär, Krise, Gewalt und Sorgen um die Zukunft in den Nachrichten erscheinen, wichtiger denn je zu werden scheint, habe ich mich entschieden, mich noch mal hinzusetzen, um dieses Buch wieder auf den Weg zu bringen.

Anfangs bestand mein Ziel lediglich darin, ein identisches Buch wieder herauszubringen. Da ich keinerlei Text-Kopien von damals besaß, musste der bisherige Inhalt in seiner Gesamtheit allerdings erst mal abgetippt werden (hier ein Dank an Andrea). Als ich dann damit begann, den Text zu korrigieren, merkte ich, dass sich doch einiges an meinem Wissensstand verändert hatte. Außerdem bekam ich Lust dazu, den Inhalt zu erweitern.

So erstreckte sich die Arbeit an diesem hier vorliegenden Buch über einen Zeitraum von knapp zwei Jahren. Letztendlich hat es vor allem deshalb auch so lange gedauert, da ich nach und nach die ursprüngliche Fassung komplett überarbeitet, umgeschrieben, ergänzt und aktualisiert habe. Und bei dieser Ergänzung entstanden dann auch noch fünf völlig neue Kapitel mit ganz neuen Themen. Insofern bekam das Buch nicht nur ein umfassenderes Gesicht, sondern in meinen Augen auch mehr innerliche Tiefe; folglich ist es weniger als Neuauflage, sondern mehr schon als eine Neuerscheinung zu verstehen. Jetzt ist es nicht nur als eine Art ‚Reiki-Lehrbuch' zu verstehen, sondern wird auch für all' diejenigen eine Anleitung sein, die das Ziel haben, sich weiter zu entwickeln.

Ich hoffe nun, die Arbeit mit diesem Buch wird dir, egal ob Reiki-Schüler, Suchender, Lehrer oder Therapeut helfen, deine persönliche Reifung und Selbstfindung zu unterstützten. Da wir aber nur existieren können, wenn auch unsere Umgebung intakt ist, erfährst du im Verlaufe des Buches immer wieder Hinweise darauf, wie wichtig die Gemeinschaftsgefühl, Mitverantwortung für Mensch und Natur sowie die Förderung von innerem Frieden ist.

Die Arbeit mit diesem Buch soll dir demzufolge Mut machen, innerlich freier zu werden, die eigene Selbsterkenntnis zu unterstützen und auch andere Menschen dazu anzustacheln, das Positive im Leben zu sehen; denn letztlich hat es jeder einzelne von uns selber in der Hand, durch sein Handeln den heilsamen Einfluss der Reiki-Kraft für sich, für andere, wie auch auf unseren Planeten zu vermehren.

Ich wünsche Dir dabei Herzenswärme und Geduld, aber auch festen Boden unter deinen Füßen sowie viel Schwung und einen klaren Kopf auf deinem Weg – denn: ‚*Die Zukunft liegt in dir*'.

Eckart Warnecke (im Dezember 2016)

## Davonlaufen geht nicht (orientalisches Märchen)

Voller Angst blickte der junge Wagenlenker des Großmoguls auf die herannahenden Gewitterwolken. Es grollte schon hinter den Bergen am Horizont. Donner und dunkle Wolken kamen näher. Aber sein Herr saß ruhig in aller Ruhe im weißen Zelt in einem seiner riesigen Gärten einer Oase und spielte Schach. Zwei Diener fächelten ihm Kühlung zu. Neben dem Zelt scharrte sein schwarzer Hengst ungeduldig mit den Hufen.

Plötzlich rannte der jungen Wagenlenker voller Panik in Richtung Zelt, drängte sich durch die Wachen hindurch und warf sich totenbleich, am ganzen Leibe zitternd, dem Mogul zu Füßen. „Herr, Herr!" – „Was ist mit dir, Ali? Kannst du nicht warten, bis die Partie zu Ende ist?" Darauf der Wagenlenker: „Mit mir ist es zu Ende, Herr, wenn ihr mir nicht euren Hengst zur Flucht ausleiht. Ich will mich in der Festung am Brückenkopf auf dem anderen Ufer in Sicherheit bringen und verstecken. Denn drunten im Park, bei dem großen Gummi-Baum steht der Tod und winkt mir!" – „Nimm ihn, Ali, reite! Wenn du in der Festung deines Lebens sicher bist!" meinte der Großmogul.

Und schon sprengte Ali davon.

Der Großmogul aber ging daraufhin interessiert ins Hintere des Gartens, wo er den Tod noch antraf. „Oh, du Beender des Lebens", meinte er zu dem Tod, „du Unerbittlicher hast meinen Wagenlenker tief erschreckt ..."

„In diesem Falle war es an mir, mich kurzzeitig zu erschrecken", sagte der Tod. „Ich habe nämlich den Auftrag von ganz Oben, deinen Wagenlenker in wenigen Augenblicken in der Festung am Brückenkopf für immer abzuholen. Darum war ich erst so erschrocken, als ich ihn hier im Park bei dir antraf. Wie will er bloß so schnell dorthin gelangen ...?"

# 1. Kapitel

# Die Grundlagen für wirkliche Heilung

## Als Einstieg: Erlangung einer positiven Geisteshaltung

Viele Menschen sind auf der Suche. Sie fragen sich, wie sie ihren Alltag zufriedenstellender und sinnhafter gestalten können. Der Wunsch nach einem gesunden Leben, nach persönlicher Reifung, aber auch danach, wie sich Gutes für sich und andere bewirken lässt, spielt eine zunehmende Rolle. Im weiteren Verlauf des Buches zeige ich dir Wege auf, durch die Nutzung der Universellen Energie (Reiki) deinem Ziel näher zu kommen. Es wäre von Vorteil, wenn du schon einiges über Reiki wissen würdest, du kannst dieses Buch aber auch als Einstiegstext für dich nutzen. Vorab aber einige Erfahrungen und Überlegungen, die sich mit persönlichem Wachstum durch die Nutzung der Reiki-Kraft befassen. Dieses erste Kapitel soll dir somit als Basis dienen für die weiteren Schritte auf deinem zukünftigen Weg.
Bis heute kamen allein in Deutschland geschätzt mindestens zwei Millionen Menschen mit der universellen Kraft in Berührung. Und der Großteil dieser „Reiki-Gemeinschaft" machte anfangs wundervolle Erfahrungen und Fortschritte. Man behandelte sich und andere (auch Tieren und selbst Pflanzen), erlebte manchmal sogar kleine „Wunder", entwickelte sich weiter und gewann die Hoffnung, die Welt und ihre Lebensumstände auf diesem Wege friedlicher und gesünder zu machen. Ähnlich erging es auch mir.
Kritisch muss ich jedoch heute nach 25-jähriger Tätigkeit als Reiki- und Meditations-Lehrer sagen, dass ich inzwischen doch ein wenig ernüchtert bin. Denn wenn man sich anschaut, dass es großen Teilen auf unserem Planeten heutzutage eher schlechter als besser geht, dann frage ich mich: „Hätten sich die Bemühungen nicht generell auf unser Leben auswirken müssen? Hätte die Reiki-Kraft nicht bewirken sollen, dass unsere Gesellschaft heute zufriedener wäre? Und hätte man nicht mehr Menschlichkeit und eine intaktere Umwelt erwartet?"
Mir scheint, als habe sich die Realität zu wenig an den Hoffnungen derer orientiert, die unsere Welt ein bisschen besser machen wollen.

Hierzu nur ein paar Stichpunkte: wir werden zwar hier in Europa immer älter und die materiellen Bedürfnisse sind gut befriedigt, aber gleichzeitig ist festzustellen, dass Erkrankungen, Unzufriedenheit und Leiden scheinbar eher zunehmen; egal, ob wir dabei an Stichworte, wie Krebs, Ängste, Süchte, Rheuma, körperliche Behinderungen, Arbeitsbelastung, MS, Diabetes, Depressionen, Schmerzen, Verschuldungen wie auch psychische Probleme, Gewalt, Armut, Spielsucht und vieles mehr denken.
Schlimm ist es auch, mit anzusehen, unter welchem Druck in der Schule und Bewegungsmangel heutzutage Kinder aufwachsen und wie aufgrund seelischer Störungen immer mehr Eltern verzweifelt sind und sich fragen, was sie wohl machen können. Überhaupt: das mitmenschliche Klima hier bei uns wird scheinbar kälter und distanzierter. Wir strengen uns an, zeigen Tag für Tag Leistung bei der Arbeit, haben zu Essen und zu Trinken, ein Dach über dem Kopf und viele neue Errungenschaften, aber dennoch fehlt uns anscheinend irgendwie etwas. Viele Menschen fragen sich auch inzwischen, ob Geld wirklich alles im Leben sein sollte. Wo bleiben Selbstbestimmung, Lebensfreude und Glück? Der bekannte Weisheitslehrer Eckhardt Tolle meint diesbezüglich kritisch, große Teile der Weltbevölkerung würden in seinen Augen „geisteskrank“ sein. Allerdings seien sie sich dessen gar nicht bewusst. Nur, wie erkennen wir diesen Umstand?

*„Nach meiner Einweihung in den ersten Grad hatte ich eine Power, unglaublich! Erst hielt die Lehrerin die Hände irgendwie auf meine Augen und die Stirn. Es war so heiß, dass ich dachte, die hat sich ihre Hände extra heiß gemacht. Aber sie hatte gar nicht meine Stirn berührt. Seit dieser Zeit bin ich ganz locker geworden, früher war ich so eigenartig kontrolliert, und jetzt … toll!“ (Thorsten B.)*

Um jetzt also einen neuen Schritt zu machen, ist es ganz wichtig für dich, sich der Wirkweise der Reiki-Kraft bewusst zu werden; auch um die tieferen Mechanismen zu durchschauen. Denn die Nutzung der „universellen Lebensenergie“ beschränkt sich nicht auf das Behandeln körperlicher Symptome, sondern sollte auch genauso zur persönlichen Weiterentwicklung genutzt werden.
Legt man das östliche Verständnis zugrunde, so stand ursprünglich sogar die geistige Schulung an erster Stelle. Die Nutzung der Reiki-

Kraft wurde nicht so sehr als Heilmethode verstanden, sondern sollte in erster Linie ein Weg der Bewusstseinsschulung sein; ein Weg zu innerlicher Freiwerdung und geistigem Wachstum über die Methode mitfühlender Zuwendung in Bezug auf andere Wesen. Erst in zweiter Instanz ging es um Heilungseffekte. Dieser Gesichtspunkt wird hier im Westen oft zu wenig beachtet. Bei uns stehen hauptsächlich das Auflegen der Hände und das Übertragen von Energie zum Zwecke der Reduzierung von Krankheitssymptomen im Mittelpunkt. Und leider spielt oft auch das Geld eine sehr große Rolle. Ich denke, es ist nun an der Zeit zu einer Neubesinnung. Dabei gilt es, die Möglichkeiten der wundervollen Reiki-Kraft in einen neuen, beziehungsweise in seinen ursprünglichen Rahmen zu integrieren. Reiki als reine Behandlungstechnik verstanden ist so ähnlich, als wenn jemand auf die Frage, woher denn wohl die Milch kommt, antworten würde: *„Na, aus dem Supermarkt."*

Nehmen wir nur mal das Beispiel der Reiki-Lebensregeln, um uns etwas bewusst zu machen. Eigentlich sollten sie jedem Reiki-Schüler geläufig sein, aber wurde ihre zentrale Bedeutung wirklich betont? Welchem Reiki-Anfänger wurden sie wirklich verdeutlicht, wer kennt sie tatsächlich auswendig? Oder auch: wer hat schon mal etwas von den *„Silas"* gehört – von den Sittlichkeitsgeboten, die die Grundlage der gesamten fernöstlichen Praxis bilden und von denen die Reiki-Lebensregeln abgeleitet wurden?

Und falls mir die Reiki-Regeln tatsächlich nahegebracht wurden, achte ich sie in meinem täglichen Leben, habe ich mich dafür entschieden, sie anzuwenden? Ist mir die erste Lebensregel wirklich ein Herzensanliegen, wenn es heißt: *„Gerade heute ärgere dich nicht"*? Schaffe ich es, wie es die zweite Lebensregel fordert, mich *„gerade heute nicht zu sorgen?"* Gehe ich wirklich *„liebevoll mit den Wesen in meiner Umgebung um?"* (dritte Lebensregel), entwickle ich in allen meinen Handlungen *„Dankbarkeit"* oder *„verdiene mein Brot ehrlich"*, wie dies in den weiteren Reiki-Lebensregeln gefordert wird?

Weil mir immer wieder klar wird, dass für viele Reiki-Schüler wie auch für deren Lehrer die Einbettung von Reiki in sein spirituelles Urverständnis eher nicht so wichtig erscheinen, anstatt die wesentliche Grundlage für deren ethisch-moralisches Handeln zu sein, schiebe ich diese Zeilen an dieser Stelle voran – sozusagen als nachholende Fortbildung in Bezug auf das Wesen des ersten Grades.

## Die Legende von Himmel und Hölle

Einst hatte jemand das große Glück – oder war es Pech? – einen Blick hinunter in die Hölle werfen zu können. Dort sieht er viele Menschen auf Stühlen, an denen sie komplett gefesselt sind. Nur der rechte Arm ist frei und kann bewegt werden. Allerdings ist an jedem dieser rechten Arme ein sehr langer Löffel festgebunden. Nun ist es erst etwas unklar, was das soll, aber dann entdeckt man, dass vor diesen Menschen in etwa einem Meter Abstand reich gedeckte Tische mit den herrlichsten Speisen stehen. Und auf den ersten Blick ist man erleichtert, denn man bemerkt, dass die armen Menschen ja mit den schönen langen Löffeln problemlos an die Speisen herankommen können, so dass sie nicht zu verhungern brauchen.

Aber man hört ein Klagen und Jammern, Schmerzensschreie und nimmt einen fürchterlichen Geruch wahr; und überall unter den Tischen sieht man verdorbene Essensreste herumliegen. Und jetzt erst erkennt man die Tragik: die Leidenden hier in der Hölle kommen zwar mit ihren langen Löffeln an all‘ die duftend-leckeren Köstlichkeiten heran, sie können sie auch auf die Löffel schieben, aber es ist ihnen unmöglich, die Löffel zu ihren Mündern zu führen, weil sie ganz einfach zu lang sind. Wieder und wieder versuchen sie es, aber alles fällt vorher zu Boden. Dort sitzen sie nun also Ewigkeit für Ewigkeit, vollkommen ausgehungert, mit schmerzverzerrten Leibern vor übervollen Tischen mit duftenden Speisen und erkennen ihre innerliche Verzweiflung.

Im Himmel herrschen auf den ersten Blick komischerweise die genau identischen Spielregeln. Auch dort sitzen die Menschen auf ihre Stühle gefesselt und haben ebenso diese langen Löffel an ihren Armen und auch sie können sich selbst nicht füttern und versorgen. Allerdings haben die Menschen im Himmel gelernt, wie wichtig es ist, sich um andere zu kümmern. Und so füttern sie sich mit den langen Löffeln hier gegenseitig. Jeder freut sich, wenn er dem anderen etwas Gutes tun kann oder ist dankbar dafür, wenn er von anderen etwas zugereicht bekommt. So herrschen hier Zufriedenheit, Glück und Dankbarkeit.

## Östliches Verständnis als Basis der menschlichen Psyche

Die Ursprünge der Reiki-Kraft, wie wir sie heute lehren, sind in Japan zu suchen, einem durch den Zen-Buddhismus geprägten Kulturraum (hierauf gehe ich später noch ein). Im Buddhismus sehen viele Menschen hier im Westen eine Religion. Dies ist allerdings weitestgehend falsch. Vielmehr ist es eine bis ins kleinste Detail ausgearbeitete 2600 Jahre alte Anleitung durch den Buddha zur Überwindung aller Arten von leidvollen Zuständen – egal ob wir darunter Krankheiten, Verluste, Schmerzen, negative Gefühle und was noch alles verstehen. Kurz, wie es dazu kam:

Der Prinz Siddharta, der einem reichen Hause entsprang, begab sich eines Tages auf die Suche nach den Wesenszügen und Grundspielarten des Menschseins. Geprägt durch die hinduistische Erziehung übte er über viele Jahre alle möglichen Arten von Askese und Meditation, bis er in sich allmählich einen Zustand erreichte, den man als „vollkommen erleuchtet" bezeichnen konnte: „samma-sambuddha". Der Begriff bezeichnet einen Menschen, der die zur Erlösung führende Lehre, nachdem sie der Welt verlorengegangen war, aus sich selbst heraus wieder entdeckt, selber verwirklicht und der Welt verkündet. Dies geschah im Gegensatz zu den Überlieferungen von Jesus, die erst Jahrzehnte nach seinem Tod zusammengetragen worden sind, im direkten Niederschreiben. Das heißt, der Buddha sprach und Schriftkundige zeichneten sofort seine Weisheitslehren eins zu eins auf.

Nun muss man sich das wahrscheinlich nicht so vorstellen, dass da mal eben jemand vor etwa 2600 Jahren ein bisschen meditierte, und weil er besonders talentiert war, irgendwie eine vertiefte Erkenntnis bekam, sondern es war schon eine lange, sehr schwere und harte Suche; wobei wichtig ist, dass er aus einem Kulturkreis kam, der auch damals schon sehr hoch entwickelt war. Das bereits damals bestehende yogisch-hinduistische Alltagsverständnis bot ihm hierbei so etwas wie eine Grundlage mit Themen, wie Re-Inkarnation, Karma, Suche nach Vollkommenheit, Glück und friedfertigem Leben.

Im Zustand seines Erwachens verstand Siddharta plötzlich das Wesen der menschlichen Existenz und er hatte die Erkenntnis, worin die wirklichen Ursachen für alles Unheil und Leid auf der Welt zu suchen waren: nämlich in den drei Grundübeln Gier, Hass und Verblendung der menschlichen Seele. Alsdann leiteten sich hieraus als zentraler

Kern seiner Lehre Die vier edlen Wahrheiten ab: die Wahrheit vom Leiden, von der Entstehung des Leidens, von der Erlösung vom Leiden und dem Weg, der zum Erlöschen des Leidens führt. Im Einzelnen:

Die erste sogenannte Wahrheit lehrt, dass das Leben nicht voller Freude und Glück ist, wie man das oft erwartet, sondern dass jegliches Dasein sogar überwiegend von Kummer, Schmerz, Trübsal, Verzweiflung, Alter, Krankheit, Leid und Tod begleitet wird. Dies möchten wir allerdings nicht sehen und flüchten uns in Ersatzbefriedigungen.

Die zweite Wahrheit lehrt, dass sämtliche Probleme und alle unserer Konflikte aus Gier und sinnlichem Begehren heraus entstehen. Wir sind „verblendet" und erkennen nicht, was wirklich wichtig ist, sondern haben Lust auf etwas, wollen etwas besitzen und legen hierdurch die Grundlage für Leid, denn jeder Besitz ist der Vergänglichkeit unterworfen, was bedeutet, dass wir irgendwann alles wieder verlieren. Aus den hieraus entstehenden Misserfolgen wachsen letzten Endes Wut und Hass, weil wir innerlich unbefriedigt bleiben.

Nach den ersten beiden eher ein wenig frustrierenden Wahrheiten macht uns die dritte Wahrheit Hoffnung; denn sie besagt, dass die Befreiung aus diesem Teufelskreis möglich ist; und zwar, indem wir danach streben, unser Begehren aufzugeben und loszulassen.

Die vierte sogenannte Wahrheit letztlich bezieht sich auf die konkreten Methoden und Mittel zur Überwindung des Leidens. Um dies zu tun und um zur Befreiung zu kommen, kommt es darauf an, dauerhaft und aufrichtig die Grundzüge des Edlen achtfachen Pfades zu praktizieren, um durch gutes, heilsames, großzügiges Handeln im Hier und Jetzt für sich die bevorstehende Zukunft positiv zu beeinflussen.

Was einem unter den vier edlen Wahrheiten vielleicht wie etwas Selbstverständliches vorkommen mag, erlangt erst mit der Zeit eine zunehmende Bedeutung – wenn man nämlich wirklich zu erkennen und kapieren beginnt, dass nicht andere die Schuld daran tragen, dass ich immer wieder zu einem Opfer, Versager, Leidenden, Pechvogel, Kranken, Hassenden oder Unglücklichen werde, sondern es ist das, was ich bisher getan habe. Und das kann natürlich auch schon weiter zurückliegen. Oft sind die Gründe dafür, was ich in diesem Leben abbekomme oder ausbaden muss, sogar auf Handlungen zurückzuführen, die bereits in einem früheren Leben passiert sind. Leider kann man in seiner jetzigen Existenz so gut wie nie bewusst erkennen, was man

früher (und dazu gehören manchmal sogar mehrere frühere Leben) getan oder angestellt hat, so dass man jetzt scheinbar trotz etlicher Bemühungen oft lange Zeit auf keinen „grünen Zweig“ kommt.
Was wir also heute konkret erleben, ist ein Teil unseres Karmas. Das heißt, es ist das Resultat früherer Handlungen. Und das, was wir heute tun, wird dann wiederum unsere Zukunft beeinflussen. Wir können somit zum größten Teil durch unser heutiges Handeln mitbestimmen, wie unsere Zukunft aussehen wird. Sorgen wir durch intelligentes, gutes und zielstrebig-achtsames Handeln dafür, dass uns eine so geartete „rosige“ Zukunft erwartet, wie wir uns dies erhoffen. Und hierzu lehrte der Buddha die Wesenszüge vom Edlen Achtfachen Pfad:
Rechte Einsicht – es geht um das Erkennen, wie wir sind und dass wir unser Schicksal selbst in die Hand nehmen sollten; wir entwickeln eine Ahnung von uns selbst, stellen sozusagen etwas über uns fest; dies passiert häufig im Kontext von Krankheiten.
Rechte Absicht – aus der Einsicht heraus beginnen wir etwas zu suchen; es entwickelt sich eine Zielsetzung; wir entfalten in uns einen Plan, wie wir sein sollten und uns zukünftig verhalten wollen.
Rechte Rede – nun geht es um die konkrete Umsetzung; wir sollen uns bemühen, nur das zu sagen, was wahr ist, sollten üble Nachrede vermeiden (nicht spotten oder über andere lästern), sollten freundlich reden und nicht zur unpassenden Zeit sprechen, sollten anderen nicht ins Wort fallen, Beleidigungen vermeiden und kein leeres Geschwätz praktizieren.
Rechtes Handeln – hierzu gehören nicht stehlen, nicht töten, nicht irgendwelchen Süchten verfallen, immer Maß halten und wissen, wann genug ist, unsere Umgebung nicht verschmutzen sowie sexuell nur liebevolles Verhalten praktizieren.
Rechter Lebenserwerb – man sollte sich einen Beruf suchen, in dem man nicht unheilsam tätig werden muss. Möglichst nicht mit Waffen, Tieren, Alkohol, Geld und Drogen seinen Broterwerb verdienen und sozusagen Ehrlichkeit verwirklichen.
Rechte Anstrengung – zusätzlich kommt es darauf an, sich zu bemühen, nur heilsame Gedanken zuzulassen, dabei negatives Denken zu vermeiden und Unheilsames und Destruktives zu überwinden.
Rechte Achtsamkeit – was auch immer man im Alltag gerade tut, alles sollte in Ruhe, mit Liebe und mit aufmerksamem Gewahrsein getan werden gemäß dem Motto: „Wenn ich rede, dann weiß ich, dass ich

rede." Auch sollte man sich seiner Gedanken möglichst zu jedem Augenblick bewusst sein.
Rechte Sammlung – möglichst immer nur eine Sache zu einer Zeit tun und so oft es geht sich mit Hilfe von Meditation darin üben, Konzentration und Versenkung zu praktizieren.

Nun könnte man noch nachtragen, dass das für jemand, der politisch ausgerichtet ist, sich etwas ironisch anhört, wenn da steht: „Rechte Absicht". Ich finde die Begriffe auch unter dem Aspekt des Nationalsozialismus etwas unglücklich – vielleicht wird man ja mal etwas neutralere finden; aber für diejenigen, die eher einen heilsamen Weg beschreiten wollen, für die ist klar, worum es geht.

*Wir reagieren nicht auf unsere Umgebung, sondern wir reagieren auf die Empfindungen,*
*die durch die Außenwelt in uns ausgelöst werden!*
(Buddhistischer Grundansatz)

## Die Verbindung zwischen Buddhismus und dem Reiki-Weg

Aber wo trifft sich nun dieser buddhistische Ansatz mit Reiki? Ich denke, mit ein wenig Phantasie hast du schon eine Reihe von Verbindungen erkannt. Zum Beispiel, wenn es darum geht, Leiden zu verringern, dann tun wir dies nicht aus der Motivation heraus, Geld zu verdienen (Begierde), sondern für uns sollten Mitleid und Mitgefühl im Vordergrund stehen. Wir sollten auch nicht so verblendet sein, und anderen einreden, mit Reiki könnte man alle möglichen Krankheiten beseitigen (Verblendung) und wenn wir jemanden behandeln, der Opfer eines Gewaltverbrechens geworden ist, sollten wir uns auch davor hüten, Hass oder Wut auf den Täter zu entwickeln. Wir wollen helfen, Leiden zu überwinden. Und indem wir dies für andere praktizieren, tun wir auch schon eine Menge für unser eigenes Karma.
Bezogen auf den Edlen Achtfachen Pfad ließe sich auch noch aufzeigen, wie der Weg eines Menschen verlaufen könnte, der sich für Reiki entscheidet: am Anfang steht fast immer die Erkenntnis, dass uns irgendetwas fehlt oder dass es uns nicht gut geht (1). Dann entscheiden wir uns für ein Reiki-1-Seminar, weil wir von anderen Menschen Gu-

tes darüber gehört haben (2). Dann beginnen wir mit dem Behandeln bei uns selbst oder anderen. Hinzu erinnern wir uns an die Reiki-Lebensregeln und versuchen, liebevoll zu reden (3,4). Da wir uns jetzt weiterentwickeln, entscheiden wir uns mehr und mehr für soziale und positive Berufe, manchmal möchte jemand sogar Reiki-Lehrer werden (5). Durch viele positive Begegnungen und Erfahrungen wächst in uns zunehmend der Wunsch, möglichst nur noch heilsame Handlungen durchzuführen (6). Dies kann aber fast nur noch dadurch verbessert werden, wenn wir quasi tagtäglich auf uns achten und durchgehend bemüht sind, geistige Kontrolle über unser Handeln und unsere Gedanken zu haben (7). Und im Idealfall wächst unser Wunsch, selbst zu erwachen und fortgesetzte Selbsterkenntnis zu erreichen und wir beginnen, Meditation und Sammlung in unseren Alltag ganz normal einzuflechten (8).

Nun möchte ich noch einige andere Aspekte ergänzen, die auch in engem Bezug zwischen Reiki und buddhistischen Praktiken stehen: viele von uns fragen sich immer wieder, wenn sie mit den Methoden des ersten Grades arbeiten, wie lange sie an einer Position im Kontext einer Ganzkörperbehandlung verweilen sollen und bemerken darüber hinaus ganz oft, dass ihre Gedanken ungewollt und störend abschweifen. Beide Probleme lassen sich mit einfachen Mitteln aus dem Zusammenhang des Meditierens deutlich reduzieren. Erst einmal müsstest du mit der Uhr abstoppen, wie viele langsame Atemzüge du ungefähr pro Minute machst. Sehr oft kommt man auf zehn Atemzüge pro Minute, was einem klassischen Rhythmus des Yoga-Atmens entsprechen würde. Wenn du nun mit einer Ganzkörper-Behandlung am Kopf beginnst, so schließt du nach dem Auflegen der Hände deine Augen und beginnst, die Atemzüge zu zählen. Wenn du bei 30 angekommen bist, dann spürst du noch mal kurz in deine Handflächen hinein und wechselst dann zur nächsten Position, da jetzt in etwa drei Minuten rum sein sollten. Somit schlägst du auf diese Weise gleich drei Fliegen mit einer Klappe: du bist mental mehr bei der Sache, bist sicherer bezüglich der Verweildauer der Handpositionen und spürst noch effektiver, was die Behandlung bewirkt.

Eine weitere Möglichkeit buddhistische Techniken und Reiki-Anwendungen zu verbinden, möchte ich für den Bereich des Schlafs noch aufzeigen. Laut statistischen Erhebungen der Krankenkassen stellen Schlafstörungen in Deutschland schon so etwas wie eine

Volksseuche dar. Millionen von Menschen können abends nicht einschlafen, werden immer wieder nachts wach, haben Albträume und stehen oft morgens wie gerädert auf. Statt aber auf Medikamente zurückzugreifen, was bis zu einem bestimmten Maß legitim ist, rate ich erst mal, sich Gedanken dazu zu machen, was meinen Wach- und Schlafrhythmus stört. Dies können wechselnde Schichtdienste im Kontext der Arbeit, aber auch seelische Probleme und Sorgen sein. Aber anstatt jetzt im Bett zu liegen und, sich über die Schlaflosigkeit zu ärgern, zu grübeln oder sich zu sorgen, dass man am nächsten Morgen nicht fit genug für die Arbeit sein könnte, sollte man einen anderen Weg beschreiten:

**Übung: Reiki bei Schlafstörungen**

Wenn du bemerkst, dass du wach im Bett liegst und dir klar wird, dass dies wieder mal eine ungemütliche Nacht wird, so solltest du vor allem erst mal ruhig bleiben! Sich rumzuwälzen und zu ärgern bewirkt letzten Endes erst die richtige dauerhafte Störung. Dann solltest du spüren, ob im Körper irgendwo Unruhe herrscht. Dies kann im Bereich des Bauches oder auch am Hinterkopf sein. Auf die Stelle am Körper, die dir unruhig erscheint, legst du deine Hände und bittest gleichzeitig Meister Usui (den Entdecker der Reiki-Kraft) um Unterstützung bei der Energie-Übertragung.

Nun nimmst du aber noch einen zweiten Punkt hinzu, denn ansonsten würden deine Gedanken ganz von selbst immer wieder abschweifen und sich mit Angst, Sorgen oder irgendwelchen Selbstvorwürfen beschäftigen. Konzentriere dich also jetzt parallel zu deinen Händen, die Reiki zum Beispiel auf den Hinterkopf übertragen, auf die Reiki-Lebensregeln. Beginne mit *„Gerade heute sei nicht ärgerlich."* Fokussiere diesen Satz in deinem Gehirn, lass keine anderen Gedanken zu und bemühe dich, ganz entspannt zu atmen. Und immer, wenn du merkst, dass du wieder mal abgeschweift warst, gehst du ruhig zu dem Satz zurück. Fokussiere ihn, dehne ihn in dir aus, halte ihn fest! Das bewirkt, dass du Kontrolle über deine Gedanken erlangst, weil du selbst bestimmst, welchen Gedanken du gerade haben willst. Dies beruhigt nicht nur und bringt dich weg von den negativen Gedanken, sondern es verbindet dich zusätzlich auch noch auf vertiefte Weise mit der Reiki-Philosophie und hilft deinem Unterbewusstsein, sich positiv umzustellen; denn die meisten von uns sind so durch die gesellschaftlichen Prozesse beeinflusst, dass wir uns wirklich schnell ärgern, dass wir uns viele Sorgen machen, dass wir die Wichtigkeit von Dankbarkeit vergessen haben, oft nur Profit im Kopf kennen und hart gegen uns wie gegen andere sind.

## Selbstverwirklichung – Was ist das eigentlich wirklich?

Viele Menschen reden von „Selbstverwirklichung" und wissen im Grunde genommen gar nicht, was das ist. Sie haben ein unbestimmtes Gefühl, eine Art Verlangen, suchen danach, etwas zu tun, was Sinn macht, was sie weiter bringt – und was machen sie dann: manche Hausfrauen begannen zu arbeiten, manche Männer trennten sich, andere gaben ihre Berufe auf, . . .

Aber Selbstverwirklichung heißt etwas ganz anderes: es beinhaltet das Wissen, dass unserer Seele ein Körper geschenkt wurde. Und diesen Körper können wir bewegen, wir können damit unsere Impulse ausleben – denn als rein geistige Instanz geht das nicht. Nur mit Füßen, die wir bewegen können, können wir in einen Wald gehen, nur wenn wir Augen haben, die wir lenken können über unseren Geist, können wir Blumen sehen und uns daran erfreuen – in ihnen die Liebe der Schöpfung entdecken. Mit unserem Mund können wir sprechen und mit unserem Gehirn können wir sogar über uns selbst nachdenken. Auch wenn wir das als selbstverständlich ansehen: wir sollten aufgrund dieser Möglichkeiten sehr dankbar sein.

Sich selbst verwirklichen heißt, wir haben durch das Geschenk unseres Körpers die Möglichkeit, Dinge zu tun, die zwar in uns angelegt sind, die wir aber ohne unseren Körper nicht tun könnten. Und diesen Umstand sollten wir uns viel intensiver immer wieder bewusst machen: Die Kostbarkeit dieser Existenz und unseres Daseins ist zu vergleichen mit den Sandkörnern am Ganges, ihre Zahl grenzt an die Unendlichkeit. Und so viele Sandkörner es gibt, so viele Lebewesen gibt es auf der Erde, egal ob Amöbe, Insekt, Säugetier oder Mensch. Nimmt man jetzt eine Handvoll Sandkörner davon, so entspräche das in etwa der Menge der gesamten Menschheit. Und wenn man jetzt nur diejenigen Sandkörner nimmt, die sich unter dem Fingernagel des linken kleinen Fingers befinden, so hat man die Menge an Menschen auf der Welt, die sich mit sich, ihrem Bewusstsein sowie ihrer Spiritualität beschäftigen. Du siehst also, welches Glück du hast, dass du dich an diesem Punkt der Erde in diesem Körper und mit allen diesen Möglichkeiten hier befindest.

Also sei dir bewusst, dass das jetzige Dasein wirklich extrem kostbar und außergewöhnlich ist und dass du es nicht unnötig vergeuden solltest, indem du nach Äußerlichem strebst, wie etwa einem Haus, einem Auto, dem nächsten neuen Handy, einem teuren Whisky, einem neuen Partner, neuen Klamotten und vielem mehr. Mache dir außerdem bewusst, dass wir unser Glück auch nicht von anderen Menschen abhängig machen sollten („neue Liebe" oder Ähnliches), sondern dass wir Freude und Glücksempfinden in uns selbst und aus uns selbst erzeugen sollten, um das Leid zu überwinden und da bietet sich natürlich die Nutzung der Reiki-Kraft als wundervolle Methode an – sie ist bei guter Nutzung etwas Bleibendes, etwas, was dir keiner wegnehmen kann.

Wie vergänglich das Leben ist, sieht man sehr gut daran, wie schnell ein Smartphone heute alt ist. Hatte man gerade letztes Jahr unbedingt das neuste „So-und-so" besitzen „müssen", so ist es in diesem Jahr fast schon veraltet und wir müssen schon wieder den Gedanken in uns bekämpfen, ein neues haben zu wollen. Dahinter steckt die Problematik der Anhaftung an die Dinge oder anders gesagt: die sinnliche Begierde. Erinnere dich: Begierde ist eines der drei Grundübel für Leid und gehört außerdem zu den fünf Hemmnissen, die verhindern, dass wir unsere Persönlichkeit weiterentfalten und glücklich werden.

Die anderen vier Hemmnisse sind: Übelwollen oder Zorn, Trägheit und Mattigkeit, innerliche Unruhe sowie Zweifel, ob der eingeschlagene Weg der richtige ist. Um aber auf deinem Weg der Selbstfindung und Selbsterkenntnis voranzukommen, musst du aufpassen, dass du nicht von den Hemmnissen am Vorwärtskommen gehindert wirst. Und deshalb lehrte der Buddha schon vor 2600 Jahren für jeden Aspekt der Hemmnisse auch ein Gegenmittel. Das ideale Gegenmittel für sinnliche Begierde ist Nachdenken und Bewusstmachen von Vergänglichkeit, das Gegenmittel gegen Zorn ist die Entwicklung von Mitgefühl, gegen Unruhezustände hilft die Meditation auf ruhige Objekte wie einen Bergsee, gegen Mattigkeit hilft der täglich zu erneuernde Vorsatz, sich noch motivierter um seine Weiterentwicklung zu bemühen und gegen Zweifel hilft die vertiefte Lektüre der alten Schriften.

## Den Schleier der Selbsttäuschung zur Seite ziehen

Wenden wir uns kurz noch den gesellschaftlichen Bedingungen zu. Der Zustand auf der Erde spitzt sich immer mehr zu. Nehmen wir nur mal das Klima, wo jedes Jahr irgendwelche „Rekorde“ gebrochen werden, sei es durch übermäßige Hitze, durch Überschwemmungen oder Stürme. Aber wie wird in den Medien und durch die dort gezeigten Fachleute berichtet? Immer wieder hört man den verharmlosenden Begriff der „Wetterkapriolen“! Aber das hat doch nichts mit einer Kapriole zu tun, sondern ist schon der Beginn der Klimakatastrophe, die uns bedroht!

Oder nehmen wir die ständigen Kriegsberichte. Selbst hier in Deutschland werden schon wieder Panzer aus den Depots geholt, wofür? Aber was tut die Politik, was tun wir? Statt voll Panik auf die Straßen zu rennen und zu versuchen, andere aufzurütteln, etwas gegen die Entwicklung zu tun (egal, ob es um Friedenssicherung oder die Rettung des Ökosystems Erde geht), bleiben wir ruhig und kümmern uns um unsere Finanzgeschäfte, unseren Besitz und kämpfen uns durch den Alltag – wir versuchen zu Hause (oder vor dem Fernseher), uns unser kleines Fleckchen „Frieden“ zu bewahren, die bedrohliche Zukunft wird, so gut es geht, ausgeklammert.

Dabei lässt sich der erschreckende Zustand der Welt vergleichen mit Katastrophen biblischen Ausmaßes; und wenn wir ehrlich sein wollen, so steht zu befürchten, dass wir direkt vor einer solchen Katastrophe stehen. Und was noch viel schlimmer ist, wir stehen davor mit offenen Augen und sehen trotzdem nicht, was auf uns zu kommt. Wir feiern Partys wie die Menschen auf der Titanic, während das Schiff bereits im Sinken begriffen ist.

Der deutsch-brasilianische Umweltaktivist Jose Antonio Lutzenberger schrieb schon 1991: *„Die moderne Industriegesellschaft ist eine fanatische Religion. Wir demolieren, vergiften und zerstören alle Lebenssysteme auf diesem Planeten. Wir zeichnen Schuldscheine, die unsere Kinder nicht werden einlösen können, wir handeln, als seien wir die letzte Generation auf diesem Planeten. Ohne einen radikalen Wandel in unseren Herzen, in unserem Geist und in unserer Vision wird die Erde enden wie die Venus: tot und verkohlt.“*

Das heißt: wir wissen zwar eigentlich, dass das Wachstum nicht unbegrenzt gesteigert werden kann und dass es nach einem Auf- auch einen Abschwung gibt – ähnlich einem Baum, der zwar oft recht rasch in die Höhe wächst, doch irgendwann seinen höchsten Punkt erreicht, von dem an es dann nicht mehr weiter geht. Was wir jedoch heute versuchen ist vergleichbar dem Turmbau zu Babel. Wir glauben, wir können unendlich viele neue Stockwerke aufeinandersetzen und nennen das dann Wachstum. Aber am Ende kommt der zu Fall, der letztendlich zu hoch hinaus wollte. Denn irgendwann brechen die Fundamente und Stützträger, wenn oben immer mehr Gewicht und Höhe drauf kommt.

Wir haben unser gesamtes Denken und Handeln auf Zukunft und Wachstum aufgebaut. Wenn wir aber jetzt unsere Zukunft mit der Spitze des Turmes gleichsetzen, so verliert sie immer mehr an Halt und droht einzustürzen. Ähnlich wie es dem gesamten Staatsgebilde hier bei uns geht. Immer weniger Arbeiter und Steuerzahler müssen immer mehr Empfänger (Alte, Kranke, sozial Schwache) bezahlen, müssen immer mehr Schulden zurückzahlen und bekommen gleichzeitig bei immer längeren Arbeitszeiten einerseits immer mehr zu tun, da man die Tätigkeiten mit immer weniger Menschen durchführen lässt und andererseits gibt es dafür immer weniger Geld. Das heißt, jeder Einzelne von uns soll immer mehr leisten, und gleichzeitig steigen unsere Ausgaben, egal ob es für Versorgungsgüter, die inzwischen notwendige Altersvorsorge oder Gemüse auf dem Wochenmarkt ist. Und doch hört man landauf landab, dass es uns gut geht und wir „stark" seien – wirtschaftlich. Aber ist das wirklich so, oder werden wir nur durch die Medien als Vollstrecker der Vorgaben durch unsere Oberschicht sowie die Politiker hinters Licht geführt?

Gehen wir noch mal einen Schritt zurück und machen uns bewusst, was der erwachte Buddha uns seinerzeit mit auf den Weg geben wollte. Wir sollten Gier und Hass überwinden, aber vor allem sollen wir nicht der „Verblendung" nachlaufen. Er empfahl, alles was uns gesagt oder empfohlen wird, kritisch zu hinterfragen und zu prüfen, ob es für uns plausibel ist und sich wirklich stimmig anfühlt. Mit dieser Haltung verlassen wir die Unwissenheit, die uns den Erkenntnisblick verschleiert. Schauen wir uns doch nur mal irgendwelche Nachrichten an, überall erkennen wir das Vorhandensein und Wirken der drei genannten „Grundübel“: Unsere Sinne werden durch die gezielte Art der Nachrichtendarstellungen gewollt in eine bestimmte Richtung gelenkt und wir nehmen an, dass das die Wahrheit ist (Verblendung). Es wird über die sogenannte „Politik“ und die Wirtschaft berichtet und es werden Börsendaten durchgegeben (Gier). Kriege, Rebellionen und Straftaten zeigen uns, wie viel Gewalt zwischen Völkern, Religionen und Menschen anzutreffen ist (Hass).

Nur, es bleibt keine Zeit mehr für Gejammer oder spitzfindige Karikaturen, jetzt geht es mittelfristig für alle mehr oder weniger ans Eingemachte – oder härter formuliert: ums Überleben der Zivilisation. Und wer auch hier ein biblisches Gleichnis bemühen möchte: Gott ist dabei, die Gemeinschaft zu zerschlagen, die schon lange um das goldene Kalb tanzt. Das goldene Kalb ist heute allerdings nicht mehr ein aus Gold irgendwie gestaltetes Kunstwerk, sondern es ist das Geld, ähnlich dem schönen Satz: Geld regiert die Welt. Wir, das sind nicht nur die Aktionäre und Investoren, die Geld aus der Breite der Bevölkerung herausziehen wollen, sondern dass ist inzwischen das Handlungsprinzip, was sich inzwischen über den gesamten Globus erstreckt. Und diese Mechanismen zu erkennen, sich der heimlichen Verblendung Tag für Tag bewusst zu werden und sein Handeln nicht hierdurch leiten zu lassen – das ist in meinen Augen der konkrete Weg zur Selbsterkenntnis.

Eckhart Tolle meint, wir bräuchten einen Bewusstseinssprung anstelle von Selbstzerstörung. Es macht Hoffnung, dass uns die Kraft hierzu die „universelle Energie“ (Reiki) schon seit über hundert Jahren zur Verfügung stellt, aber leider scheinen noch viel zu wenig Menschen daran interessiert zu sein, aus ihrer Verblendung zu erwachen. Tolle schreibt: *„Von Gier getrieben und ohne Gefühl der Verbundenheit mit dem Ganzen, bleiben die Menschen beharrlich bei einem Verhalten, das nur in ihre eigene Vernichtung führen kann, wenn ihm nicht Einhalt geboten wird.“* Deshalb an dieser Stelle noch mal die Aufforderung, werdet wach und tut etwas, indem ihr euch weiterentwickelt! Im weiteren Verlauf des Buches werde ich eine Menge an Möglichkeiten aufzeigen, die mit Hilfe des zweiten Grades durchzuführen sind. Aber am Anfang steht dennoch erst einmal die Erkenntnis, die dann eintreten kann, wenn wir die Verblendung überwunden haben. Die weiteren Schritte gemäß dem „Edlen achtfachen Pfad“ werden dann hoffentlich folgen.

## Worauf kommt es an? Plädoyer für die Reiki-Zukunft

*„Möge ich die eigenen Fehler, die meine wirklichen Feinde sind, besiegen."*
(Tibetischer Gebetsspruch)

Wir müssen erst einmal lernen, dass man beim Durchleben leidvoller Zustände nicht die anderen dafür verantwortlich machen und ihnen dafür die Schuld geben kann, sondern wir müssen erkennen, dass das, was man gerade erlebt, gemäß dem Gesetz von Karma nur die Wirkung und gleichzeitig das Ergebnis unserer zurückliegenden Taten ist. Außerdem sollten wir die Kostbarkeit dieser Existenz erkennen und dementsprechend motiviert die Zeit in diesem Körper nutzen (dazu mehr in Kapitel 14). Wir sollten alles an Energie aktivieren was geht, um noch die „Kurve" zu kriegen mit der Welt.

Ich meine, es gibt kaum einen schöneren Weg, um Güte und Mitgefühl zu entwickeln, als sich den Möglichkeiten von Reiki gegenüber zu öffnen. Aber dafür bräuchte es eine tiefgründigere Ausbildung. Hierzu hoffe ich, einige Anregungen gegeben zu haben. Dann sollten wir uns auch dringend mit grundsätzlichen Fragen bei Reiki beschäftigen; ich denke, Unterricht und Behandlung sollten nicht in erster Linie zum Geldverdienen da sein. Ganz wichtig wäre es in meinen Augen, wenn wir die Reiki-Schüler viel dringender als bisher zu vertiefter Eigenarbeit an sich selbst anregen würden. Und schließlich sollten die Reiki-Lehrer nicht nur mehr offenen Austausch untereinander betreiben, sondern auch immer wieder dafür sorgen, dass sich Reiki-Gemeinschaften zum Austausch, Behandeln und Weiterentwickeln der Lehre bilden würden.

Und nun stürze dich, hoffentlich gut vorbereitet und motiviert in die vielfältigen Möglichkeiten des zweiten Grades, die ich dir auf den nächsten Seiten nahebringe, wobei ich noch vorausschicken möchte: lies das Buch nicht einfach nur durch, sondern arbeite damit, probiere die Techniken aus und schau, wo du sie helfend anwenden kannst.

# 2. Kapitel

## Der zweite Grad: „Was erwartet dich?“

### Die Zeit ist reif...

Der Besuch eines Reiki-1-Seminars löst bei der überwiegenden Zahl der Teilnehmer unübersehbare Veränderungen in Bezug auf deren Weltanschauungen, Geschmacksempfinden, Umgang mit anderen wie auch mit der eigenen Person, in Bezug auf farbliche Vorlieben oder auch alte Verhaltensmuster aus. Manche entwickeln im Anschluss an die Reiki-Einweihungen erstmals in Ihrem Leben ein Gefühl zu sich selbst, indem sie spüren, sich mit Hilfe von Reiki selbst Liebe schenken zu können, andere hingegen entdecken ihr Mitgefühl und finden Gefallen an der Behandlung zum Teil wildfremder Menschen. Ein weiterer Teil ist einfach dankbar für die wundersame Kraft in den Händen, mit der man von nun an lebenslang verbunden ist, oder man ist auch nur froh, den Schritt hin zu einem Seminar gewagt zu haben, von dem so viel Nähe und Wärme ausging. Aber manche stehen am Tag danach auch völlig leer da und fragen sich, was sie jetzt wirklich erlernt haben – und da konnte man nur sagen: *“Weiter, geh‘ weiter, aber immer nur in kleinen Schritten!”*

Ganz selten kommt es vor, dass einzelne Teilnehmer ihr Leben völlig unbeeinflusst weiter wie bisher gestalten. Und selbst diejenigen, die von sich annehmen, der erste Grad sei an ihnen völlig spurlos vorüber gegangen, merken oft erst nach einem halben Jahr, wie viel sich um sie herum ganz unbemerkt verändert, harmonisiert oder zum Positiven gewendet hat. Aus allen diesen Gründen heraus betrachtet ist es sinnvoll, nach dem ersten Grad erst einmal eine gewisse Zeit verstreichen zu lassen, ehe du dich dem Wunsch zuwendest, nun auch den zweiten machen zu wollen. Auch aus einem weiteren Grund heraus wäre es schade, würdest du beide Grade unmittelbar nacheinander absolvieren, denn du brächtest dich dadurch mit Sicherheit um die Erfahrung zweier wesentlich voneinander abweichender innerer Erkenntnispro-

zesse. Und damit würdest du dir eine ganz wichtige Möglichkeit nehmen, einiges mehr über dich selbst zu erfahren.
Und doch gibt es etliche Reiki-Lehrer, die ihre Schüler an nur einem Wochenende in beide Grade einweihen. Persönlich halte ich nichts davon. Ich meine, es dauert eine Weile, bis die Zeit reif ist, um den zweiten Schritt zu beginnen. Und da schadet es nichts, wenn der eine oder andere ein bisschen mehr Geduld aufbringen muss, als ihm das zurzeit angebracht erscheint. Mit Sicherheit wird er hinterher genauso darüber denken, selbst wenn ihm anfangs alles viel zu lange erschien.

*Wer von uns kennt sie nicht, die Skepsis, die Tendenz, alles kritisch zu hinterfragen und nichts vorbehaltlos anzunehmen? Mir als einem Menschen, der durch etliche Jahre einer wissenschaftlichen Ausbildung geprägt, mit Reiki in Kontakt kam, erschienen die Erfahrungen, die ich mit dem ersten Grad machen konnte, noch einigermaßen erklärbar: Spürte ich doch irgendwann bei jeder Behandlung allein schon durch den Körperkontakt ein gewisses Maß an Wärme, aber hätte ich nicht vielleicht allein schon durch die Berührung, die Zuwendung und die Zeit vertrauter Ruhe auch ohne jemals in die Reiki-Kraft eingeweiht worden zu sein, die Erfolge meiner ersten "Behandlungen" erreicht, die ich anderen zukommen ließ? War für diese "sogenannten Effekte" wirklich so etwas verantwortlich wie die geheimnisvolle Reiki-Energie, in die ich mich hatte einweihen lassen, ohne mich großartig vorher darüber informiert zu haben?*
*Nun, diese Fragen ließen sich allesamt nicht mehr klären, denn nun war ich eingeweiht und damit Zeit meines Lebens mit der universellen Lebensenergie verbunden. Aber was würde es wohl erst mit mir machen, sollten die Möglichkeiten, die der zweite Grad verspricht, ebenfalls bei mir funktionierten? Müsste ich dann nicht alle Meinungen und vorgefassten Glaubenssätze über Bord werfen, die sich in mir über die Jahre angesammelt hatten? Und wer hätte dann wirklich recht? Die Wissenschaftler, die nur das zulassen möchten, was sie auch messen oder beweisen können oder auch diejenigen, die immer wieder behaupten, es gäbe noch einen Bereich, der jenseits jeder Rationalität liegt?*

Worauf du dich in Bezug auf den zweiten Grad einstellen solltest, ist ein völlig neues Bild dessen, was du bisher über die Reiki-Energiearbeit wusstest. Es wird für dich darauf ankommen, Dinge mit deinem eigenen Bewusstsein einschließlich deiner Hände zu bewirken, die eigentlich bisher immer als unmöglich galten. Allein schon der Umstand, sich auf diese neue Dimension innerlich gut vorzubereiten, macht es angebracht, den Schritt nicht voreilig zu vollziehen. Auch wird hinzukommen, dass du dir bewusst machen solltest, dass nun mit dem Handwerkszeug des zweiten Grades ein deutlich höheres Maß an moralischer Verantwortung von dir erwartet wird, welches zu viel Heilungs- oder Sendungsbewusstsein unangebracht erscheinen lässt. So gesehen kommt es darauf an, dich erst einmal gut dazu zu befragen, warum du nun den zweiten Grad machen möchtest.

Bist du in der Lage, ganz einfach und neutral für dich darauf zu antworten, du möchtest ihn jetzt machen, um noch effektiver mit Reiki zu arbeiten, dann ist das in Ordnung. Wird dir jedoch bewusst, dass du einfach aus Sensationslust oder deshalb, um anderen ein Stück voraus zu sein, dich für das neue Seminar anzumelden gedenkst, dann erteile dir selbst ein "Stopp", denn sonst würdest du dir womöglich etwas aneignen, mit dem du noch nicht verantwortungsbewusst genug umgehen kannst. Zwinge dich lieber, noch etwas zu warten und deine Beweggründe noch mal zu überprüfen, anstatt den Wünschen deines stark drängenden Egos nachzugeben.

Darüber, wie viel Zeit zwischen dem ersten und zweiten Grad verstreichen sollte, existieren höchst unterschiedliche Meinungen. Der Großteil der Reiki-Lehrer empfiehlt, etwa ein gutes halbes Jahr zu warten. Manche halten diesen Zeitraum für zu lang und schlagen deutlich weniger vor (z.B. nur drei Wochen), anderen hingegen ist selbst das halbe Jahr noch zu kurz, so dass sie mindestens ein Dreivierteljahr bei zusätzlichem Besuch ihrer Reiki-Abende mit Fortbildung und Übung als Pause zwischendurch verlangen.

Meine Meinung dazu sieht so aus, dass die Entscheidung in erster Linie von innen kommen sollte. Ich appelliere in der überwiegenden Zahl der Fälle an die innere Führung in jedem Reiki-Schüler und bevorzuge eine Haltung, die dem anderen ein sehr hohes Maß an Eigenverantwortlichkeit zubilligt. Ganz selten einmal gebe ich einen Ratschlag. Wann die Zeit reif ist, das spürt jeder in sich selbst noch am ehesten.

## Reiki als Stufenweg zur Entfaltung der Persönlichkeit

So wie ich das Usui-System der Reiki-Heilung verstehe und lehre, ist es weniger eine Naturheilmethode, die ständig spektakuläre Heilungen produziert (obwohl auch das immer wieder in der Praxis vorkommt), sondern eher ein Weg, der in Richtung Ganzheit, Vervollkommnung und Harmonie deutet. Es ist ein geistig-spiritueller Weg, der uns in unserer westlichen und vom Verstand dominierten Welt zum wahren Selbst führen kann und uns den Sinn des Lebens finden hilft. In der Verbindung dieser östlichen Lehre mit den modernen Bewusstseinstechniken des „Mentalen Trainings“ liegt dabei unsere große Chance, wieder mehr und mehr zu Partnern von Natur und Schöpfung zu werden.

Ohne dies immer unbedingt zu wollen, geraten wir im Verlauf eines Lebens viele Male in Situationen, die uns eine neue Richtung andeuten wollen. Hierbei denke ich nicht unbedingt an die weltweite Umweltkrise, auf die wir immer mehr zusteuern, sondern vielmehr an Momente, in denen uns blitzschnell eine Entscheidung abverlangt wird; aber auch an Zeiten des Wohnorts- oder Arbeitsplatzwechsels, an Krankheiten, den Beginn einer Beziehung oder an einen Todesfall. Vor uns tun sich symbolisch gesehen immer wieder Lebensweichen auf, die uns zwingen, uns für die eine oder andere Richtung zu entscheiden. Und je nachdem, wie wir uns an solchen Weichen verhalten, steuern wir auf unserem Lebensweg mehr in stürmisches oder mehr in harmonisches Gewässer.

Ganz ähnlich verhält es sich auch mit dem Reiki-Weg. Dieser ist so aufgebaut, dass er eine Reihe von einzelnen Schritten enthält, die je nach eigenem Tempo schneller oder langsamer durchlaufen werden können. Sicher ist dabei nur eines – der Reiki-Schüler verbindet sich Schritt für Schritt mehr mit der Reiki-Kraft und erlaubt ihr dadurch, langsam zu einem festen Bestandteil seines Lebens zu werden.

Wenn sich heute jemand dazu entschließt, Reiki kennenlernen zu wollen, dann steht oft am Anfang dieses neuen Weges eine gewisse Unzufriedenheit über den Verlauf des bisherigen Lebens; so zum Beispiel das Gefühl, es müsse noch mehr geben, als das, was bisher in unserem Leben erlebt haben. Bildlich gesprochen stehen wir dabei vor einer Weiche, die uns die Möglichkeit bietet, unser Leben so wie bisher

weiterzuführen oder aber abzubiegen auf ein neues Gleis, von dem wir noch nicht so recht wissen, wohin dieses überhaupt führen wird.
Die Schritte auf dem Stufenweg der Reiki-Energie werden vollzogen durch Prozesse, die allgemein als „Einweihungen“ oder „Einstimmungen“ bezeichnet werden. Hierunter sind energetische Kraftübertragungen zu verstehen, die sich in Sekundenbruchteilen vollziehen und über das Bewusstsein laufen. Energiequanten werden vom konkreten Gedanken des Reiki-Lehrers abgeschickt und fließen durch dessen Körper und Arme in den Schüler hinein. Kraft seiner eigenen persönlichen Einweihungen ist der Reiki-Lehrer demzufolge in der Lage, andere Menschen für den neuen Weg zu öffnen.
Die Energieschübe wirken sich auf die physischen Bereiche des Körpers wie auch auf die feinstofflichen Bereiche aus. So werden u.a. Herz, Thymusdrüse, Schilddrüse, Hypophyse und Zirbeldrüse gereinigt. Alsbald werden auch das Herz-, Hals- und Stirn- sowie das Scheitel-Chakra als Bindeglied zum spirituellen Sein geöffnet und auf die neue Schwingungsfrequenz eingestellt.
Um den Begriff der „Einweihungen“ noch ein wenig zu verdeutlichen, möchte ich diesen mit der persönlichen Entwicklung vergleichen, die sich zum Beispiel durch eine langjährige Meditationspraxis erzielen lässt. Einweihungen sind die Grundlage dafür, dass sich positive Veränderungen einstellen. Immer wieder kommt es darüber hinaus im Kontext von Einweihungen zu Spontanheilungen oder zumindest Stimmungsverbesserungen. Und dadurch, dass die Reiki-Kraft fortwährend einen starken Schutz vor negativer Energie, vor Magie und Spannung darstellt, macht sie den einzelnen freier und weniger leicht durch negative Schwingungen, durch Ärger, Neid oder Aggressionen angreifbar.
Wenn du dieses Buch liest, dann wirst du vermutlich wie bereits gesagt in den ersten Grad eingeweiht worden sein. Das heißt, du wurdest durch die vier energetischen Einstimmungen geöffnet, so das jetzt die Kosmische Energie in dir wirken kann, du wurdest eigeführt in die Arbeit mit den Chakren, die Behandlungspositionen und einige theoretische Hintergründe. Wenn du dich nun dem zweiten Grad zuwendest, wird dieser deine Möglichkeiten beträchtlich erweitern.
Er versetzt dich in die Lage, Reiki jenseits von Raum und Zeit zu verschicken. Es bedarf also nicht mehr des Handauflegens, um Energie fließen zu lassen. Desweiteren beinhaltet der zweite Grad eine Men-

taltechnik, mit deren Hilfe du auf psychischer Ebene Ängste, Süchte und andere Disharmonien behandeln kannst sowie als drittem Werkzeug zusätzlich ein Kraftsymbol, mit dem sich die Energie gezielt aktivieren lässt.

Im weiteren Verlauf stelle ich jetzt den Aufbau der Reiki-Grade dar, wie ich ihn nach vielen Jahren des Lernen und Lehrens für mich neu entwickelt habe. Ich denke, dass dies der kompletteste Aufbau des Reikiweges ist, der zurzeit gelehrt wird. Der Weg umfasst neun Grade und wer Reiki-Meister werden möchte, der erwirbt letztendlich den zehnten.

Jeder Grad stellt eine neue Stufe auf dem Weg der Persönlichkeitsentfaltung eines Menschen dar. Während der erste die körperliche und der zweite die psychisch-emotionale Ebene berührt, aktivieren die weiteren Grade mehr und mehr die spirituelle Entwicklung und Reifung einer Person. Wenn du dich dazu entschließt, die Einweihungen in den dritten (Herz-Chakra) und vierten Grad (Hals-Chakra) zu machen, solltest du bereits längere Zeit mit den anderen beiden Graden gearbeitet haben und die körperlichen und psychischen Veränderungen, die oft damit einhergehen, abgewartet haben.

Beim fünften Grad steht dann die Einweihung in die „Meisterenergie" im Mittelpunkt. Dies ist ein besonders großer Schritt, schließt er doch den Einweihungszyklus auf der unteren Ebene ab. Es ist wunderbar, zu erkennen, wie die Prozesse danach in dir endgültig ins „Rollen" kommen, obwohl manchmal auch unangenehme Reaktionen in dir stattfinden können, die sich aber nach einiger Zeit auflösen werden. Bei diesem fünften Grad verstärkt sich der Schutz vor negativer Energie. Das Symbol als solches steht in Beziehung zum Stirn-Chakra und öffnet das „innere Auge" vermehrt für die spirituellen Aspekte des Lebens. Mit dem Erhalt des fünften Grades wird der erste Zyklus der Einweihungen abgeschlossen. Der Reiki-Schüler verfügt nun über sämtliche Möglichkeiten, die Reiki-Energie zu nutzen und positiv für sich und andere anzuwenden. (In den herkömmlichen Reiki-Systemen ist dies der dritte Grad.)

Spätestens ab jetzt wird dir mehr und mehr bewusst werden, dass Reiki mehr ist, als ein einfaches Heilungssystem. Reiki wird zum Weg und zur Transformation hin zum Licht. Der Einsatzbereich selbst ist allerdings ab dem dritten Grad nicht mehr ganz so spektakulär wie beim zweiten, doch erhöht sich das Energiepotential durch jede Ein-

weihung weiter, du wirst sensibler und sensitiver und strahlst auch auf deine Umgebung mehr Zufriedenheit und Ruhe aus.
Als nächstes würde sich jetzt im sechsten Grad die von mir als Reiki-Assistenz bezeichnete Zeit anschließen. Diese ist gedacht für Menschen, die mit der Überlegung liebäugeln, den Weg in Richtung Reiki-Lehrer fortzusetzen und andere in Reiki einweihen zu wollen. Hier begleitet mich der Schüler, hilft bei Erklärungen in den Seminaren und kann auch schon mal selbst einzelne Einweihungen übend vornehmen und damit schauen, ob das Lehrerdasein und das Reiki-Vermitteln wirklich was für ihn/sie ist.
Anschließend erfolgt dann die dann nach und nach Einweihung in die beiden sogenannten Geheimgrade. Dieser Schritt ist nur noch nach erfolgter Reiki-Assistenz möglich. So wie ich diese beiden Grade erlebe, führen sie die Pendelbewegung zwischen Yin und Yang (verweilender Ruhe bzw. bewegender Aktivität) von Grad zu Grad kontinuierlich fort. Nachdem die Assistenzzeit durch Aktivität, Extrovertiertheit und Außendarstellung (Yang-Prinzip) gekennzeichnet ist, schwingt das Pendel nun mit der Einweihung in den „ersten Großmeistergrad" wieder in die entgegengesetzte Richtung (Yin). Denn dieser Grad stärkt die innere Ruhe und unterstützt den angehenden Reiki-Meister/-Lehrer darin, weitgehend Gelassenheit nach außen zu strahlen. Der Name dieses Grades ist übersetzt „Große Harmonie" und hilft dabei, selbst in unruhigen und wirren Situationen die Ruhe in sich zu bewahren.
Der zweite Großmeister-, bzw. Geheimgrad steht für „Das große Teilen". Ich will hier nicht weiter auf Einzelheiten eingehen, bis auf den Umstand, dass sich ab dem achten Grad so etwas wie „Reiki pur" geben lässt; das heißt, man kann zum Beispiel alle Techniken des zweiten Grades anwenden, jedoch ohne die sonst dafür notwendigen Zeichen und Mantras zu verwenden. Allein schon dieser Hinweis macht deutlich, dass die Zielrichtung dieses Grades wieder mehr ins Außen und ins handelnde Tätig werden (Yang) zeigt. Mit diesem achten Grad treten weitere großen Veränderungen ein, und du lernst, die Reiki-Energie schnell und gezielt zu übertragen. Durch die Einweihung in diesen Grad finden noch einmal eine Reihe von Reinigungen statt sowie eine erneute Anhebung der Schwingungsfrequenz des Körpers. Letztlich ist Reiki kein Zustand, sondern ein Weg; er führt

heran an die eigenen Begrenzungen und Blockaden mit dem Ziel, diese nach und nach im beständigen Annähern und Entfernen aufzulösen.
Mit dem neunten Grad erfolgt fast ausschließlich nur eine einzige Einweihung (Yin) – die jedoch den gesamten Zyklus derart abrundet, so dass jetzt als nächstes nur noch die Lehrer-/Meister-Ausbildung wieder gemäß dem Yang-Prinzip anzuschließen ist.
Ich ordne dieser letzten Phase keinen Extragrad mehr zu, sondern sehe dies als Wachstumszustand an. Die Ausbildung zum Lehrer kann dabei sehr stark variieren, was Ausbildungsinhalte und Dauer anbetrifft. Manche private Ausbildungszentren bezeichnen diese Phase auch als drei b und verlangen 600 und mehr Stunden theoretischer Fortbildung bei Ausbildungszeiten von einem bis anderthalb Jahren. Das krasse Gegenbeispiel stellen vereinzelt Reiki-Lehrer dar, die interessierte Schüler bereits unter der Einstufung als viertem Grad innerhalb eines Tages in die Grundlagen des Lehrer-Wissens einweisen und damit davon ausgehen, dass jetzt ein neuer Reiki-Lehrer mit seiner Arbeit beginnen kann. Ich selbst versuche, einen ganzheitlichen Weg zu gehen, der einen sehr hohen praktischen Anteil verbunden mit theoretischer Fundierung enthält und sich zumeist über den Zeitraum von insgesamt zwei Jahren erstreckt.

Die Einführung der einzelnen „Grade“, die übrigens nicht von Meister Usui, sondern soweit man weiß, von seinem Nachfolger als Linienhalter, Dr. Chujiro Hayashi, eingeführt worden sind, um Reiki besser weitervermitteln zu können, beschreibt eine wunderschöne Wellenbewegung. Diese verläuft wie die Linie zwischen Ebbe und Flut an einem Strand oder wie das Wechselspiel zwischen Licht und Schatten an einer Wand. Die unterschiedlichen Grade bei mir sind wie Pendelausschläge. Sie sind so aufgebaut, dass jeder neue Grad die Tendenz in sich birgt, die Entwicklungsrichtung wieder auf sich selbst, auf das Eigentliche zurückzuführen.
Konkret bedeutet dies: Reicht es beim ersten Grad aus, seine Hände mit der Intention, helfen zu wollen, lediglich „irgendwo“ hinzulegen, in der Hoffnung, von nun ab würde Energie fließen (Yin), so wird das Ego des Reiki-Schülers beim zweiten Grad sehr stark angeregt. Nun liegt es an ihm, was er daraus macht. Er kann herumexperimentieren, therapieren und die Reiki-Kraft genau dorthin schicken, wo er sie hinhaben will (Yang). Beim dritten Grad ist wieder der Aspekt der De-

mut gefragt. Der Reiki-Schüler, der zuvor noch diese ungeheure Ausdehnung seines „Machthungers“ erleben konnte, wird wieder auf sich selbst zurückgeworfen. Er erhält seine Herz-Einweihung nicht, um damit zu arbeiten, sondern um damit erstrangig auf dem Weg der Meisterschaft des Lebens voranzugehen.
Beim vierten Grad schlägt das Pendel wieder um. Nun werden Sprache und Ausdruck aktiviert. Der fünfte Grad beinhaltet zwar das Meister-Symbol, allerdings kann der Neu-Eingeweihte damit noch wenig anfangen. Im sechsten Ausbildungsschritt wird vom Lernenden verlangt, selbst aktiver zu werden. Man geht während der Reikilehrer-Assistenz schon mal nach außen, um seine Möglichkeiten anderen Menschen anzubieten. Hier ist nun weniger das Passive, sondern wieder mehr das Aktive (Yang) gefragt. Und es hängt von der persönlichen Entwicklung des Lehrers ab, ob und inwieweit er seine Schüler auf deren innerem Weg vorwärts bringen kann.
Der siebte Grad verlangt zum Beispiel Stille und Genügsamkeit. Er verlangt etwas, das man nicht „kaufen“ kann. Die große Harmonie entsteht nicht im Außen, sondern sie wächst nach und nach im „Innen“ und wirkt später mehr und mehr ins Außen hinein. Jedoch nur dann, wenn man ihr auch genügend Raum gibt.
Mit dem achten Grad schlägt das Pendel noch einmal um. Auf dieser Ebene bekommt der Reiki-Lehrer, der mit dem Thema „Macht“ umzugehen gelernt haben sollte, die letzten „Handwerkzeuge“ des Reikiweges. Mit diesen kann er die Reiki-Kraft problemlos und ungeheuer einfach anwenden und sie an andere weitergeben. Auch kann er sich durch das hohe Maß an Effizienz in seiner Arbeit mit Reiki nun Menschen und Aufgabenbereichen zuwenden, die ihn früher an seine Leistungsgrenzen herangeführt hätten. Kurz und gut: Er ist ein Mensch, der die Aufgaben der jeweils darunterliegenden Grade erfolgreich „gemeistert“ hat.

*„Im Stein schläft das Bewusstsein,*
*in der Pflanze träumt es,*
*im Tier beginnt es aufzuwachen*
*und im Menschen wird es zum Leben erweckt.“*
(Spruch eines alten Zen-Meisters)

## Ablauf eines Seminars zum zweiten Grad

Genau wie der erste Grad wird auch der zweite in der Regel an Wochenenden unterrichtet. Allerdings fallen die Seminare für den zweiten Grad oft kürzer aus, da die Teilnehmer schon viel mehr an Vorerfahrungen und Wissen über die Reiki-Energie mitbringen als zum ersten Seminar. Man muss nicht mehr auf die vielen skeptischen Fragen eingehen, auf die Definition von Reiki, auf die Handpositionen oder die Reiki-Legende, sondern kann sich voll und ganz den Handwerkzeugen und Techniken des zweiten Grades widmen.

Ein Seminar für den zweiten Grad beginnt idealerweise damit, dass sich der Reiki-Lehrer wie auch alle Teilnehmer erst einmal kurz vorstellen. Das verbindet und schafft eine angenehme Atmosphäre für die bevorstehende gemeinsame Zeit. Anschließend werden die Erfahrungen untereinander ausgetauscht, die die Teilnehmer in der Zwischenzeit mit dem ersten Grad sammeln konnten, danach entwirft der Reiki-Lehrer ein Bild dessen, was in diesem Lehrgang alles vermittelt werden wird.

Nun beginnt der Hauptteil. Hier wird von mir aus didaktischen Gründen damit begonnen, erst einmal das schwierigste Zeichen des zweiten Grades vorzustellen, denn die folgenden Symbole sind allesamt einfacher. Dieses erste Zeichen wird eingesetzt, um Fern-Reiki zu verschicken. Oft versetzt es den Teilnehmern einen leichten Schock, da es sehr kompliziert erscheint. Mancher Teilnehmer ruft deshalb verwundert aus: *„Das soll ich lernen? Das behalte ich nie!“*

Nachdem sich die Teilnehmer von diesem ersten Schock erholt haben, erfahren sie etwas über die Einsatzmöglichkeiten dieses Zeichens. Weiterhin lernen sie dessen Bezeichnung (Mantra) und merken sich sowohl die Übersetzung des japanischen Begriffs ins Deutsche wie die Möglichkeiten seiner Anwendung.

Während die Teilnehmer nun beginnen, sich das Zeichen durch Nachmalen oder Ausprobieren anzueignen, kann bereits mit den ersten Einweihungen begonnen werden. Traditionell werden alle drei Mantren und Symbole in einer Zeremonie eingeweiht. Allerdings bleibt es jedem Reiki-Lehrer überlassen, die Einweihungen so vorzunehmen, wie er es für richtig hält. Ich selbst weihe beispielsweise immer erst das Fern-Reiki-Zeichen allein ein, um einen stärkeren Bezug

dazu herzustellen. Dann erst weihe ich das zweite und dritte Zeichen gemeinsam ein.
Im nächsten Schritt wird den Reiki-Schülern das zweite Symbol samt dazugehörigem Mantra vorgestellt. Dieses wird auch als das „psychische Symbol“ bezeichnet. Damit lässt sich verstärkt die psychisch-emotionale Ebene aktivieren. Außerdem kommt es zum Einsatz als Blockadelöser sowie als Handwerkzeug zur Harmonisierung von Personen, Wohnräumen und Situationen.
Ohne das Ritual der weiteren Einweihungen zu unterbrechen, üben die Reiki-Schüler nun auch das zweite Zeichen, bevor schließlich das dritte hinzugegeben wird. Dieses kann helfen, die Energie zu aktivieren und zu fixieren. Wenn die Einweihungen abgeschlossen sind, werden die Reiki-Schüler so lange sich selbst überlassen, bis sie sich die Zeichen und Mantren eingeprägt haben. Manche tun sich dabei anfangs etwas schwer, doch kenne ich noch niemanden, der nicht am Ende des Kurses die Zeichen beherrscht hätte.

*„Bei meiner Einweihung in den zweiten Grad warf mich das Fern-Reiki-Zeichen ganz schön vom Hocker. Ich hatte wohl auch nicht so ganz richtig zugehört, was unser Reiki-Lehrer gesagt hatte. Denn statt auf einen Extrazettel hatte ich das Schriftzeichen hinten in das Reiki-Handbuch gemalt. Als mein Reiki-Lehrer in etwas spöttischem Ton meinte, diese Seite müsse ich denn später wohl rausreißen, war ich regelrecht ärgerlich. Denn ich wollte das Zeichen doch mitnehmen, weil ich davon ausging, es nie und nimmer zu behalten.*
*Als die Einweihungen losgehen sollten, meldete ich mich dann als erste … Und erstaunlicherweise war ich auch die erste, die das Zeichen auswendig konnte. Irgendwie musste es sich mir während der Einweihung in mein Gedächtnis oder mein* Unterbewusstsein *‚gebrannt‘ haben. Ich habe jedenfalls keine Ahnung, wie das passieren konnte.“*

Nachdem die drei Symbole samt zugehörigen Mantren theoretisch eingeführt und eingeweiht worden sind, gibt es noch eine ganze Menge über die Möglichkeiten ihres Einsatzes zu lernen. Deshalb wird nun der zweite Teil des Seminars dafür verwandt, die Teilnehmer in die Technik der Fernheilung einzuführen. Sie lernen etwas über „Fernheilung für sich“ wie für andere Personen; auch über Gruppenheilungen. Desweiteren wird ihnen beigebracht, wie sich bei normalen

Kontaktbehandlungen die psychische Ebene mit einbeziehen lässt und auf welche Weise das emotionale Erleben gesteigert werden kann. Einen weiteren Schwerpunkt bildet das Aufspüren und Auflösen von Blockaden unter Zuhilfenahme des entsprechenden Symbols.
Danach sollte Zeit genug sein, um die neugelernten Techniken noch ausgiebig zu üben. Noch bist du mit anderen in der Gruppe eng zusammen. Du kannst viel ausprobieren und deine Erfahrungen anschließend mit den Betroffenen besprechen. Nutze diesen Umstand; denn wenn das Seminar erst einmal vorbei ist und du allein zu Hause bist, hast du dazu mit Sicherheit weniger Möglichkeiten. Oder aber, du meldest dich zu einem Vertiefungs-Seminar an.
Nun ist das Seminar so gut wie zu Ende. Aber es kommt noch eine immer wieder gestellte Frage: Darf ich meine Aufzeichnungen mitnehmen? Traditionellerweise wurden sämtliche Aufzeichnungen früher noch im selben Raum verbrannt. Nichts sollte an irgendwelche Menschen geraten, die damit nichts anzufangen wussten. Alles sollte sich nur im Bewusstsein des Reiki-Schülers befinden. Allerdings sehen viele Reiki-Lehrer heute diesen Aspekt nicht mehr ganz so eng und billigen ihren Schülern zu, schriftliche Unterlagen mit nach Hause zu nehmen und dort aufzubewahren.

## Wie wichtig ist der Glaube bei Reiki?

Zum Abschluss dieses Kapitels möchte ich noch auf einen Umstand eingehen, der immer wieder ins Gespräch über Reiki einfließt. Es geht dabei um die Wichtigkeit des Glaubens. Manche erzählen, sie können mit Reiki nichts anfangen, sie würden einfach nicht dran glauben. Andere bleiben Skeptiker, trotz vieler positiv erlebter Erfahrungen.
Auch ich nahm lange Zeit an, dass der Glaube einschließlich einer positiven Erwartungshaltung eine wichtige Einflussgröße bei Reiki-Behandlungen darstellen würde. Allerdings kurierte mich folgende Erfahrung ein für alle Male:

*In eines meiner Seminare für Schwangere kam eine Frau, die einfach mal dabei sein wollte. Sie hörte sich alles an, und berichtete sodann, sie leide seit Monaten an steifem Nacken, Kopfschmerzen und Pfeifen in den Ohren. Bei jeder Kopfbewegung entstehe ein knarrender quietschender Ton, weil die*

*Muskeln so verspannt und die Bandscheiben abgenutzt seien. Darüber hinaus könne sie seit einem halben Jahr vor Schmerzen nicht schlafen.*
*Ich hatte der Aufzählung gut zugehört und innerlich gedacht: „Hoffentlich will die Frau nicht von mir behandelt werden." Denn ich hatte das Gefühl, dass selbst mein motiviertester Einsatz als Reiki-Lehrer nicht ausreichen würde, um hier auch nur annähernd Linderung zu erreichen. Und so ganz und gar wollte ich auch mein Image nicht aus den Augen verlieren ...*
*Aber es kam, wie es kommen musste. Die Frau bat mich, ihr auch mal die Hände aufzulegen. Ich tat es, wenn auch widerwillig und in der untrüglichen Gewissheit, hier sowieso nichts Positives bewirken zu können.*
*Nach etwa zehn Minuten beendete ich die Behandlung und bedankte mich. Damit war dann auch das Seminar als solches beendet und alle gingen nach Hause.*
*Etwa drei Wochen später kam besagte Frau dann wieder zu mir, um nun den zweiten Grad zu machen. Und sie berichtete Unglaubliches. Alle – ja ich hatte richtig gehört - alle Symptome waren nach der Behandlung verschwunden. Ich fand das kaum noch irgendwie nachvollziehbar und eröffnete ihr: „Das ist ja irre. Ich hatte in keiner Sekunde meiner Behandlung damit gerechnet, dir auch nur im Geringsten helfen zu können." Und dann kam, was das Fass zum Überlaufen brachte; denn die Frau entgegnete, auch sie habe nicht im Entferntesten damit gerechnet, dass Reiki etwas bei ihrer erstarrten Symptomatik würde bewegen können.*

Fazit: Da sind zwei Menschen an einer Behandlung beteiligt. Einer, der behandelt und eine, die behandelt wird. Beide glauben nicht im Entferntesten an den Erfolg ihres Handelns. Und dennoch: Die Frau ist in kürzester Zeit völlig geheilt. Was also bitte schön hat denn hier nun geheilt? Letzten Endes können wir uns somit nur auf den gemeinsamen Nenner verständigen, dass doch irgendeine Art von Energie übertragen wird, die losgelöst von uns existiert. Wir brauchen dabei lediglich Zeit und Motivation aufzubringen in der Absicht, etwas Heilsames bei jemand anderem zu bewirken.

Außerdem sei an dieser Stelle auch noch auf den Unterschied zu Heilern hingewiesen, die andere mit ihren eigenen Energien behandeln: Während wir Reiki-Behandler die Universelle Energie von außerhalb empfangen und lediglich kanalisiert weitergeben (wobei wir dabei auch selbst immer ein wenig profitieren), arbeiten die klassischen Heiler mit ihrer eigenen, und dabei oft auch sehr starken Energie. Dies führt aber dann dazu, dass Heiler nur eine begrenzte Zeit behandeln können, da sie dann erst mal ihre Ressourcen wieder neu auftanken müssen, während wir Reiki-Anwender im Grunde genommen unendlich lange behandeln können und uns am Ende oft sogar fitter fühlen, als zu Anfang. Genau diesen Effekt habe ich selbst im Rahmen eines halbjährigen Erziehungsurlaubes erleben dürfen, als ich oft bis zu acht Behandlungen am Tag machte und es mir kaum jemals besser ergangen ist, als damals.

*„Da arbeite ich nun schon mehr als zwanzig Jahre*
*mit Reiki und habe viele tolle Erfahrungen machen dürfen.*
*Und dann dachte ich, würde inzwischen alles kennen*
*und nichts mehr Neues erfahren,*
*und dann passiert es, dass ich vor Kurzem bei einer Fern-*
*Reikibehandlung die Reiki-Energie sogar wirklich sehen konnte, es*
*war total schön und unfassbar.“*

Carola

# 3. Kapitel

---

# Dr. Mikao Usui

## Aktualisierte Entdeckungen zur Reiki-Geschichte

**Ende des neunzehnten Jahrhunderts wurde das Reiki-System von dem christlichen Priester Dr. Mikao Usui in Japan wiederentdeckt. Dr. Usui war der Leiter der kleinen christlichen Doshisha Universität in Kyoto. Außerdem lehrte und predigte er dort auch zu bestimmten Anlässen. Eines Sonntags fragte ihn einer seiner Studenten vor dem Gottesdienst, ob er alles glauben würde, was in der Bibel stünde. Zum Beispiel, dass Jesus Menschen durch bloßes Handauflegen geheilt hätte. Usui bejahte dies. Der Student fragte weiter, ob er so etwas schon einmal erlebt hätte, und Dr. Usui musste das verneinen …**
**Der Student wollte aber sein Leben und seine Arbeit nicht auf etwas aufbauen, was ihm niemand beweisen konnte … Diese Diskussion bewegte Dr. Usui so sehr, dass er am nächsten Tag sein Amt niederlegte und auf die Suche nach der Wahrheit ging …**
**Seine Suche führte ihn in die USA. Er studierte in Chicago alte Sprachen, um sich direkte Informationsquellen über Jesus` Heilungen zu erschließen … Aber er bekam durch seine intensiven Studien keine tieferen Aufschlüsse über Jesus` Heilungsmethode. Allerdings fand er Hinweise darauf, dass Buddha ähnliche Wunder vollbracht hatte…**

So begann der deutsche Buchautor Walter Lübeck früher mit seiner Version einer Geschichte zur Entwicklung von Reiki in der Neuzeit (vgl. Reiki – Weg des Herzens). Und so oder ähnlich fielen auch lange Zeit die Darstellungen anderer Reiki-Lehrer und Reiki-Autoren aus. Doch wenn man gezielt die Darstellungen der Reiki-Legende im deutschsprachigen Raum vergleicht, bekommt man den Eindruck, einer hätte die Geschichte vom anderen abgeschrieben. Nicht jedoch, ohne jeweils eine weitere Kleinigkeit hinzuzufügen. Der eine ergänzt hier etwas, der andere schmückt dort etwas aus. Dieser Umstand ist natürlich auch nicht ganz verwunderlich, existieren doch aus der Zeit

Mikao Usuis so gut wie keinerlei schriftliche Aufzeichnungen. Zwangsläufig wurde dadurch die Geschichte lange Zeit immer irgendwie ‚runder gemacht'. Heute hat man durch vielerlei allerdings eine Reihe von Wahrheiten herausgefunden.
Schon damals, als ich die Geschichte über die Ursprünge von Reiki erstmalig hörte, hatte ich mich gefragt: Warum sollte Usui unbedingt ein christlicher Priester in einem durch und durch buddhistischen Land sein? Oder warum in den USA studiert haben? Diesen Fragen ging der bekannte amerikanische Reiki-Lehrer William L. Rand in seinem Buch „Reiki – The Healing Touch" nach und fand folgendes heraus:
Gemäß dem Chef-Archivar der Doshisha Universität ist Mikao Usui niemals weder Leiter, noch Professor, noch Student an dieser Hochschule von Kyoto gewesen. Und auch die Behauptung, er habe in Chicago studiert, ist nicht haltbar. Denn laut Auskunft der Uni-Leitung war ein gewisser Mikao Usui nie an der Universität von Chicago eingeschrieben und hat auch niemals an irgendwelchen Kursen teilgenommen. Betrachtet man diese beiden Aussagen zusammen, so erscheint es darüber hinaus auch immer unwahrscheinlicher, das Mikao Usui christlicher Priester gewesen ist.
Warum sollte er auch?
Versetzen wir uns einmal in die Zeit um 1940. Der Zweite Weltkrieg zeichnete sich am Horizont ab. Es war ungewiss, was zwischen Japan und den USA passieren würde. Folglich ist zu vermuten, dass man aus diesem Grund der Legende über Meister Usui einfach einige Teile hinzugefügt hat, um sie dem Westen, der damals dem Buddhismus sehr feindlich gegenüberstand, annehmbarer erscheinen zu lassen. Man wollte wahrscheinlich dem Westen einfach die Tür öffnen, um ihm die Akzeptanz dieser phantastischen Methode, genannt ‚Reiki', zu erleichtern.
Ich finde es in Ordnung, dem Reiki-Schüler, der an einem Seminar zum ersten Grad teilnimmt, auch heute eine gut angenehme und positive Geschichte über die Entdeckung der Reiki-Kraft zu erzählen. Eine Geschichte, die er ohne innere Widerstände annehmen kann und in der er sich auch zu einem gewissen Teil wiederfindet. Dies ist deshalb wichtig, da die Art, wie ein Thema eingeführt wird, dem Suchenden die Scheu vor dem Neuen nehmen kann. So gesehen erlaubt eine schöne ausgeschmückte Geschichte über die Herkunft von Reiki dem Schü-

ler, sich leichter darauf einzulassen. Sie erlaubt ihm, vorbehaltloser damit umzugehen und sich leichter zu öffnen.
Doch andererseits finde ich auch, sollte jemand, der sich intensiver mit Reiki auseinandersetzt und jetzt womöglich den zweiten Grad anstrebt, die nähere Wahrheit über Mikao Usui besser kennenlernen. Aus diesem Grund stelle ich hier das authentischere (auch im Vergleich zur Erstauflage meines Buches) Bild von Dr. Usui dar, so wie ich es über die letzten fünfzehn Jahre herausgefunden habe (vgl. ‚samma-sambuddha'):
Mikao Usui, der heute als Wiederentdecker von Reiki gilt, wurde in Japan in der Mitte des 19. Jahrhunderts geboren. Wie alle buddhistisch aufwachsenden Kinder hörte er schon bald etwas über das Leben von Siddhartha, der später zum Buddha wurde. Der kleine Mikao war beeindruckt von Siddharthas Suche nach Erleuchtung und dies, obwohl dieser in einem Schloss mit allem nur erdenklichen Reichtum leben konnte. Desweiteren war der kleine Mikao schon früh fasziniert von Buddhas Bestrebungen, anderen zu helfen, wie auch von dessen metaphysischen Fähigkeiten, die er nach seiner Erleuchtung erlangen konnte.
Im weiteren Verlauf seines Lebens entschied sich Usui, in Anlehnung an Buddhas Haltung der heilenden Hinwendung dazu, Arzt zu werden. Während seiner Tätigkeit registrierte er um sich herum nur wenige Menschen, die in der Lage waren, ein glückliches Leben zu führen. Überall gab es körperliche Gebrechen wie auch psychisches Leid. Indem sich Usui immer mehr den leidenden Menschen verbunden fühlte, entwickelte er die Idee, anderen auf die gleiche Weise helfen zu wollen, wie es der Buddha getan hatte. Und er ging davon aus, dass etwas, was vor etwa zweieinhalbtausend Jahren möglich gewesen war, auch heute eigentlich noch möglich sein müsste.
Demzufolge begann Usui, sich viel mit buddhistischen Priestern und Lehrern zu unterhalten. Er wollte wohl herausfinden, ob diese etwas darüber wüssten, wie sich Krankheit auf natürlichem Wege heilen ließe. Doch trotz beständiger Suche bekam Usui immer die gleiche Antwort: Es musste mal eine Zeit gegeben haben, in der die Alten über Techniken verfügten, körperliche und geistige Krankheiten zu überwinden, doch ging das Wissen darüber bis heute völlig verloren.
Während seiner Suche lernte Usui immer neue Menschen kennen, die ihm weiterhalfen und er soll auch in China und Europa unterwegs

gewesen sein, doch letztlich wurde ihm klar, er müsse auch noch Chinesisch und Sanskrit lernen, um die uralten authentischen Schriften studieren zu können. Schließlich fand er in den indischen Sutren einen Hinweis darauf, dass es eine ‚Höhere Kraft' gibt, die sich für Heilungszwecke nutzen lässt. Endlich hatte Usui gefunden, wonach er so lange gesucht hatte. Nur verschaffte ihm der schriftliche Hinweis auf das Vorhandensein dieser Kraft noch nicht die Möglichkeit, diese auch zu nutzen.
Aus diesem Grunde begab er sich zur Visions-Suche auf den ‚Heiligen Berg Kurama' nördlich von Kyoto, um dort 21 Tage nach einem ganz bestimmten Ritual zu meditieren. Und tatsächlich – am letzten Tag seines Aufenthaltes dort geschah Folgendes: Aus dem Nichts kam vom Horizont her ein Licht auf ihn zu. Rasch merkte Usui, dass das Licht aus so etwas wie Bewusstsein bestand und mit ihm in Kontakt treten wollte. Auch wurde ihm klar, dass dieses Licht die Heilkraft enthielt, die er so lange schon vergeblich gesucht hatte. Die Kraft des Strahles war so stark, dass er sich für einige Zeit in einem ‚weltentrückten Erleuchtungszustand' befand. Als er wieder bei sich selbst war, fand er sich in einem neuen Seins-Zustand wieder und er wusste, was zu tun war. Vielleicht kann man heute sagen, er verfügte nun nicht nur über das theoretische Wissen zur Heilkraft der Reiki-Energie, sondern war auch gleichzeitig von einer ‚Höheren Kraft' berührt, beseelt und eingeweiht worden.
Schon bald nach diesem Erlebnis begann Dr. Usui, Reiki zu praktizieren und zu lehren. Er wurde in Japan ein sehr bekannter und angesehener Mensch, gründete in Tokyo die ‚Gesellschaft für das Heilen durch Usui-Reiki' und eröffnete eine Heilungsklinik in Harajuku. Insgesamt soll er etwa 2000 Menschen eingeweiht und sechzehn Lehrer ausgebildet haben. Nach seinem Tode im März 1926 gab es Ehrungen durch den Kaiser und man gestaltete einen großen Gedenkstein.
Nach dem Tod von Mikao Usui dehnte sich das Wissen um Reiki aus wie bei einem Baum, der aus einem kleinen Trieb entstand, der einen Stamm hat, dann aber nach oben hin immer mehr Verästelungen bekommt. Zu uns in den Westen führte der Weg über Dr. Chujiro Hayashi, der wahrscheinlich 1925 in Reiki eingeweiht worden war. Dieser eröffnete eine Reiki-Klinik in Tokio und betrieb nicht nur ausführliche Studien bezüglich der Reiki-Heilungen, sondern entwickelte als Systematiker wohl auch die heute gebräuchlichen Standard-

Handpositionen. Von ihm entwickelten sich zwei Reiki-Linien: die eine ist die uns vornehmlich bekannte westliche Abstammungslinie über Frau Hawayo Takata, die andere über Sensei Takeuchi, die sich heute als östliche Reikilinie Enersense-Buddho nennt.
Laut Peter König brachte Hayashis Nachfolgerin Frau Takata das Reiki-System in den Westen. Hierfür erfand sie eine geschichtliche Herleitung, die der Westen annehmen konnte; so machte sie aus dem Buddhisten Mikao Usui einen christlichen Mönch und verknüpfte diesen mit den zweifelnden Studenten, die den Anstoß für dessen Nachforschungen bewirkten. Eine ihrer Schülerinnen war nach 40 Jahren Praxis die Japanerin Phyllis Lei Furumoto, die 1982 mit der Leitung der Reiki-Allianz beauftragt wurde. Fast gleichzeitig erhielt aber auch Dr. Barbara W. Ray den Impuls zur Leitung einer Organisation und gründete die AIRA (American Internation Reiki Association). Leider ging es im Kontext dieser Entwicklungen wiederholt um das Thema Geld, weshalb sich in späteren Jahren immer mehr freie Reiki-Lehrer etablierten, die Reiki-Einweihungen und -ausbildungen zu günstigeren Preisen anzubieten begannen – die aber auch durch häufig schnelle und reduzierte Ausbildungen die Reiki-Essenz verwässerten.
Parallel hierzu etablierte sich auf der anderen Seite der Erdhalbkugel die sogenannte östliche Reiki-Linie vom Westen eher unbemerkt. Diese legte weniger Wert auf Einweihungen und Techniken, sondern mehr Wert auf die spirituelle Entwicklung durch die Betonung und Entwicklung von Mitgefühl und Meditation. Sie wurde stark vom Einfluss tibetischer Lamas geprägt und ist heute bekannt unter Reiki Jin-Kei-Do.
Heute scheint es so, als würden die verschiedenen Linien allmählich durch die Globalisierung zusammenwachsen, so dass sich allmählich ein ganzheitlich-komplettes Reiki-System mit den von mir vertretenen „Neun Toren auf dem Weg zur Persönlichkeitsentwicklung", durchsetzen könnte.

*Ein menschliches Leben hat ein fast grenzenloses Potential, aber wir werden dieses nur erkennen, wenn wir zuerst lernen, es zu schätzen. Deshalb müssen wir immer wieder über die einzigartige Gelegenheit nachdenken, die wir jetzt haben.*
(Geshe Kelsang Gyatso)

## Andenken für das Werk von Mikao (Sensei) Usui

In Würdigung der vielen guten Taten, die vom Begründer des modernen Reiki ausgingen, hat man für Mikao Usui einen großen Gedenkstein errichtet. Laut William Lee Rand soll dieser Monolith etwa 1,20 Meter breit und etwa 3 Meter hoch sein. Dieser liegt am Saihji Tempel im Suginami Distrikt von Tokyo. Dieser Stein, der mit einer gemeißelten Inschrift aus alten japanischen Schriftzeichen versehen ist, soll schon kurz nach dem Ableben von Meister Usui aufgestellt worden sein. Und zwar von einer Organisation mit Namen Usui Shiki Reiki Ryoho, welche Mikao Usui noch zu eigenen Lebzeiten gegründet hatte, und die bis heute sein Andenken im japanischen Raum bewahrt. Zu lesen ist dort wie folgt:

### Gedenkstein für die Tugendhaftigkeit des Sensei Usui

„Jemanden der eifrig studiert und beschwerlich daran arbeitet, Körper und Geist zu verbessern um ein besserer Mensch zu werden, nennt man einen ‚Mann mit großer Geisteshaltung'. Leute, die diese große Geisteshaltung für soziale Zwecke einsetzen, das bedeutet, vielen Leuten den rechten Weg zu weisen und Gutes für das Gemeinwohl zu tun, nennt man ‚Lehrer'. Meister Usui war ein solcher Lehrer. Er hat Reiki des Universums gelehrt. Zahllose Leute haben ihn gebeten, sie zu unterrichten in der großen Art des Reiki und sie zu heilen."

Heute weiß man mit ziemlicher Sicherheit, dass die Einweihungen und das Praktizieren von Reiki eher auf intuitiver Führung und Eingebung als auf strengen Vorschriften basierte, wobei die Reiki-Energie das charakteristische Element war. Allerdings muss man davon ausgehen, dass bei Meister Usui in der kurzen Zeit, in der er nach der Erlangung der Verbindung mit der Reiki-Kraft noch zu leben hatte, sehr stark der heilerische Aspekt im Vordergrund gestanden hatte. Dies lag einerseits an dem großen Erdbeben in Japan und wahrscheinlich fehlte ihm darüber hinaus die Lebenszeit, um auch den zweiten Aspekt, mehr und mehr in sich zum Tragen kommen zu lassen: die Persönlichkeits-Entfaltung und Vervollkommnung (vgl. Kapitel 1).

# 4. Kapitel

# Die Handwerkzeuge des 2.Grades

## Einführung in die Grundlagen und Techniken

*Die Meister dieser Welt sind die, die sich selbst gemeistert haben.*
*Und die Meisterschaft beruht auf der Kontrolle des Geistes.*
*Wenn der Geist dein gehorsamer Diener wird, dann steht dir*
*die ganze Welt zu Diensten.*
(Hazrat Inayat Khan)

Mit dem zweiten Grad erweitert sich dein Reiki-Spektrum enorm. Die Einsatzbereiche sind viel breiter gestreut und deutlich tiefgreifender, als mit dem ersten Grad. Aus diesem Grunde ist es von wesentlicher Bedeutung, dass du dir die Macht, über die du nun verfügst, bewusst machst. Außerdem wirst du nicht darum herumkommen, die Rolle deiner Verantwortlichkeit für dich und andere neu zu bestimmen.
Konntest du beim ersten Grad wenig falsch machen, da du hier bewusst die Wirkung der Reiki-Kraft auf Meister Usui oder die ‚inneren Helfer' übertrugst und lediglich Kontaktbehandlungen vornehmen konntest, so bekommst du mit dem zweiten Grad jetzt ‚Schlüssel' übertragen, die dich in die Lage versetzen, deiner Persönlichkeit sowie deiner geistigen Haltung mehr Ausdruck zu verleihen. Du vollziehst also den Schritt vom geduldigen Abwarten hin zum gezielten Einsatz heilsamer, harmonisierender Bewusstseins- und Herzensenergie. Allerdings müssen die Handwerkszeuge des zweiten Grades gut erlernt werden, um sie heilend und vervollkommnend anzuwenden.
Ganz grundsätzlich gesagt, versetzt dich der zweite Grad in die Lage, Reiki zu verschicken, es lösend und harmonisierend wirken zu lassen, sowie die augenblickliche Wirkung deutlich zu erhöhen. Gerade letzterer Umstand wirkt sich doppelt aus, da allein schon die Einweihung in den zweiten Grad eine Erhöhung deiner Schwingungsfrequenz und damit zusammenhängend eine Verstärkung der Reiki-Kraft für dich bewirkt.

Du bestimmst von nun an wesentlich deutlicher als bisher, wohin und in welcher Stärke die Reiki-Energie fließen soll. Damit löst du dich immer mehr vom ersten Grad und seinen Beschränkungen. Du bist es, der in Dankbarkeit bestimmen lernt, Reiki einzusetzen. Ich vergleiche den zweiten Grad gern mit therapeutischen Interventionsmethoden. So gesehen versetzt dich dieser Grad in die Lage, Reiki nicht nur in passiv-abwartender, sondern nun auch in ‚therapeutisch-bestimmender' Weise zu praktizieren.

*Anfangs war ich mir gar nicht bewusst darüber, welch große Palette an Möglichkeiten mir die Einweihung in den zweiten Grad beschert hatte. Es war schon schwer genug, mich auf die ungewöhnlichen Zeichen einzustellen, die uns vorgestellt wurden. Auch die Einweihung löste einiges in mir aus …*
*Erst nach und nach begann ich, angeregt durch die regelmäßigen Vertiefungsseminare bei meinem Reiki-Lehrer, mit den Symbolen herumzuprobieren. Ich schickte Reiki auf meine ganze Familie, anstatt jeden einzelnen zu behandeln und sparte dadurch natürlich viel Zeit. Mit einer Bekannten verabredete ich, wann für sie in der Woche eine Reiki-Fernbehandlung am angenehmsten sein würde …*
*Auch mit Mineralien experimentierte ich herum und fand heraus, dass sich unter der Verwendung eines Rosenquarzes oder Malachitsteines die Energie, die ich anderen zukommen ließ, ‚weicher' anfühlte. Erst jetzt wird mir der Spruch so richtig klar, dass nur die eigene Kreativität beim Einsatzbereich des zweiten Grades mir Grenzen zu setzen vermag.*

Wenn sich Reiki-Schüler zum zweiten Grad anmelden, verfügen sie oft bereits über die Vorinformation, dass irgendwelche ‚Symbole' und ‚Mantren' neu auf sie zukommen werden. Dies kann ihnen möglicherweise bereits bei der Einweihung in den ersten Grad mitgeteilt worden sein. Sie können sich dies aber auch angelesen oder darüber von anderen etwas gehört haben. Allerdings sind die meisten Menschen kaum in der Lage, sich konkret etwas unter diesen Begriffen vorzustellen. So umgibt etwas Geheimnisvolles diesen Grad sowie die dazu gehörigen Techniken und Anwendungsmöglichkeiten.
Die Frage, was es mit diesen Symbolen und Mantras auf sich hat und woraus beide ihre Wirkung beziehen, ist schon vielfältig diskutiert worden. Je nach persönlicher Ausrichtung wird versucht, sie als Teil eines göttlichen Konzeptes zu erklären, als etwas, was seit Urzeiten

fest mit unserer unsterblichen Seele verbunden ist oder von Gott an uns weitergegeben wurde. Auch werden sie angesehen als geheime Schlüssel, die nur wirken, solange sie von einem kleinen ausgewählten Kreis von Menschen benutzt und weitergegeben werden oder als Instrumente zur Überbrückung der geistigen und der materiellen Ebene. Einzelne Reiki-Lehrer gehen sogar so weit, die Wirkungsweise der Reiki-Zeichen auf die ‚Theorie der morphogenetischen Felder' zu beziehen, in der der Engländer Rupert Sheldrake behauptet, es würde für alles, was existiert, eine Art von unsichtbarem kosmischen Feld geben. So gesehen würden die Symbole und Mantras des Reiki ihre Energie aus dem für sie zuständigen Feld erhalten.
Ich möchte mich ungern in etwaigen Spekulationen ergehen, da ich einfach nicht weiß, wodurch die Wirkungsweise der Symbole und Mantras zustande kommt. Für mich sind sie, ganz pragmatisch gesehen, ‚Schlüssel und Wege', die es dem Eingeweihten erlauben, bestimmte Techniken, ausgehend vom Bewusstsein, durchzuführen. Das heißt, sie helfen uns, Bewusstseinsenergie von uns zu lösen, zu konzentrieren, zu kanalisieren und sie sodann vornehmlich über das Medium ‚Hände' abzugeben. Das, was wir auf diese Weise abstrahlen, nennen wir ‚Rei-Ki'. Dieses bildet sich durch die Verschmelzung der universellen, kosmischen Energie (dem ‚Rei') mit der individuellen Energie (dem ‚Ki').
Der Begriff ‚Symbol' selbst kommt aus dem Griechischen und setzt sich zusammen aus ‚sym' und ‚bollein'. Dies bedeutet wörtlich übersetzt so viel wie ‚zusammenwerfen' oder ‚vereinigen'. So wie sich zum Beispiel etwas Zerbrochenes wieder zusammensetzen lässt. Allgemeiner ausgedrückt vereinigt das Symbol die Erfahrungen der unbewussten und bewussten, der historischen und gegenwärtigen, der sinnlichen, intellektuellen, sozialen wie der individuellen Ebene und fügt sie zu einem Muster mit Bedeutung zusammen. Bezogen auf die Anwendung im zweiten Grad könnte man Symbole als Hilfsmittel betrachten, um etwas zu überbrücken; aber sie sind mehr als das. Sie sind Bilder des lebendigen Ganzen, die in der Lage sind, die verschiedenen Formen von Existenz gleichzeitig auszudrücken.
Unter einem ‚Mantra' sind bestimmte Silben, Wörter, Laut- und Tonfolgen zu verstehen, deren Aufgabe es ist, unseren Geist zu beruhigen und zu zentrieren. Der Begriff ‚Mantra' besteht aus zwei Teilen: dem ‚Man', was so viel wie Geist und dem ‚tra', was übersetzt Projektion

bedeutet. Die Wirkung von Mantras besteht aus einer Serie von Klängen, die das Bewusstsein heben oder verändern sollen, indem sie ständig wiederholt werden. Neben ihrer konzentrativen Wirkung besitzen Mantras die Fähigkeit, unser Bewusstsein gezielt zu beeinflussen. Ein Mantra ist keine willkürlich benutzte Tonfolge, sondern sollte mehr als ein Klangstrom eingesetzt werden, der mit einem ganz bestimmten Inhalt in Verbindung steht. So gesehen stellen sie eine Brücke dar, die wir für unseren Geist nutzen können.

Um nun die Techniken des zweiten Grades anwenden zu können, kommt es darauf an, die Symbole und Mantras in der richtigen Weise zu benutzen. Denn nur richtig in Kraft gesetzt, entwickeln sie die Wirkung, die in ihnen enthalten ist. Allerdings ist es vorab wichtig, sich zu konzentrieren und sich geistig zu versenken. Das alleinige Zeichnen oder Aussprechen ohne die notwendige andächtige Besinnung, wird wenig wirksam sein. Mehr darüber im Kapitel über die Bedeutung des Einstimmens.

Die Reiki-Symbole, bei denen es sich zum Teil um ‚heilige Zeichen', in einigen Fällen auch um japanische Schriftzeichen handelt, lassen sich aktivieren, indem sie optisch dargestellt werden. Dies lässt sich auf unterschiedliche Weise vollziehen. Die einfachste Methode sieht so aus, das du unter Verwendung deiner eingeweihten beziehungsweise deiner Schreibhand so tust, als würdest du die entsprechenden Zeichen auf einer imaginären Tafel auftragen. Des Weiteren lassen sie sich aktivieren, indem du nur deinen Zeigefinger ausgestreckt lässt, während alle anderen Finger zusammengerollt bleiben. Nun ziehst du mit der Fingerspitze die Formen des Symbols nach. Ähnlich sieht auch die dritte Variante aus, nur lässt du hier die Hand ganz geöffnet und ziehst mit aufgerichteter Hand die Bewegung des Symbols nach. Wie groß die Bewegungen im Raum vor dir gezeichnet werden, ist ohne Belang. Du kannst Symbole winzig klein in deine andere Hand wie auf einem Touchscreen malen. Du kannst sie aber auch körpergroß und sehr geschwungen vor dir in der Luft ausführen. Es kommt einzig und allein darauf an, wie es sich für dich am angenehmsten anfühlt und wie du meinst, die Energie der Symbole am besten aktivieren zu können.

Wenn du mehr im mentalen Umgang geschult bist, kannst du auch gänzlich ohne Handbewegungen auskommen. Denn die Symbole können genauso gut durch die Nutzung unserer Gedanken beziehungs-

weise durch imaginierte Vorstellungen in Kraft gesetzt werden. Du schließt dazu deine Augen und lässt das betreffende Symbol in seiner Gesamtheit vor deinem Stirnchakra innerlich erscheinen. Eine zweite Möglichkeit besteht darin, mit Hilfe von Augenbewegungen und eine dritte mit Hilfe von Kopfbewegungen das Symbol geistig zu zeichnen. Auch dabei stellst du dir vor, wie das Zeichen Strich für Strich zu einem Ganzen zusammengefügt wird.
Um die Wirkung von Mantras in Gang zu setzen, musst du sie aussprechen. Ihr Effekt wird durch die Schwingung, die ihr Aussprechen erzeugt, erzielt. Mantras sollten nicht nur einmal genutzt, sondern immer wieder ausgesprochen werden. Die Mindestanzahl ist dreimal. Aber du kannst ihre Kraft weiter verstärken, wenn du sie ständig, wie das Fließen von Klängen wiederholst. Dabei ist es nicht absolut notwendig, diese laut auszusprechen. Leises Flüstern ist genauso wirkungsvoll wie das Aussprechen oder Denken im Geiste. Am besten, du probierst es für dich selbst aus.

Der Grad an Offenheit im Umgang mit Symbolen und Mantras hat sich über die Jahrhunderte sehr verändert. Zu ‚alten Zeiten' wurden diese nur an diejenigen weitergegeben, die sich in irgendeiner Weise bewährt hatten. Es kam also auf eine Vorleistung an, ehe man für wert gehalten oder dazu ausgewählt wurde, von einem ‚Meister' eingeweiht zu werden. Einweihungen fanden dabei in Zeremonien und festgelegten Ritualen statt. Anschließend wurde den ‚Eingeweihten' höchste Verschwiegenheit auferlegt. Auf Geheimhaltung wurde deshalb geachtet, um Symbole nicht in falsche Hände geraten zu lassen. In Hände, die die Kraft dieser Handwerkszeuge möglicherweise in einer Weise benutzen könnten, wie es nicht ihrer ursprünglichen Bestimmung entsprach. Mir sind Unterlagen bekannt, in denen davon gesprochen wird, das tibetische Mönche in der Vergangenheit ihre heiligen Symbole nur mit der Spitze ihrer Zunge im Inneren ihres Mundes vollzogen haben, wenn sie öffentliche Heilungen vornahmen.
Bis heute hat sich in dieser Hinsicht vieles verändert. Achtete noch jeder Reiki-Lehrer bis vor wenigen Jahren darauf, dass sämtliche schriftliche Aufzeichnungen nach einem Seminar verbrannt wurden, so kommt es inzwischen vor, dass Reiki-Schüler eine Arbeitsmappe überreicht wird, in denen neben den Lebensregeln und schriftlichen Abhandlungen auch Photokopien der Symbole und Mantras enthalten

sind. Ich denke, das starre Festhalten an Geheimhaltung ist heute nicht mehr so notwendig, da wir uns, weltweit betrachtet, auf ein neues Zeitalter zu bewegen, in dem sich die Schwingungsfrequenz erhöht. Auf ein Zeitalter, in dem sich sämtliche Entwicklung beschleunigt und in dem zunehmend mehr Menschen bereit sind, in spiritueller Hinsicht Verantwortung zu übernehmen. Bedingt durch die Verdichtung der Menge an verfügbarer Information sowie durch vermehrte Nutzung geistiger Ebenen sind wir, die wir heute leben, eher in der Lage, uns auch die Nutzung sehr kraftvoller Energien zu erschließen. Etwas, was früheren Generationen nicht ohne vorausgegangene jahrelange Schulungsarbeit möglich gewesen wäre.
Bei der Nutzung der Zeichen hängt es von dir ab, wie öffentlich oder geheim du diese ausführen möchtest. Ich kenne Schüler, die die Reiki-Energie nur aus der Abgeschiedenheit und Intimität ihrer Wohnung heraus verschicken. Andererseits kenne ich auch solche, die plötzlich und ohne sich um die Gegenwart anderer zu kümmern, wild mit der Armen ‚herumfuchteln', um unbeeinflusst von der Öffentlichkeit die Reiki-Kraft zu nutzen. Wie und wo du die universelle Energie für dich oder für andere nutzt, hängt demzufolge einerseits von deiner inneren Haltung und andererseits von deiner Fähigkeit ab, deinen Geist auf etwas zu zentrieren.
Bezogen auf die Veröffentlichung von Mantras und Symbolen gibt es seit Jahren heftige Diskussionen. Für eine Offenlegung würde sprechen, dass jeder Reiki-Schüler, beziehungsweise –Lehrer seine eigenen Vorstellungen davon mit denen der anderen vergleichen könnte. Dies würde in einer Zeit, in der immer wieder unterschiedliche Schreibweisen auftauchen, womöglich zu einer Vereinheitlichung beitragen. Diejenigen, die auf der anderen Seite gegen eine Veröffentlichung argumentieren, übertragen eher traditionsbewusste Sichtweisen auf die heutige Zeit und meinen, die Kraft der heiligen Wörter und Zeichen könne nur dann bewahrt bleiben, wenn diese auf den engen Kreis der Reiki-Anwender beschränkt bliebe. Keine von beiden Seiten wird Recht haben. Fakt ist und bleibt, dass nur diejenigen, die in die Symbole und Mantras eingeweiht wurden, diese auch aktivieren und nutzen können. Und zur Einweihung bedarf es eines Reiki-Lehrers, der sich in der direkten Linie zu Dr. Mikao Usui befindet.
Für mein Buch habe ich mich entschieden, die drei Mantras namentlich zu nennen, die für den zweiten Grad wichtig sind. Ich finde es bei

der schriftlichen Darstellung schlichtweg einfacher, Dinge beim Namen zu nennen, als sie ständig irgendwie zu umschreiben. Auf eine Skizzierung der Symbole habe ich demgegenüber verzichtet. Hierdurch möchte ich umgehen, meine Zeichen als ‚die allein Richtigen' hinzustellen. Dies würde nur zu Gegenwehr und Verunsicherung führen. Und wie ich aus vielen Gesprächen mit Reiki-Schülern und – Lehrern inzwischen weiß, wirken alle Symbole, selbst wenn sie hier und da in ein paar Strichen oder Bögen von denen anderer abweichen. Übrigens wird in anderen Kulturräumen viel unverkrampfter mit dem Thema ‚Veröffentlichung von Symbolen und Mantras' umgegangen als in unseren Breiten. So veröffentlicht unter anderem die amerikanische Reiki-Lehrerin Kathleen Milner in ihrem Buch 'Reiki and other rays of touch healing' sämtliche bekannte Symbole und Mantras.
Letztlich nähert sich sowie alles an. Alles ist geistige Energie und entspringt derselben Quelle. Mit Gelassenheit sowie der Energie des Herzens betrachtet, gibt es kein Gut und kein Schlecht, kein Falsch oder Richtig, kein Glück oder Unglück. Gelingt es dir, Reiki auf diese Weise zu sehen und anzuwenden, so wirst du in Eintracht auf dem Weg der Meisterung des Lebens voranschreiten.

**Die Fabel vom Glück und Unglück**

Ein alter Mann und sein Sohn bestellen gemeinsam ihren kleinen Hof.
Sie hatten nur ein Pferd, das den Pflug zog.
Eines Tages lief das Pferd fort. „Wie schrecklich", sagten die Nachbarn, „welch ein Unglück."
„Wer weiß", erwiderte der alte Bauer, „ob Glück oder Unglück?"
Eine Woche später kehrte das Pferd aus den Bergen zurück,
es brachte fünf wilde Pferde mit zurück in den Stall.
„Wie wunderbar", sagten die Nachbarn, „welch ein Glück."
„Glück oder Unglück. Wer weiß", sagte der Alte.
Am nächsten Tag wollte der Sohn eines der wilden Pferde zähmen.
Er stürzte und brach sich ein Bein. „Wie schrecklich. Welch ein Unglück!" „Glück? Unglück ...? Wer weiß das schon?"
Bald darauf kamen Soldaten ins Dorf und holten alle jungen Männer in den Krieg. Den Sohn des Bauern konnten sie nicht brauchen,
darum blieb er als einziger verschont!
„Glück ...? Unglück ...?"

(Eine Sufi-Geschichte)

## Fern-Reiki: Raum und Zeit überwinden

Ich hatte bereits erwähnt, dass im Mittelpunkt des zweiten Grades die Einweihung in drei unterschiedliche Symbole und Mantras, verbunden mit der Erlernung ihrer Einsatzmöglichkeiten, steht. In welcher Reihenfolge dieses geschieht, ist dabei völlig unwichtig. Und auch darauf, ob jedes Zeichen für sich oder ob alle auf einmal eingeweiht werden, kommt es nicht an. Wichtig ist lediglich, dass die Einweihung in liebevoller, gründlicher Weise vorgenommen wird und das der Reiki-Lehrer qualifiziert genug ist, um die Zeichen gut zu erklären sowie die verschiedenen Anwendungsbereiche verständlich und nachvollziehbar zu vermitteln.
Im Verlauf meiner Tätigkeit als Reiki-Lehrer habe ich die Erfahrung gemacht, dass die Teilnehmer zu Beginn eines Seminares sehr motiviert und aufnahmefähig sind. Später bauen sie in ihrer Konzentration langsam ab. Da das Zeichen für Fern-Reiki auf den ersten Blick ziemlich kompliziert und schwer zu erlernen erscheint, habe ich mir angewöhnt, dieses Zeichen als erstes vorzustellen. Didaktisch und lerntechnisch gesehen, hat sich dieses Vorgehen als sinnvoll erwiesen. Zumal ich während der Vorstellung des Zeichens erwähne, das alle anderen Zeichen, die nun noch folgen, einfacher sein werden – einschließlich der weiteren Zeichen für die höheren Grade.
Die japanische Bezeichnung des Fern-Reiki-Symbols lautet: ‚Hon Sha Ze Sho Nen', was auf Deutsch so viel heißt wie: ‚Die Kraft des Geistes herableiten, um Energie jenseits von Raum und Zeit fließen zu lassen'. In dieser deutschen Übersetzung sind hierbei die drei wesentlichen Elemente bereits herauszulesen. Erstens geht es darum, das Potential des Bewusstseins zu nutzen, um etwas zu bewirken; zweitens um die Überwindung von Distanz und drittens um die Relativierung von Zeit. Oder anders umschrieben: ausgehend von den geistigen Fähigkeiten wird die Kraft der Reiki-Energie aktiviert und fließt in die Hände hinein. Hier jedoch verändert sich der weitere Ablauf im Gegensatz zu den Anwendungen aus dem ersten Grad; denn mit Hilfe des dazugehörigen Symbols wie des Mantras ‚Hon Sha Ze Sho Nen' gelingt es nun der Reiki-Kraft, die Hände zu verlassen und den jeweiligen Adressaten zu erreichen; und das ohne jegliche Herstellung eines direkten Kontaktes. Die Verbindung wird nun sozusagen auf geistiger Ebene hergestellt und über Reiki gehalten.

Wenn von der ‚Überwindung des Raumes' gesprochen wird, so ist darunter zu verstehen, dass wir bei der Anwendung der Fern-Reiki-Technik nicht mehr gezwungen sind, bei demjenigen, den wir behandeln, die Hände aufzulegen. Der andere kann sich demzufolge im Nachbarraum, in der nächsten Stadt, in einem anderen Land oder irgendwo auf der Welt befinden. Egal wo er sich aufhält: sowie wir einer bestimmten Person Fern-Reiki schicken, beginnt die Heilbehandlung. Und zwar unverzüglich und deutlich spürbar.

*Ich erinnere mich an einen Wintertag, an dem ich dick vermummt wie meine Kolleginnen meiner Tätigkeit als Angestellte in einer Apotheke nachging. Allen war kalt, weil die Tür sich ständig öffnete und keiner hatte so recht Lust, sich am Verkaufstresen aufzuhalten … Plötzlich wurde mir ganz komisch. Ich spürte, wie eine Wärme von unten her in mir hochstieg. Ich wurde davon regelrecht überrascht. Und noch überraschter reagierten meine Kolleginnen, als ich ihnen mitteilte, wie warm mir sei und das ich mir jetzt einige Sachen ausziehen müsse.*
*So stand ich nun in Bluse und dünnen Leggins in der Apotheke und alle wunderten sich. Am Abend, als ich heimkam, fragte mich mein Mann ganz unschuldig, ob mir heute in der Apotheke irgendetwas aufgefallen sei. Anfangs verneinte ich seine Frage, doch dann fiel mir wieder das Wärmegefühl ein.*
*Und dann berichtete er, er habe mir auf dem Rückweg von seiner auswärtigen Arbeit aus dem Zug etwa eine halbe Stunde Reiki geschickt. Nun war das Rätsel gelöst und wir beide um eine Erfahrung reicher.*

Wenn schließlich von der ‚Reaktivierung der Zeit' gesprochen wird, so ist darunter Folgendes zu verstehen: mit Hilfe von Fern-Reiki lässt sich nicht nur die kontaktlose Behandlung vollziehen, sondern es gelingt genauso leicht, Reiki auf eine andere Zeit als die der Gegenwart zu lenken. Wir können also sowohl vergangene wie zukünftige Ereignisse über den Reiki-Strahl erreichen. Auf diese Weise lassen sich zum Beispiel alte Traumata, bittere Erlebnisse oder kritische Schicksalsschläge, die sich irgendwann früher einmal ereigneten, langsam auflösen. Andersherum ist es genauso möglich, Energie in die Zukunft zu schicken, um bestimmte Ereignisse mit positiver Energie zu versorgen und sie auf diese Weise zu harmonisieren.

Wenn du die Reiki-Kraft anwendest, um bestimmte Ereignisse aufzuladen, so kann es sein, dass diese zwar viel Energie anziehen, später aber dennoch nicht zu deiner Zufriedenheit verlaufen. Hier muss klar unterschieden werden, zwischen der ‚Kraft der Gedanken', beziehungsweise dem ‚Prinzip des positiven Denkens' und Reiki. Während du mit Hilfe der Gedankenkraft in der Lage bist, zukünftige Ereignisse so zu beeinflussen, dass sie genauso eintreten, wie du dies dir vorgenommen und manipulierend visualisiert hast, kann es dir passieren, dass mit Reiki genau die gegenteilige Wirkung einsetzt. Denn Reiki ist nicht logisch erklärbar, sondern orientiert sich an sogenannten ‚Höheren Gesetzen'. Es wirkt ohne Absicht des Behandlers. Mir fällt dazu folgendes Beispiel ein:

*Vor Jahren bat mich meine Schwester inständig, ihr für den kommenden Freitag ab 9 Uhr Reiki zu schicken. Hier habe sie ein Vorstellungsgespräch und sie sei so aufgeregt, weil sie die Stelle sehr gern bekommen wollte. Ich nahm ihren Wunsch ernst und schickte ihr mehrmals Reiki. Allerdings nicht auf 9 Uhr, sondern auf das Gespräch an sich, da mir nicht klar war, ob sie wirklich pünktlich an die Reihe kommen würde. Während ich ihr Fern-Reiki schickte hatte ich ein ganz angenehmes und positives Empfinden. Sowohl in den Händen, wo viel Energie floss, wie auch mental, da mir meine Schwester gelöst und lächelnd vorkam …*
*Noch am Tage des Vorstellungstermins rief sie mich an und teilte mir mit, sie könne es selbst kaum glauben, wie ruhig, gelassen und gar nicht aufgeregt sie gewesen sei. Sie habe ein gutes Gefühl und war sich fast sicher, ausgewählt zu werden. Nun entgegnete ich ihr, auch ich hätte bei den Reiki-Übertragungen ein recht gutes Gefühl gehabt. Umso überraschter waren wir beide, dass schließlich doch eine andere Frau eingestellt wurde. Ich fragte mich, sollte ich mich so in der Reiki-Kraft getäuscht haben?*
*Vielleicht zwei Wochen später erhielt ich die Antwort. Denn hier erzählte mir meine Schwester, sie habe ganz überraschenderweise einen Platz an der Uni in Sozialpädagogik erhalten. Und Studieren sei ihr im Moment allemal lieber, als sich Tag für Tag in einem Projekt zur Arbeitsbeschaffung zu engagieren, von dem niemand wisse, wie lange das Geld des Haushaltsetats dafür reiche. Auf diese Weise hat Reiki dafür gesorgt, nicht das kurzfristige, sondern das übergeordnete Ziel zu erreichen.*

Um Reiki wie in dem beschriebenen Beispiel zu verschicken, lassen sich verschiedene Techniken der Fernbehandlung unterscheiden. Ich stelle dir einige davon vor:

## Fern-Reiki unter Nutzung des mentalen Potentials

Nachdem du mit deiner 'eingeweihten' Hand das entsprechende Symbol gezeichnet hast, sprichst du mehrmals leise das Mantra dazu. Du nimmst deine Hände vor den Körper und hältst sie so, dass die Handflächen einander zugewandt sind. Allerdings lässt du zwischen beiden einen Abstand von etwa 20 bis 30 Zentimetern. Als nächstes kommt es darauf an, dir mit Hilfe deiner geistigen Fähigkeiten vorzustellen, wohin du die Reiki-Energie verschicken möchtest. Das heißt: Gesetz den Fall, du willst auf die Kopfschmerzen deines Vaters in diesem Augenblick Fern-Reiki schicken, so stellst du dir den Kopf deines Vaters zwischen deinen Händen vor. Oder du möchtest im Rückgriff eine für dich traumatische Situation ausheilen, in der du als Kind operiert werden musstest, so stellst du dir den Verlauf und die Umstände der Operation wie auf einer kleinen Bühne zwischen deinen Händen vor. Sollte es jedoch dein Anliegen sein, ein zukünftiges Ereignis mit positiver Energie aufzuladen, so stelle dir dies und den entsprechenden Zeitpunkt zwischen deinen Händen vor. Beispiele hierfür könnten sein: ein Flug in den Urlaub, eine bevorstehende Prüfung oder auch die nächsten Wahlen in deinem Land. Bei mental eingeleitetem Fern-Reiki ist es noch wichtig, darauf hinzuweisen, dass du dir die Situation möglichst neutral vorstellen solltest, um sie nicht durch die Kraft deiner Gedanken zusätzlich zu beeinflussen.
Anstatt die Hände mit leichtem Abstand zueinander zu halten, kannst du sie auch gerade und mit den Fingern nach oben von dir weg halten. Die Arme sind bei dieser Technik fast ganz nach vorn gestreckt, so dass sich die Hände etwa in Höhe deiner Schultern befinden. So eingesetzt, vermittelt dir diese Haltung, im Gegensatz zur ersten Technik, mehr das ‚Abstrahlen' und ‚Wegfließen'. Sie kann dir ein offenes Gefühl – ein Gefühl für Weite geben, da dich die Reiki-Energie nach vorn aus deinen Händen heraus verlässt.
Solltest du bei der Mental-Behandlung einer nicht anwesenden Person Schwierigkeiten bei der Vorstellung der einzelnen Handpositionen haben, so wird es dir in der Regel helfen, wenn du so tust, als würde

die Person direkt vor dir liegen. Das heißt, du verhältst dich bei der imaginierten Behandlung genauso wie bei der Behandlung einer anwesenden Person. Du nimmst also in der Phantasie den Kopf in deine Hände, legst diese später ganz sanft in die Richtung, in der sich der Oberkörper befinden müsste, bewegst sie alsdann zum Bauch hin und veränderst zum Schluss sogar deine Sitzposition, um an die Füße zur Energie-Übertragung heranzukommen.
Zum Schluss noch eine Version, die ich selten benutze. Hierzu hältst du deine Hände entweder nebeneinander oder übereinander und legst sie anschließend auf deine Oberschenkel. Hier nun stellst du dir vor, wie die Energie von deinen Händen durch einen Teil deines Körpers fließt und schließlich dorthin abgestrahlt wird, wohin du sie lenken möchtest.

## Fern-Reiki unter Nutzung von Hilfsmitteln

Wenn es dir nicht so leicht fällt, dir etwas vorzustellen, indem du dich sehr stark darauf konzentrierst, so bietet sich eine Reihe von Hilfsmitteln an. Zum Beispiel lässt sich das Foto einer Person, der du Reiki schicken willst, sehr gut verwenden. Schreibe hierzu auf die Rückseite des Fotos den Namen der Person und zeichne neben den Namen noch das Fern-Heilungs-Symbol. Dann stelle das Foto vor dich hin und lass Reiki durch dieses hindurch auf den Empfänger strahlen. Anstatt das betreffende Symbol auf die Rückseite zu zeichnen, kannst du dies auch mit deiner Hand vor dem Foto in der Luft tun. Und wenn es dir lieber ist, dann nimm‘ das Foto zwischen deine Hände. In jedem dieser Fälle findet Reiki sein Ziel.
Nun kommt es eher selten vor, dass jemand, der Reiki praktiziert, ein Bild der Person besitzt, die er behandeln möchte. Es reicht aber auch aus, den Namen und eventuell die Adresse auf ein leeres Blatt Papier zu schreiben und dieses unter Verwendung des Fern-Reiki-Symbols sowie des Mantras zur Energieübermittlung in die Hände zu nehmen. Es mag dir jetzt vielleicht kurios oder unglaubwürdig erscheinen – aber es funktioniert. Die Methode des Aufschreibens eignet sich auch besonders dann gut, wenn du nicht einer Person, sondern einer Situation oder einem Teil der Natur Reiki schicken möchtest. Beispiele hierfür könnten sein: Epidemien und Seuchen, Rinderwahn, aidskranke Kinder in Afrika, die soziale Struktur deiner Heimatstadt, die

weltweite Versorgung mit Nahrungsmitteln usw. Die betreffende Situation vermerkst du dann auf den Zettel.
Manchen Menschen hilft es auch, sich statt der bisher beschriebenen Methoden eine Spielpuppe oder einen Teddybären als Übertragungsobjekt zu besorgen. Diese Objekte sollten allerdings neutral sein. Das heißt, du solltest nicht deine Lieblingspuppe nehmen, da an diese zu viele eigene Erfahrungen und Erinnerungen gekoppelt sind. Schau dich mit offenen Augen um und besorge dir dann etwas, was für dich ein gutes Heilmedium symbolisiert. Diesem kannst du dann vor Beginn der Fernbehandlung den Namen der betroffenen Person geben und es anschließend in gehabter Weise mit Reiki behandeln.

Die Möglichkeit, durch die Einweihung in den zweiten Grad nun Fern-Reiki anzuwenden, birgt eine gewisse Gefahr in sich. Die zwanghafte Absicht nämlich, sich von nun an aller ‚erbarmenswerten Geschöpfe' annehmen zu müssen. Beispielsweise könntest du meinen, die alte Oma von nebenan würde unbedingt etwas Frische und Lebenskraft benötigen. Also beginnst du ihr, wie du meinst, in hingebungsvoller Weise täglich Reiki zukommen zu lassen. Nur vergisst du hier womöglich, dass dich die Oma gar nicht darum gebeten hatte. Und vielleicht ist es ihr auch gar nicht recht, wenn da jemand so ohne ihr Wissen in ihr Leben eingreift und vielleicht sogar innere Prozesse auslöst, die sie gar nicht möchte.
Die Nutzung des zweiten Grades verlangt demzufolge ein hohes Maß an moralischer Verantwortung. Du benötigst für jede Fernbehandlung das Einverständnis der Person, die du mit Fern-Reiki behandeln möchtest. Das heißt, du musst dir im Prinzip jedes Mal die Erlaubnis einholen, um Reiki zu verschicken. Ich glaube kaum, dass es dir angenehm wäre, zu wissen, dass dich jemand beeinflusst, ohne dich darum gefragt zu haben, selbst wenn dies gut gemeint war. Ich warne sogar davor, ungefragt auf entfernt lebende Menschen Reiki auszustrahlen. Dieses könnte unter Umständen innere oder äußere Prozesse auslösen, die diese womöglich überfordern. Das, wovon du ausgehst, es sei gut für jemand anderen, muss noch längst nicht für den anderen gut sein. Auch bei Fern-Behandlungen gilt: Bevor ich jemanden behandle, benötige ich sein Einverständnis; und ich sollte auch darauf hingewiesen haben, dass Reiki manchmal so etwas wie eine ‚Erstverschlimmerung' auslösen kann.

Das Einverständnis für eine Behandlung lässt sich auf verschiedene Arten einholen. Der beste Fall wäre, wenn dich jemand um eine Behandlung bitten würde; der zweitbeste, wenn du jemandem eine Behandlung anbieten und der andere erfreut einwilligen würde. Unproblematisch ist es auch, wenn dir jemand sagt, du könntest ihm, wann immer du Zeit hast, Reiki schicken. Schwieriger wird es schon, wenn die Erlaubnis nicht konkret gegeben wurde. Zum Beispiel, wenn du plötzlich hörst, jemand Bekanntes sei erkrankt, liege im Krankenhaus und sei nicht ansprechbar. In so einer Situation wäre es möglich, seinen inneren Helfer, seine innere Stimme, Meister Usui oder irgendeine andere Instanz in dir um Rat zu fragen, wie in folgendem Beispiel:

*Immer, wenn ich bezogen auf Reiki einen Rat benötige, besinne ich mich auf Dr. Usui. Für solche Fälle kommt es mir vor, als befinde er sich im Inneren meines Hinterkopfes. Und wenn ich ihn höflich bitte, mir eine Frage zu beantworten, so erhalte ich meistens auch eine Antwort. Manchmal ist diese allerdings nicht ganz eindeutig, so dass ich mir die Bedeutung erst nach und nach erschließen muss. Andere Male gibt er aber auch ganz klare Antworten. Beispielsweise wenn ich nachfrage, ob ich einer bestimmten Person Reiki geben soll und er mir eindringlich „Nein, nein, nein!“ zu verstehen gibt. Dann tue ich dies natürlich auch nicht. Oder aber, er nickt mir ganz gutmütig zu, so dass ich daraus schließen kann, alles sei so in Ordnung.*

Um Fernbehandlungen mit Reiki durchzuführen, gibt es im Grunde genommen keinerlei zwingende zeitliche Voraussetzungen. Du kannst die Zeit beim Musikhören genauso nutzen wie eine Fahrt mit der Eisenbahn oder wenn du irgendwo warten musst. Selbst beim Autofahren habe ich schon Reiki verschickt – obwohl ich das nicht jedem empfehlen möchte. Natürlich wird eine Reiki-Fernbehandlung am effektivsten, wenn sich Reiki-Anwender und Behandelter absprechen. Das heißt, wenn der Behandelte auch konkret weiß, dass sich jetzt irgendwo jemand um ihn kümmert. Deshalb solltest du besonders in der ersten Phase nach Erlernen des zweiten Grades bestrebt sein, einen Termin zu finden, an dem ihr beide Zeit habt. Dann kannst du dich in Ruhe auf die Fernbehandlung konzentrieren, während es sich dein Partner daheim gemütlich macht und offen ist für das Eintreffen der Energie.

Genauso, wie ein einzelner die Reiki-Energie verschicken kann, kann dies auch von einer Gruppe vorgenommen werden. Durch eine Gruppenbehandlung wird natürlich deutlich mehr Reiki-Kraft abgestrahlt, als wenn nur einer allein damit beschäftigt ist. Vorab sollte abgesprochen werden, wer mit Reiki behandelt oder wohin es geschickt werden soll. Gesetzt den Fall, ihr wollt auf ein politisches Ereignis oder auf Teile der Natur, die sich jeder vorstellen kann, universelle Energie verschicken, so kann das Ziel durch Imaginieren der Situation angestrahlt werden. Wollt ihr jedoch einer eher unbekannten Person eine Fernbehandlung zukommen lassen, wäre es angebrachter, ein Stück Papier mit deren Namen und Adresse, beziehungsweise ein Foto in eure Mitte zu legen, auf das ihr den Reiki-Strahl richtet.
Eine schöne Möglichkeit, die Benutzung der Fern-Reiki-Technik zu ergänzen, besteht im Rezitieren eines Gedichtes. Dieses Gedicht solltest du in Liebe sprechen, während du die einzelnen Striche vom ‚Hon-Sha-Symbol' vollführst, beziehungsweise Linien des Symbols zeichnest. Da das Symbol aus insgesamt 22 Einzelbewegungen besteht, ist jede Zeile mehr oder weniger einem Strich zugeordnet. Zum besseren Verständnis habe ich das Gedicht durchnummeriert und hinter jede Zeile die entsprechende Linie des Symbols vermerkt.

***Ich gehe in die Unendlichkeit. (1)***
***Ich fasse den Entschluss, (2)***
***Den göttlichen Kanal aufzubauen ( 3 und 4 )***
***Ich erinnere mich an die Unendlichkeit. ( 5)***
***Ich benötige eine Basis, ( 6 )***
***Um eine Brücke ( 7 )***
***Für das Haus ( 8, 9 und 10 )***
***Des Menschlichen aufzubauen, ( 11 )***
***Für das die Erde die Basis ist. ( 12 )***
***Ich gehe in die Tiefe, ( 13 )***
***Aus der heraus ich mich an die Unendlichkeit erinnere. ( 14 )***
***Ich baue den Schutz ( 15 )***
***Für den werdenden göttlichen Kanal auf Erden. ( ( 16 und 17 )***
***Ohne Anfang, ohne Ende ( 18 )***
***Habe ich Zugang zum inneren Kind. ( 19 )***
***Die göttliche Schale, ( 20 )***
***In die ich vertrauensvoll meine Hände lege. ( 21 und 22 )***

Wenn bisher über Beispiele für Fern-Reiki-Anwendungen gesprochen wurde, so bezog ich mich ausschließlich auf Personen oder Ereignisse, die weit weg waren. Du kannst diese Technik allerdings auch für dich selbst anwenden. Insbesondere, wenn du Stellen an dir behandeln möchtest, an die du gar nicht oder nur schwer herankommen kannst. Hierzu zähle ich insbesondere den Bereich des Rückens. Aber auch die Füße sind Körperteile, an die nicht mehr jeder von uns ohne Probleme heranreichen kann. In diesem Fall nutzt du ganz einfach die Technik der Fernbehandlung. Eine weitere Einsatzmöglichkeit wäre das Behandeln von Gruppen. Hierzu zähle ich die Familie, Freundeskreis und so weiter. Aber denke daran, dir zuvor das Einverständnis zu besorgen.
Zum Schluss dieses Kapitels über die Fern-Reiki-Technik möchte ich noch auf ein Problem eingehen, das nicht übersehen werden sollte. Gerade im Kontext von Fernbehandlungen sind viele Reiki-Praktizierende immer wieder leicht geneigt, die Wirkung von Reiki durch Imaginationen zu ergänzen. Damit meine ich, dass jemand, während er Fern-Reiki zum Beispiel auf eine zukünftige Situation schickt, sich diese Situation besonders angenehm, positiv und zufriedenstellend in seiner Phantasie vorstellt. Er visualisiert also genau das, was er gerne haben möchte.
Natürlich ist so etwas problemlos möglich. Nur sollte dir dabei bewusst sein, dass das kein reines Reiki mehr ist. Denn durch die Kraft deiner Gedanken beeinflusst du den späteren Effekt. Du vertraust der Reiki-Kraft und seiner inne liegenden Intelligenz nur zu einem gewissen Teil. Den anderen möchtest du mit Hilfe deiner Gedanken mitgestalten. Im schlimmsten Falle behindern sich Vorstellungskraft und Reiki gegenseitig – im besten Falle dagegen ergänzen sie sich zu einem harmonischen Ganzen und unterstützen sich. Um es noch einmal deutlich zu sagen: Beides gemeinsam einzusetzen ist durchaus möglich und manchmal sogar sinnvoll. Nur solltest du dir dabei bewusst sein, was du in dem jeweiligen Fall tust und welche Ebene du bei der Verbindung von Imagination und Reiki-Anwendungen aktivierst.

*„Mit unseren Gedanken erschaffen wir die Welt“.*
( Gautama Buddha )

## Das Mentalheilungs- oder Emotional-Symbol

Der zweite Symbolschlüssel zur Lenkung der Reiki-Kraft, den du im zweiten Grad erhältst, bezieht sich auf einen gänzlich anderen Einsatzbereich als der erste. Du musst jetzt erst einmal völlig umdenken. Ich betone diesen Aspekt hier besonders, da ich die Erfahrung gemacht habe, dass viele Reiki-Schüler anfangs Probleme haben, die Möglichkeiten des einen ‚Handwerkszeuges' gegen die des anderen abzugrenzen und eine Zeitlang alles ein wenig durcheinander wirbeln.
Das Symbol zur sogenannten ‚Mentalbehandlung' ist im Gegensatz zum vorherigen einfach und leicht zu erlernen. Es besteht aus insgesamt vier Linien und erinnert ein wenig an ein Gesicht oder die Form der Sphinx. Das Mantra hierfür lautet „Sei-He-Ki" (im Englischen: Say Hay Key) und lässt sich mit: ‚Blockaden durchbrechen, um Harmonie zu erzeugen' fast wörtlich übersetzen. Die deutsche Übersetzung deutet dabei bereits auf die wesentlichen Verwendungsbereiche hin. So lässt sich Sei-He-Ki einsetzen, um gezielt Blockaden aufzulösen oder um eine Harmonisierung zu bewirken. Mit ‚Blockaden' können körperliche Energiestaus, aber auch zwischenmenschliche und situationsbedingte Spannungen gemeint sein. Wenn es um ‚Harmonie' geht, so lassen sich darunter Situationen zusammenfassen, die man jetzt sofort wie beispielsweise die Reinigung von Räumen oder aber auch erst zukünftig erreichen will. Weiterhin gehören diejenigen Zustände dazu, die nach der Auflösung von Blockaden entstehen.
Die Wirkung von Mental-Reiki lässt sich in etwa so erklären: Mit Hilfe von Symbol und Mantra gelingt es dir, Reiki auf eine tiefe (oft unbewusste) Ebene zu leiten. Hier wirkt Reiki heilsam, füllt Energielöcher auf, wirkt also entspannend und harmonisierend. Auf diese Weise positiv versorgt, beginnt die gestaute Energie in dem behandelten Bereich sich allmählich aufzulösen.
Über die bis hierher beschriebenen Wirkungsmechanismen hinaus, besitzt Sei-He-Ki insbesondere die Fähigkeit, auf die emotionale, psychische, beziehungsweise gefühlsbetonte Ebene Einfluss auszuüben. Hierzu ein Beispiel: Nehmen wir einmal an, du führst bei jemanden eine Ganzkörper-Behandlung durch. Während du die Hände, wie beim ersten Grad gelernt, Position für Position über den Körper wandern lässt, fällt dir auf, dass irgendetwas mit dem Bereich des Herzens nicht in Ordnung ist. Auf deine Nachfrage hin erklärt dir der Behandelte, er

spüre sehr oft Beklemmungen im Brustkorb, habe manchmal Aussetzer und könne phasenweise nur schwer atmen.
In diesem Fall steht mit hoher Wahrscheinlichkeit zu vermuten, dass es sich hierbei um ein psychosomatisches Symptom handelt; das heißt, um ein Symptom, das weniger körperlich bedingt ist, sondern von seelischen Faktoren ausgelöst wird. Demzufolge wäre es jetzt wenig ratsam, auf der Stufe des ersten Grades durch Kontaktwahrung weiter zu behandeln. Denn als Praktizierender im zweiten Grad verfügst du über die Möglichkeit, Gefühls- oder unbewusste Anteile gezielt zu behandeln. Zeichne deswegen mit deiner eingeweihten Hand das Sei-He-Ki-Zeichen über der Herz-Gegend und sprich das Mantra dazu mehrere Male. Dann bewege deine Hände zu dem betroffenen Bereich hin, nur halte sie jetzt in einigen Zentimetern Abstand zum Körper. Diese Haltung soll verdeutlichen, dass du jetzt weniger die körperliche, sondern mehr die psychische Ebene behandelst. Durch die Kraft des Mental-Symbols wird es Dir auf diese Weise leichter gelingen, die gestaute psychische Energie aufzulösen. Bleibe mit deinen Händen in dieser Position, bis sich die Stelle für dich normal anfühlt.
Der Einsatzbereich von Reiki erweitert sich durch die Anwendung des Mental- beziehungsweise psychischen Symbols ungemein. Neben der Heilung von verpanzerten oder nicht gelebten Gefühlen, kannst du es verwenden, um die linke und die rechte Gehirnhälfte auszubalancieren. Dies erhöht das Maß an Frieden und Harmonie in dir. Desweiteren wird das Symbol benutzt, um Probleme auf der zwischenmenschlichen Ebene zu beheben. Es kann bei jeder Form von Stress angewandt werden. Auch hilft es bei der Heilung von Suchtverhalten (Esssucht, Rauchen, Tabletten, Kaffee) und fördert das Erinnerungsvermögen. Dies kann auch besonders sinnvoll sein, wenn jemand Schwierigkeiten hat, sich Namen zu merken oder etwas nicht wiederfindet. Schließlich erhöht es selbst die Wirkung von persönlichen Affirmationen, indem es ein tieferes Eindringen dieser Botschaften in das Unterbewusstsein hinein bewirkt.

*„Seit meiner Pubertät litt ich unter Übergewicht. Ich konnte mein Essverhalten kaum steuern, aß unregelmäßig und hatte oft Heißhunger auf Süßes. Was ich jetzt mit 35 Jahren kaum glauben kann, ist dass ich im Begriff bin, abzunehmen. Und das ganz ohne Probleme. Vor etlichen Wochen begann ich als letzte Hoffnung, mich mit Hilfe von Reiki meinem Problem zuzuwenden. Ich*

*behandelte anfangs meinen gesamten Bauch immer wieder mit Sei-He-Ki. Dann kam ich auf die Idee, meine ganzen Unzufriedenheiten über mein Gewicht sowie mein Aussehen aufzuschreiben. Unten auf dem Zettel schrieb ich den Satz: „Ich nehme auf gesunde Weise ab und erreiche mein Idealgewicht." Diesen Zettel trage ich jetzt bei mir und wann immer ich Zeit habe, male ich Sei-He-Ki darüber und lasse Reiki auf den Zettel wirken. Ich freue mich schon auf die Zeit, wenn ich mich endlich ohne Scham im Spiegel betrachten kann."*

Noch wesentlich flexibler und breitgestreuter werden die Möglichkeiten von Sei-He-Ki, wenn du es im Zusammenhang mit Fern-Reiki einsetzt. So lässt sich seine Wirkung nicht nur in Fernbehandlungen einflechten, sondern du kannst mit seiner Hilfe sowohl alte Traumata auflösen, als auch zukünftige Ereignisse harmonisieren. Selbst als ‚Schutz-Symbol' kannst du es einsetzen. Lies hierüber im weiteren Verlauf des Buches noch mehr.
Zum Ende der Erläuterung des zweiten Symbols möchte ich dir auch hier wieder ein Gedicht vorstellen, welches du gut bei der Verwendung von Sei-He-Ki einflechten kannst. In den Klammern hinter jeder Zeile findest du die Zuordnung zu den entsprechenden Linien des ‚Sphinx'-Symbols.

***Ich gehe zum Höheren Selbst, zum Mittleren Selbst, zum Inneren Kind. ( 1 )***
***Ich baue Schutz und Sicherheit in mir auf. ( 2 )***
***Geschützt und sicher öffne ich mit dem Schlüssel das, was verschlossen ist. ( 3 und 4 )***

## Energieaktivierung durch das Kraft-Symbol

Als letztes der drei Symbole für den zweiten Grad möchte ich dir das dritte, das sogenannte Kraft-Symbol vorstellen und erläutern. Zeichnerisch abgebildet erinnert dieses in seinen drei Bewegungen stark an die Form einer Universellen Energie-Spirale, welche im umgekehrten Uhrzeigersinn verläuft. Als Mantra geschrieben oder gesprochen lautet es: „Cho Ku Rei" (englisch: Cho Ku Ray), was in der Regel mit Begriffen wie Kraft- oder Energieverstärker, aber auch Aktivator übersetzt wird. Die Benutzung von Cho Ku Rei stellt so etwas wie

eine Botschaft oder Aufforderung an die universelle Lebensenergie dar. Dies sollte allerdings weniger als Befehl, sondern als liebevolles Ansinnen der Reiki-Schülers betrachtet werden; als Bitte an die universelle Lebensenergie um verstärkten Energie-Fluss.
Wie es das Wort bereits sagt, wird dieses Symbol in erster Linie immer dann eingesetzt, wenn der Reiki-Praktizierende das Gefühl hat, es fließe zu wenig Energie. In dem Moment, wo du während einer Behandlung die Reiki-Kraft intensivieren möchtest, benutzt du Symbol und Mantra zur Energieverstärkung. Dies kannst du für dich selbst tun, aber auch bewusst nur auf diejenige Stelle beziehen, die du gerade behandelst. Dabei ist es davon unabhängig, ob du eine Kontaktbehandlung mit dem Auflegen der Hände durchführst oder ob du Fern-Reiki gibst.

*„Manchmal, wenn ich jemanden in meiner Praxis Reiki gebe, kommt es mir vor, als würde mein Akku irgendwie vollkommen leer sein. Dies kann zwar eigentlich nicht angehen, da ja die universelle Energie im Überfluss vorhanden ist; und dennoch stimmt etwas nicht. Wenn ich das schon vor der Reiki-Sitzung merke, male ich vor mich einmal in ganz groß das Zeichen zur Kraft-Verstärkung und trete dann mehrere Male ganz konkret hindurch".*

*„Für mich stellt das Heilige Cho Ku Rei einen Schutz dar. Es schützt mich davor, ausgelaugt, aber auch von negativen Energien befallen zu werden."*

*„Es ist faszinierend, zu merken, wie die Verwendung des Kraft-Verstärkers die Intensität der Energie, die bei Behandlungen meine Hände verlässt, um ein deutliches Maß steigert. Ich kann richtiggehend merken, wie das Kribbeln in der Mitte meiner Handflächen zunimmt. Wenn ich möchte, wiederhole ich das Mantra leise immer wieder, um die Stärke von Reiki auf einem höheren Niveau zu halten. In anderen Situationen zeichne ich das Symbol vor meinem geistigen Auge oder mit meiner Zunge im Mund. Es überrascht mich regelmäßig, wie promot sich die Reaktion in meinen Händen spüren lässt".*

Wenngleich Cho Ku Rei erstrangig angewendet wird, um das Fließen der Reiki-Energie zu verstärken, so bietet es eine Reihe weiterer Einsatzmöglichkeiten. Beispielsweise wird es benutzt, das Kraftfeld eines Behandelten zu versiegeln. Du kannst es dir zur Regel machen, jede

Reiki-Behandlung mit dem ‚Versiegeln' abzuschließen. Es kann allerdings auch manchmal sinnvoll sein, bereits während einer Sitzung das Cho Ku Rei einzusetzen. Und zwar bei den Menschen, bei denen die heilenden Energien abfließen, als gäbe es irgendwo ein unsichtbares Loch. In so einem Falle spürst du das Loch mit Hilfe von Reiki auf und versiegelst es alsdann eine Zeitlang mit Cho Ku Rei, indem du das Symbol in die Aura hinein zeichnest und seine Wirkung durch deine Hände für eine Weile hier einstrahlen lässt.

Manche Reiki-Anwender benutzen generell vor jeder Behandlung den Kraft-Verstärker, um mehr Energie zu übertragen. Zwar ist dies ein guter Weg, um sich selbst vor der Aufnahme negativer Energien und Projektionen zu schützen (Schutz-Symbol), doch rate ich davon ab, es generell zu tun. Denn es gibt auch Menschen, die eine sanfte Behandlung eher benötigen als eine sehr kraftvolle. Gerade Menschen, die bei dir zum ersten Mal Kontakt mit der heilenden Ebene der Reiki-Energie erlangen, kann eine forcierte Reiki-Behandlung überfordern. Insbesondere dann, wenn es zu einer Erstverschlimmerung kommt oder wenn die Erfahrung von Reiki und Energie-Fluss von diesen psychisch nicht so recht eingeordnet werden kann. Es gibt manchmal Menschen, die trotz wunderbarster Erfahrungen bei ihrer ersten Reiki-Sitzung sich später nicht wieder melden, weil ihnen beim ersten Versuch schon zu viel Energie übertragen wurde. Und auch Teilnehmer eines Seminares in den zweiten Grad bleiben davon nicht generell verschont. Für manche ist das, was sie hierbei erfuhren, möglicherweise so unglaublich, dass es erst mal eine ganze Weile dauert, bis sie die Techniken wirklich anzuwenden beginnen.

Eine weitere Möglichkeit, das Kraft-Symbol einzusetzen, besteht darin, es zur Reinigung eines Raumes zu verwenden. Es hat die Fähigkeit, Orte, Häuser und Räume von negativer Energie zu befreien. Selbst Nahrungsmittel kannst du so behandeln. Und indem du bestimmte Orte unter Verwendung von Cho Ku Rei immer wieder reinigst und sie anschließend in weißes oder goldenes Licht tauchst, machst du aus ihnen nach und nach ‚heilige Räume', die du für Meditationen, Heilbehandlungen oder für dich allein sehr gut nutzen kannst.

Letztlich lässt sich Cho Ku Rei auch als Schutz-Symbol verwenden. Durch wiederkehrende Benutzung kannst du dich selbst, deinen Besitzstand, deine Familie, dein Auto oder alles, was dir wichtig erscheint, unter göttlichen Schutz stellen. Reiki wirkt auf allen Ebenen,

so dass sich die Schutzwirkung auch auf die verschiedenen Bereiche des Lebens ausdehnen wird. Insofern werden dich körperliche Schäden genauso wie persönliche Angriffe viel weniger erreichen als zuvor.
Während wir im europäischen Raum lediglich ein ‚Cho Ku Rei' kennen, kommen bei einem Teil der amerikanischen Reiki-Szene zwei Symbole zur Anwendung. So schreibt unter anderen die amerikanische Reiki-Meisterin Margarette Shelton, man könne das Symbol links- aber auch rechtsherum zeichnen. Im Uhrzeigersinn ausgeführt, würde es uns mit der Energie der Erde sowie vermehrt den ‚weiblichen Energien' verbinden. Entgegen dem Uhrzeigersinn, wie wir dies in unserem Kulturraum lernen, würde es uns hingegen mit der Energie des Himmels sowie der ‚männlichen Seite' in Kontakt bringen. Weiterhin betont sie, es würde alle weiteren Symbole in ihrer Anwendung stärken und harmonisieren, wenn man beide Zeichen gleichzeitig ausführt. Das heißt, man zeichnet die uns bekannte Version des Cho Ku Rei mit der linken Hand und vollzieht gleichzeitig mit der rechten die Bewegungen in spiegelverkehrter Weise. Ich hatte bisher noch nicht genügend Zeit, um mir selbst dazu einen Eindruck zu verschaffen. Aber vielleicht wäre es einen Anstoß wert, sich dieser Verfahrensweise ein Stück weit zu öffnen.
Auch diesen Abschnitt möchte ich gern mit dem dazugehörigen Gedicht beenden:

***Ich gehe in die Unendlichkeit. ( 1 )***
***Ich fasse den Entschluss, ( 2 )***
***Einzuhüllen und mit allen Energien zum göttlichen Wesenskern***
***Zu kommen. ( 3 )***

## Sinn und Bedeutung von Einstimmungen

*„Großer Geist, Gott im Himmel, Meister Usui, all' ihr aufgestiegenen Meister und Schutzengel, verehrter Buddha, lieber Jesus und Höheres Selbst. Steht mir bei und helft mir, mich jetzt zu konzentrieren und innerlich zu reinigen. Ich bitte euch, unterstützt mich bei dieser Reiki-Behandlung, damit ich für diesen Menschen ein guter, sauberer Kanal sein kann, der liebevoll und mit guter Motivation die Reiki-Kraft überträgt."*

So oder ähnlich werden sich viele Reiki-Schüler auf die Behandlung einstimmen. Oberstes Ziel der Einstimmung sollte es dabei sein, sich so gut wie möglich innerlich auf die bevorstehende Reiki-Übertragung vorzubereiten. Das heißt, du stellst deinen Körper darauf ein, ‚universelle Energie' zu empfangen, um sie unter Verschmelzung mit deinen eigenen Anteilen energetisch weiterzugeben. Ein japanisches Sprichwort lautet: „In eine volle Tasse lässt sich kein frischer Tee eingießen." Übertragen auf Reiki könnte dies bedeuten: Bevor du bereit bist für eine einwandfreie, saubere Übertragung von Heilenergie, musst du dich erst einmal geistig leeren.
Oder anders ausgedrückt: Du musst dich selbst überprüfen, ob du mit offenem Herzen, klarem Verstand und ungetrübter, reiner Motivation jemanden behandeln möchtest. Nicht selten schleichen sich, obwohl wir das gar nicht wollen, irgendwelche fremde Gedanken ein. Oder wir erleben Gefühle, die eigentlich gar nicht da sein sollten. Nutze ein längeres Gebet und die wiederholte Anrufung von Meister Usui, auf dass er dir helfen möge, das Ausmaß deines Egos zu reduzieren.
Ebenfalls sehr fragwürdig ist es, jemanden zu behandeln, den du als sehr attraktiv erlebst und über den du vielleicht sogar erotische Phantasien entwickelst. Möglicherweise malst du dir schon vor oder zumindest während der Behandlung aus, wie schön es wäre, mit demjenigen zusammen zu sein oder gar intimen Verkehr zu haben. Solche Situationen verlangen von dir ein Höchstmaß an innerer Reinigung und Klärung. Denn die Projektionen deiner Träume und Wünsche können dem anderen, der von deinen Gefühlen gar nichts mitbekommt, großen Schaden zufügen oder möglicherweise sein Vertrauen in jegliche Form von Heilverfahren zerstören. Nutze deshalb die Phase der Einstimmung wirklich aus und mache dich frei von jeglichem Zwang und Begehren. Nur so verhinderst du, dass deine persönlichen Anteile mit in die Reiki-Arbeit einfließen.

*Das Wort manifestiert sich als Tun, Tun entwickelt sich zur Gewohnheit,*
*Der Gedanke manifestiert sich als Wort*
*und Gewohnheit verhärtet sich zum Charakter.*
*Also schau sorgfältig auf den Gedanken und seinen Laut*
*und lass ihn der Liebe entspringen,*
*die aus dem Respekt für alles Leben geboren wird.*
(aus: Dharma Teachings)

Insbesondere bei der Anwendung des zweiten Grades kommt der Einstimmung viel Bedeutung zu. Wenn du Reiki verschicken möchtest, benötigst du ein hohes Maß an Konzentration sowie ein besonderes Maß an Verantwortungsbewusstsein. Das bedeutet, dass du in der Lage sein solltest, für dich und vor dir moralisch einwandfrei zu handeln. Sollte es dir im Übrigen schwerfallen, dich genügend zu konzentrieren, um auf mentale Weise Reiki zu übertragen, so lies' das anschließende Kapitel besonders aufmerksam.
Reiki ist eine Methode, die helfen kann, das innere Wachstum zu stärken sowie auch Heilungsprozesse einzuleiten, und deshalb sollte es ein doppelter Grund gerade für die Schüler, die in den zweiten Grad eingeweiht sind, sein, danach zu streben, Reiki so pur wie möglich zu praktizieren. Und wenn sich schon persönliche Anteile in die Übertragung von Reiki einschleichen, dann sollten dies Eigenschaften und Gefühle sein wie: Nähe, Zuwendung, liebevoller Umgang, der Wunsch zu helfen oder die buddhistische Haltung ‚heilender Hinwendung'.

## „Meditative Wahrnehmen" im Kontext von Reiki-Anwendungen

Ein Gesichtspunkt, der bei der Arbeit mit den Techniken des zweiten Grades von großer Bedeutung ist, ist der Bereich unserer geistigen Fähigkeiten. Und gerade in diesem Bereich sind die meisten von uns nur sehr schlecht geschult. Dies mag daran liegen, dass wir in unserer westlichen Welt am liebsten nur das bewerten, was wir sehen können. Es mag aber auch eine gewisse Angst damit in Verbindung stehen, die viele von uns befällt, wenn wir anfangen, in unser Inneres hineinzuschauen. Und dennoch funktionieren große Teile des zweiten Grades besser, wenn wir darin geschult sind, unsere mentalen Fähigkeiten zu nutzen.
Bereits vom Buddha stammt die Feststellung, wir seien weniger die Herren in unserem Körper, sondern mehr die Sklaven unserer Reaktionen. Und genau das trifft auch heute noch auf uns zu; denn wir haben kaum gelernt, den Prozess des Wahrnehmens und unsere Reaktion auf äußere Einflüsse unter Kontrolle zu bringen. In unserem Kopf kreisen ständig Gedanken umher, wir können schlecht abschalten und haben

Probleme, uns auf eine einzelne Sache zu konzentrieren. Aus diesem Grund stelle ich hier das Prinzip des „meditativen Wahrnehmens“ vor, das dir helfen wird, das Maß deiner Konzentrationsfähigkeit zu steigern.

Ausgangspunkt für jegliche Art von Bewusstseinsarbeit ist erst einmal die Fähigkeit, sich vor seinem geistigen Auge die Dinge plastisch vorzustellen, die man gern bearbeiten möchte. Allgemein wird diese Methode mit Begriffen bezeichnet wie: ‚kreatives Visualisieren‘, Imaginieren oder Arbeiten mit Tagträumen. An einem Beispiel dargestellt hieße das: Will ich einer Person Reiki schicken, ohne dass diese unmittelbar anwesend ist, so muss ich mir diese Person mental erst einmal gut vorstellen können. Sonst würde Reiki nicht wissen, wohin es fließen soll. Kinder besitzen diese Fähigkeit noch in ganz besonderem Maße. Sie können vor sich hinträumen und sich in Phantasiewelten begeben, so dass sie nicht selten zu hören bekommen „Na, nun träum hier mal nicht so viel rum!“

Im Gegensatz zu Kindern haben viele Erwachsene durch die Art der Lebensführung (Hektik, Verpflichtungen, Verantwortung, Stress etc.) die Fähigkeit zum Träumen oft weitestgehend verloren. Deshalb müssen sie ihre verlorenen Fähigkeiten erst einmal wiederentdecken und weiterentwickeln. Reiki bietet hierbei eine wesentliche Unterstützung an: Schon bei der Einweihung in den ersten, mehr noch bei der Einweihung in den zweiten Grad, wird die „Denker-Stirn“ energetisch angeregt. Demzufolge nehmen Intuition und Hellsichtigkeit bei einem Reiki-Schüler von Beginn an zu und bilden die Voraussetzungen dafür, sich im Geiste irgendwelche Bilder mental vorstellen zu können – eine Fähigkeit, die sich auch als Visualisieren bezeichnen lässt und die eine wichtige Grundlage dafür darstellt, die Kraft positiver Gedanken für die Erreichung von Zielen zu nutzen.

Legt man jetzt immer wieder mal die Hände an seine Schläfen, so harmonisiert die Reiki-Kraft die beiden Gehirnhälften mit ausgleichender Energie, was die mentalen Möglichkeiten noch zusätzlich unterstützt. Dabei profitiert zumeist die rechte Hirnhälfte mehr davon, die für die kreativen Anteile zuständig ist und bei uns Europäern in der Regel eher weniger stark entwickelt ist, als die linke, die für die Logik zuständig ist. Denjenigen, die in diesem Bereich weiter an sich arbeiten möchten, sei das Buch „Die Bildersprache der Seele“ von Renate B. Stadler-Straub empfohlen.

Um nun das, was ich unter dem Prinzip des „meditativen Wahrnehmens“ verstehe, zu veranschaulichen, möchte ich vorab ein Bild entwerfen: Einmal angenommen, du bist Besitzer eines wilden Pferdes, welches ständig bestrebt ist, seine Impulse auszuleben, wird es dir wenig helfen, dieses Pferd einzusperren. Willst du es in deinem Sinne positiv beeinflussen, so gib ihm eine ausgedehnte Weide, wo es sich austoben kann. Lass ihm die Freiheit, alles zu tun was es will... Während es dies tut, gibt es allerdings drei unterschiedliche Möglichkeiten für dich, darauf zu reagieren: Die erste wäre, ihm keine Beachtung zu schenken. Dies wäre die schlechteste Taktik. Die nächste wäre der Versuch, das Tier nach und nach mit Gewalt unter Kontrolle zu bringen. Das wäre die zweitschlechteste. Die beste Taktik jedoch wäre, das Pferd nur zu beobachten, ohne zu versuchen, es zu führen. Es behielte den Raum, sich auszutoben und würde auf diese Weise nach einer gewissen Zeit ganz von selbst ruhig und friedlich werden und zum Futter in deinen Stall zurück kehren.

Das, wofür das ‚wilde Pferd‘ im übertragenen Sinne steht, sind unsere eigenen unruhigen Gedanken, unsere Süchte, Spannungen und Gereiztheiten; das also, was uns immer wieder in die Quere kommt und uns aus unserer Mitte herausreißt. Wollen wir nun gezielt mit dem zweiten Grad arbeiten und durch die Aktivierung unseres Bewusstseins beispielsweise eine der Mentaltechniken benutzen oder Fern-Reiki verschicken, so geht dies nicht, ohne zuvor unseren Geist zur Ruhe gebracht zu haben. Denn das Motiv oder Bild, das wir uns bei der Energiearbeit vorzustellen haben, würde vor unserem geistigen Auge ständig wieder verschwinden. Wir würden uns abgelenkt fühlen und hätten große Probleme, die Reiki-Kraft dorthin zu kanalisieren, wohin wir sie eigentlich lenken möchten.

Eine Reiki-Schülerin beklagte sich vor einigen Jahren mit den Worten bei mir: „Was du uns da über den zweiten Grad erzählt hast, stimmt hinten und vorne nicht. Reiki wirkt sich gar nicht positiv auf den Behandler aus. Denn wenn ich Reiki verschicke, werde ich immer müder. Es strengt mich unheimlich an. Ich habe schon gar keine Lust mehr dazu...“ Im weiteren Verlauf der Unterhaltung wurde dann deutlich, dass diese Frau sehr große Schwierigkeiten hatte, sich auf eine Sache zu konzentrieren. Das galt im Kleinen (z.B. bei Meditationen), wie im Großen (Ausrichtung auf eine bestimmte Berufsperspektive). Aufgrund der geschilderten Situation empfahl ich der Frau, Fern-Reiki

vorläufig nur im begrenzten zeitlichen Umfang zu versenden. Gleichzeitig sollte sie beginnen, sich im ‚meditativen Wahrnehmen' und Meditieren zu üben.
Beim meditativen Wahrnehmen wird kein Ziel im eigentlichen Sinne vorgegeben oder angestrebt. Alle Impulse sollen lediglich neutral registriert oder angeschaut werden. Es kommt einzig und allein darauf an, sich in beobachtender Weise mit einem Problem, einem Gefühl, einem Menschen, einer Situation oder sich selbst auseinanderzusetzen. Im Mittelpunkt steht kein starres Wollen oder Müssen, auch keine erzwungene Problemlösung, sondern die Annäherung.
Vergleichen lässt sich das meditative Wahrnehmen mit der buddhistischen Haltung der ‚gelassenen Achtsamkeit'. Diese besagt, es sei sowohl im Alltag wie in spiritueller Hinsicht belanglos, Gefühle zu unterdrücken oder auszuleben. Es sei einzig und allein wichtig, alles ganz bewusst wahrzunehmen, um es dann loszulassen. So soll das Beobachtete unbeeinflusst von unserem Denken und Wollen seine Wirkung entwickeln.
Bezogen auf die Reiki-Anwendung bei Fern-Behandlungen kann dir dieses Prinzip auf zweierlei Weise helfen. Es kann dich erstens frei machen von dem inneren Druck zu helfen, der möglicherweise auf dir lastet; denn es erlaubt dir, zu erkennen, dass du letzten Endes nur ein Kanal mit der Fähigkeit bist, universelle Energie auf ein bestimmtes Ziel abzustrahlen. Und es erleichtert dir zweitens, gelassen zu bleiben, wenn du den Kontakt mit dem ‚Zielobjekt' nicht beständig aufrechterhalten kannst.
Genau wie kein Mensch das „wilde Pferd" mit Gewalt kontrollieren kann, so wenig lässt sich Reiki als willentliche Heilkraft anwenden. Was du machen kannst, wenn du jemand anderem Energie zukommen lässt, ist einzig und allein, wahrzunehmen, was sich ereignet. Denn ob Reiki am Zielort seine universelle Heilkraft tatsächlich zur Wirkung bringt, das kannst du letzten Endes nicht beeinflussend befehlen – höchstens achtsam beobachten.
Und auf diese Weise angewandt birgt das meditative Wahrnehmen noch eine besondere Chance in sich. Es bietet dir, wenn du dich ganz leer gemacht hast, die Möglichkeit der Diagnose. Damit meine ich, dass du nach und nach durch die Praxis ‚achtsamer Gelassenheit' (egal ob bei Fern-Reiki oder bei der Kontaktbehandlung) ein Gespür dafür entwickeln wirst, was sich im anderen, den du behandelst abspielt. Um

das zu veranschaulichen, was ich damit meine, möchte ich dieses Kapitel mit einem Beispiel dazu beenden:

*„Während eines Urlaubs in Österreich war ich zu Gast bei Freunden. Hier bekam ich mit, dass die elfjährige Tochter meiner Bekannten wirklich sehr gut in der Schule war – ausgenommen in Mathe. Besonders, wenn hier eine Klausur anstand, konnte das Mädchen schon zwei Tage vorher nicht mehr richtig schlafen. Auch entwickelte sie starke innere Unruhe und auf körperlicher Ebene immer wieder auftretende Magen-Schleimhaut-Entzündungen…*
*Nun stand morgen wieder eine Mathe-Arbeit an und ich fragte sie, ob ich ihr eventuell Reiki schicken sollte. Sie bejahte dies und so spielte sich am nächsten Tag folgendes ab: Während ich vormittags in den Bergen zu Fuß unterwegs war, rückte die Zeit der Mathe-Arbeit heran. So stimmte ich mich auf Reiki ein und begann, mich auf das Mädchen zu konzentrieren. Es funktionierte alles ganz gut, ich war allein und in angenehmer Umgebung der Natur. Nach etwa 35 Minuten spürte ich, wie ich unruhig wurde. Ich hatte das Gefühl, irgendetwas würde nicht mehr stimmen. So brach ich die Reiki-Fernbehandlung ab und blieb etwas im Ungewissen, was in der Klasse wohl vorgefallen war.*
*Am Nachmittag traf ich das Mädchen dann wieder und befragte sie zum Verlauf der Klausur. Sie erzählte mir, wie sie erst sehr aufgeregt war und allmählich immer ruhiger wurde. Auch ihre Hände wurden nach wenigen Minuten ganz angenehm warm. Beides hatte sie in den letzten Jahren noch nie in einer Mathe-Arbeit erlebt. Als sie mir dann noch erzählte, dass sie sich sehr gut auf die einzelnen Aufgaben konzentrieren konnte, war ich mir endgültig sicher, dass Reiki hier zur vollsten Zufriedenheit gewirkt hatte und ich stellte dem Mädchen fast triumphierend die letzte Frage:*
*„Na, und du bist bestimmt schon vor Ende der Stunde fertiggeworden, oder?“*
*Und so hörte ich im Nachhinein die Erklärung für meine Unruhe, die nach etwa 35 Minuten eingesetzt hatte; denn das Mädchen hatte genau zu dieser Zeit ihren Aufgabenzettel abgegeben und den Raum verlassen…*
*Wochen später hörte ich von der Mutter, ihre Tochter habe zum ersten Mal in ihrem Leben in Mathe eine Zwei geschrieben… „*

# Kapitel 5

## Reiki in Beziehungen

***Wer sich auf den Weg der Erleuchtungen begibt, der bedarf der anderen. Will man nämlich zur Erleuchtung gelangen, muss man sich in der überaus wichtigen Praxis von Geduld üben. Um aber Geduld zu erlernen, braucht man einen ‚Gegner'. So sind Gegner auch äußerst hilfreich.***
(Dalai Lama)

Ich habe dieses Kapitel in meinem Buch extra so weit nach vorn gestellt, da es sich mit dem Zusammenspiel zwischen verschiedenen Menschen beschäftigt. Und ich habe das Gefühl, dass wir uns in unserer immer hektischer werdenden Zeit menschlich immer weiter voneinander entfernen. Demzufolge wird dieses Kapitel auf Methoden eingehen, die geeignet sind, den Zusammenklang zwischen Menschen wieder zu verbessern und zu intensivieren.
Dieses Kapitel wendet sich erst einmal an Reiki-Schüler, die gemeinsam miteinander wachsen wollen; denn gerade hierfür bietet sich das Handwerkzeug des zweiten Grades besonders an. Darüber hinaus wendet sich dieses Kapitel aber auch an solche Menschen, die an ihren Partnerschaftsproblemen arbeiten möchten. Denn die Verwendung von Reiki wirkt sich insbesondere dort positiv aus, wo schier unüberbrückbare Spannungen das Leben zweier Menschen belasten.
Ich würde mich freuen, wenn die Tipps in diesem Kontext dir dabei helfen, zu erkennen, wie leicht du geneigt bist, die Schuld für etwas beim anderen zu suchen, statt zuerst einmal bei dir selbst Ausschau zu halten. Es soll dir bewusst gemacht werden, wie wir fast täglich aufs Neue in eine Haltung verfallen, andere zu be- oder zu verurteilen; und dass wir dabei regelmäßig das Streichholz im Auge des anderen, statt den Balken in unserem eigenen Auge erkennen.

## Gefahren für die Partnerschaft

Beziehungen werden oft eingegangen aus einem Gefühl höchster gegenseitiger Anziehung heraus. Wir finden etwas im Partner, was wir bei uns selbst vermissen. Oder wir entdecken Parallelen zwischen uns und dem anderen, die in uns die Hoffnung erwecken, wir könnten uns gegenseitig unterstützen und die eigenen Stärken noch mehr ausbauen. Doch oft passiert nach einer anfänglichen Zeit der Zweisamkeit und Harmonie schnell folgendes:

Trotz bester Absicht und Motivation beginnt die Partnerschaft zu leiden. Die guten Gefühle und Vorsätze werden vergessen. Die Umstellung vom Single-Leben hin zu einem Leben zu Zweit geht nicht so reibungslos vonstatten wie erhofft. Das höhere Maß an Nähe ist zwar ganz angenehm, doch bringt es auch Probleme mit sich. Leider bist du so oft beschäftigt mit dir, dass du die schleichenden Veränderungen erst einmal kaum bemerkst. Absprachen zwischen Tür und Angel, eine rasch notierte Nachricht oder ähnliches fördern eine schleichende Entfremdung, die für den Fortbestand einer guten Beziehung sehr gefährlich werden kann, wenn man nichts dagegen unternimmt.

Immer mehr kritisiert man sich gegenseitig. Sie bemängelt zum Beispiel, dass er schon wieder zu spät nach Hause kommt und für sie keine Zeit hatte. Er hält ihr vor, dass sie den ganzen Tag wieder nichts in der Wohnung geschafft habe, während er arbeiten war.

Beide lassen die inneren Spannungen und persönlichen Unzufriedenheiten, die im Grunde genommen gar nicht ursächlich durch den Partner verursacht worden sind, an genau diesem aus. Nur vergessen beide bei allen Konflikten und Streitpunkten, die sich im zwischenmenschlichen Alltag ergeben, dass es sich hierbei nur um die Spitze des Eisberges handelt und dass darunter ganz andere Ursachen schlummern. Aber wo soll man sonst mit all seinem Druck hin, seiner Wut, Unzufriedenheit, Druck und seinem Frust? Da kommt irgendein Anlass im Privaten leider oft sehr gelegen…

Eine besondere gefährliche Zeit für Beziehungen setzt dann ein, wenn ein Baby angekommen ist. Dieses bringt neben der zeitweilig lästigen Mehrarbeit aber oft so viel Schönes und Neues in das Leben zweier Menschen, dass beide sich am liebsten nur noch als Mutter oder Vater sehen. Ein Baby kann dabei die Eltern derart in ihren Gefühlen und ihrer Entwicklung anregen, dass sie sich als Beziehungspartner aus

den Augen verlieren. Beide schenken dem Kind die gesamte Aufmerksamkeit und Liebe, während sich ihre Beziehung immer mehr auseinanderbewegt.
*„Vor der Geburt unseres Sohnes hatten wir uns fest vorgenommen, uns von ihm nur unwesentlich in unserer Freiheit beeinträchtigen zu lassen... Später mussten wir einsehen, dass wir an eine Illusion geglaubt hatten. Wir mussten sehr viel lernen. Immer wieder gab es Streit zwischen uns, da die Nerven teilweise blank lagen. Und manches Mal dachte ich an Trennung...“*

Und dann kommt irgendwann der Tag, an dem ihr euch womöglich fragt: „Was ist aus all der Liebe und Begeisterung geworden, die einmal zwischen uns herrschte?“ Und ihr vergleicht eure alten Erinnerungen mit dem Bild von heute und merkt dabei, dass ihr vergessen habt, an eurer Beziehung zu arbeiten. Partnerschaften oder Ehen funktionieren nicht von selbst. Sie müssen täglich neu mit Leben erfüllt werden. Sonst verwelkt die Liebe wie eine Blume, die zu wenig Licht und Wasser bekommen hat.

## Der erste Schritt

Wenn du merkst, dass deine Beziehung zum Partner nicht mehr in Ordnung ist, dann sollte der erste Schritt darin bestehen, dass du dir ganz konkret und ausführlich die Gründe für deine Unzufriedenheit bewusst machst. Je klarer du das benennen und mit realen Beispielen verdeutlichen kannst, was dich stört oder was du vermisst, umso plausibler wirst du dies deiner Partnerin oder deinem Partner erklären können. Denn wichtig für das weitere Vorgehen ist, dass beide gemeinsam ihre Situation auch als Problem erkennen und bereit sind, sich offen darüber auszusprechen. Außerdem müsst ihr beide gleichermaßen bereit sein, Zeit in Reiki-Behandlungen zu investieren.
Wenn ihr eure Beziehung verbessern und intensivieren wollt, so erstellt als ersten Schritt zwischen euch so etwas wie einen Vertrag, in dem ihr festlegt, wie viel an ‚besonderer Zeit‘ ihr bereit seid, dem anderen täglich zur Verfügung zu stellen. Die einfachste Möglichkeit, von nun an eure Beziehung positiv zu beeinflussen, besteht darin, gemeinsam mit Hilfe von Fern-Reiki regelmäßig Energie auf die zwischenmenschlichen Problembereiche zu schicken.

Verwendet dabei zusätzlich das Sei-He-Ki-Symbol, um einerseits die bestehenden Blockaden aufzulösen und andererseits mehr harmonisches Miteinander zu verbreiten. (Sollte nur einer von euch über Reiki verfügen, so kann er Reiki für euch gemeinsam schicken.)
Diese Übung jeden zweiten oder dritten Tag für einige Wochen angewendet, wird in der Vielzahl der Fälle bereits die leichteren zwischenmenschlichen Spannungen beseitigen; denn ihr verbringt wieder mehr Zeit miteinander, habt ein gemeinsames Ziel und erlaubt der Reiki-Kraft, in eurem Sinne verstärkt wirksam zu sein.

## Reiki bei gegenseitigen Vorhaltungen

Streitgespräche, Spannungen und immer wiederkehrende Versuche, Konflikte zu lösen, sind deutliche Symptome dafür, dass etwas an den Grundlagen einer Partnerschaft nicht mehr stimmt. Selbst wenn derartige Auseinandersetzungen zum Ziel haben, etwas zum Positiven zu verändern, fördern sie dennoch selten das Verständnis für den anderen. Ganz im Gegenteil: Direkte Kritik oder Versuche, den anderen umzuerziehen, wirken sich eher negativ auf eine Partnerschaft aus. Sie bringen mehr Probleme mit sich als sie lösen helfen. Auch provozieren sie die Haltung beim anderen ‚Jetzt erst recht nicht!' Damit verfestigen sich die Fronten und zwischen den Partnern dreht sich alles im Kreis.
Sollte sich das Muster täglicher Vorwürfe mit anschließender Verteidigung, Gegenwehr und Rechtfertigung bei euch wie beschrieben eingeschliffen haben, so könnt ihr mit Hilfe von Reiki dieser misslichen Situation auf den Grund gehen. Allerdings reicht auch hier, wie bei der zuvor beschriebenen Technik der erste Grad nicht aus, da dieser überwiegend auf die körperliche Ebene begrenzt ist. Hier gilt es, die emotionalen Hintergründe dafür herauszufinden, warum einer den anderen nicht mehr akzeptieren kann und ihn deswegen zu ändern versucht und diese aufzulösen.
Die hier verwendete Technik heißt *Sich-im-anderen-sehen* und nimmt je nach Situation zwischen 20 und 25 Minuten in Anspruch:

### Übung

Setze dich gemütlich hin, schließe die Augen, zentriere dein Bewusstsein und stimme dich erst einmal auf die Reiki-Energie ein. Nimm dann über das psychische Symbol des zweiten Grades bewusst Kontakt zu deinem Inneren auf, indem du bei geschlossenen Augen beide Hände in die Nähe deines Herzens bringst. Halte sie mit den Handflächen in Richtung Körper mit etwas Abstand, und zwar so, dass sich die rechte Hand unterhalb deines Halses und die linke in der Mitte deines Brustbeines befinden. Jetzt verbleibe einige Minuten in dieser Position. Spüre, was sich bezogen auf das Thema ‚Beziehungskonflikte' in dir tut. Vielleicht steigen Gefühle, Empfindungen, Gedanken oder auch Bilder in dir auf. Spüre und beobachte alles, was sich dir zeigt.

Ein Hinweis zwischendurch: Verfolge den weiteren Verlauf dieser Übung weniger in dem Bewusstsein, dein Ego stärken und den anderen beeinflussen zu wollen, sondern mehr in dem Wunsch, etwas über dich herauszufinden. Es geht hier nicht darum, deinen eigenen Machtanteil zu vergrößern. Vielmehr solltest du bestrebt sein, dich auf die Suche nach der unbekannten Seite in dir zu machen. Wenn dir klar wird, dass dein Gegenüber dir lediglich deine eigenen abgelehnten Schwachpunkte zeigt, kannst du selbst innerlich wachsen...

Setze nun die Behandlung fort, indem du dir deinen Partner beziehungsweise deine Partnerin in einer Szene oder Situation vorstellst, in der es zwischen euch zu einem Streit gekommen ist.

Während du die Hände für die Reiki-Versorgung deines Inneren wie gehabt nahe des Herzens belässt, solltest du nun vor deinem inneren Auge alles das auftauchen lassen, was es an Vorhaltungen, Gegensätzlichkeiten, Beschuldigungen, Verletzungen und so weiter gegeben hat. Beobachte mit Hilfe deiner Erinnerungen genau die Körperhaltung, Mimik sowie die Entwicklung des weiteren Disputs. Was hast du gesagt? Wie hast du reagiert? Und wie verhielt sich dein Gegenüber? (In der Folge werde ich aus Gründen der Einfachheit nur noch die männliche Form verwenden.)

Die Nutzung der Reiki-Energie erweitert hierbei deinen Bewusstseinszustand und ermöglicht es dir, die gestaute zwischenmenschliche Energie aufzulösen. Dadurch wirst du dich selbst anders als im Alltagsbewusstsein erfahren.

Im nächsten Schritt geht es darum, das zu durchschauen, was sich zwischen dir und deinem Partner wirklich abspielt. Es gilt für dich zu erkennen, was es ist, was du bei deinem Gegenüber verändern willst. Auch geht es um die Frage, warum du den anderen nicht so lassen

kannst, wie er ist. Dafür musst du die Haltung deiner Hände verändern. Beide solltest du jetzt in eine senkrechte aufgerichtete Stellung bringen, ohne den Kontakt zur Energieebene zu verlieren. Halte die Hände jetzt bitte so vor deinem Herzen, dass sich die Handflächen ganz leicht berühren. Nun stell dir vor, dass jede deiner Hände einen von euch beiden Partnern repräsentiert. Du selbst bist mit der linken, dein Partner mit der rechten verbunden.
Nimm wahr, was sich in deinem Gefühl verändert, wenn sich der Abstand zwischen den Händen (das heißt zwischen euch) vergrößert. Ist es entlastend oder beängstigend, macht es dich neutral, gefühlskalt oder ist es eher befreiend? Bringe nun die Hände, die jetzt jede für sich genau für einen von euch beiden stehen, in die optimale Distanz zueinander. Dies kann sehr nahe zueinander, aber auch sehr weit voneinander entfernt sein. Probiere eine Weile ruhig aus, wie es ist, wenn die Hände weiter auseinander oder doch wieder etwas dichter zusammen sind. Lass dir Zeit, wirklich die optimale Distanz zu finden.
Nun kommen wir zum zentralen Punkt: Während die Reiki-Energie weiterfließt, sollst du selbständig damit beginnen, dich mit Hilfe deiner Konzentration beziehungsweise deiner Gedanken mental mal mehr der einen und dann mehr der anderen Seite zuzuwenden. Sieh dich anfangs links bei deinen eigenen Vorhaltungen. Wechsle bald darauf im Geiste zu deinem Gegenüber mit seinen Reaktionen auf der rechten Seite. Bleibe auf jeder Seite so lange, bis du das Gefühl hast, den Kontakt zur jeweiligen Realität auch wirklich hergestellt zu haben. Wiederhole das Hin und Her der Konzentration so oft, bis du spürst, dass sich etwas in deinem Inneren zu öffnen beginnt. Die Reiki-Energie wird diesen Prozess beschleunigen. Vielleicht spürst du bald ein Nachlassen deiner emotionalen Verhärtung, deiner Angespanntheit, vielleicht ein Gefühl von Traurigkeit oder auch Liebe.
Erst wenn sich die Veränderungen in dir deutlich manifestiert haben, solltest du das Abgleichen der beiden Seiten allmählich beenden. Hierfür bewegst du ganz langsam beide Hände wieder aufeinander zu. Gleichzeitig näherst auch du dich mental deinem Gegenüber, mit dem der Konflikt bestand. Verfahre hierbei ganz langsam, um das aufgebaute Energie-Niveau nicht zu zerstören.
Irgendwann sind die Hände wieder näher, bald ganz nahe. Zuletzt wird es nur noch möglich sein, die Hände noch dichter zueinander zu bewegen, wenn beide Personen in deiner Phantasie allmählich mehr

und mehr miteinander verschmelzen. Verlangsame an dieser Stelle eventuell die Bewegung der Hände nochmals, so dass du ganz bewusst spüren kannst, wie ihr beide immer mehr eins werdet. Schließlich gibt es nur noch eine Einheit. Ihr verkörpert beide ein- und dasselbe. Ihr seid wie Vorder- und Rückseite ein- und derselben Medaille. Alles ist in euch und alles ist in dir...
Du erkennst dich im anderen wieder mit all seinen Stärken und Schwächen. Und wenn du magst, dann entschuldige dich für alles, was du deinem Partner in der Vergangenheit angetan hast. Womöglich möchtest du ihm aber auch für alles danken, wozu er dich veranlasst oder ungewollt genötigt hat. Selbst wenn es dir zum damaligen Zeitpunkt wehgetan hat...
Zum Abschluss der Übung nimmst du ganz langsam die Entspannung wieder zurück, bedankst dich bei Dr. Usui und allen ‚Helfern' und beendest die Reiki-Sitzung. Allerdings nicht, ohne Reiki zu erlauben, auch in den nächsten Stunden und Tagen in dir weiterhin wirksam zu sein.

## Reiki bei sexuellen Schwierigkeiten

Die Zahl derer, die unter sexuellen Störungen oder Lustlosigkeit leiden, nimmt ständig zu. Dies kann die unterschiedlichsten Anlässe haben: Meinungsverschiedenheiten, Unlust, Sorgen, fehlende Zeit und Geborgenheit, Überlastung, Geburt eines Babys oder Streit. Hinzukommen können zusätzliche Probleme durch Hausbau, Wohnungssuche, Finanznöte oder vieles mehr. Fast immer spielt die Psyche nicht mehr mit. Nur selten lassen sich Gründe für die Funkstille in der Liebe auf der körperlichen Ebene finden. Inzwischen werden fehlende sexuelle Leidenschaft und Langeweile im Bett bei fast 45 Prozent aller Scheidungen als Begründung angegeben.
Wenn Männer immer weniger Interesse an ihren Frauen zeigen, so stürzt es diese oft in Eifersucht, Wut oder Panik. Sie empfinden sich als weniger attraktiv und geliebt als früher. Andererseits leiden Männer genauso unter der fehlenden Lust. Es ist ihnen oft sehr peinlich, wenn sie immer weniger Leidenschaft entfachen können. Deshalb versuchen viele von ihnen das Problem zu verbergen. Manchmal wird Liebesentzug aber auch ganz gezielt als Strafe eingesetzt, oft weil sich einer über den anderen geärgert hat. Es kann aber auch sein, dass

Ekelgefühle oder Ängste entstehen, berührt zu werden. Und manchmal schläft das Begehren einfach ein, weil der Kopf zu voll ist mit Dingen, die es täglich zu erledigen gibt oder weil der Rausch der Anfangsverliebtheit allmählich verflogen ist.

*„Nachdem unser Baby da war, dachte ich an alles andere als an Sex. Ich wurde eingebunden in einen vollgestopften Tagesablauf und fiel abends todmüde ins Bett. Auch mein Mann schien keine Lust zu haben, mit mir zu schlafen. Als ich dann so ganz allmählich wieder auftaute, wollte es zwischen uns nicht mehr so recht klappen. Die Lust aufeinander schlief auf diese Weise nach und nach ein…“*

Während Lösungsversuche, die zum Beispiel eine Eheberatungsstelle geben würde, mehr im praktischen Bereich angesiedelt sind (Veränderung der Sexualpraktiken, Schaffen von mehr häuslicher Atmosphäre, festgelegte Abstinenzzeiten), setzt Reiki mehr auf der energetischen Ebene an. Es stärkt die Selbstheilungskräfte, harmonisiert die Zweisamkeit und behebt mehr die dahinter liegenden Ursachen. Deshalb werde ich dir nun im Folgenden einige Möglichkeiten vorstellen, wie du Reiki im Kontext verschiedener sexueller Schwierigkeiten anwenden kannst:

Sollten die Gründe für sexuelle Schwierigkeiten eher körperlich bedingt sein, so bietet sich eine Lokalbehandlung durch Auflegen der Hände an. Zum Beispiel, indem du deinen Unterleib mit Reiki versorgen lässt. Lege dich dafür zuerst auf den Bauch und lass deinen Partner für jeweils einige Minuten deine Nierengegend, dann den Übergang zwischen Rücken und Gesäß, daraufhin den unteren Teil deines Gesäßes und schließlich den Bereich zwischen deinen Beinen mit Reiki-Energie behandeln – die Hände können dabei auch kreisende Bewegungen vollziehen.

Anschließend drehst du dich um, so dass dein Partner seine Hände nun auf den Bereich unterhalb des Bauchnabels legen kann. Zum Ende der Behandlung legt er dann seine Hände über dein Geschlechtsteil, so dass die Reiki-Kraft nach den vorbereitenden Positionen hier nun ganz gezielt und intensiv fließen kann. Du solltest bestrebt sein, diese Behandlungsmethode, die etwa eine knappe halbe Stunde Zeit in Anspruch nehmen sollte, möglichst an mehreren Tagen nacheinander

durchzuführen, um Reiki die Chance zu bieten, seine harmonisierende Kraft voll und ganz zu entfalten.
Gesetzt den Fall, es hapert bei euch beiden im körperlichen Bereich, so bietet es sich an, dass ihr euch gegenseitig nacheinander auf die eben beschriebene Art und Weise mit Reiki behandelt. Dadurch fördert ihr den gleichberechtigten Energieaustausch. Ihr gebt etwas ab, nehmt etwas dafür und verhindert dadurch, dass sich einer von euch ausgenutzt fühlt beziehungsweise als alleiniger ‚Wohltäter' herhalten muss.

*„Ich litt seit anderthalb Jahren unter sehr starken Schmerzen beim Sexualverkehr. Diese resultierten aus der Erfahrung einer äußerst unangenehmen Zangengeburt. Mein Mann war zwar sehr rücksichtsvoll, und ließ mir Zeit und dennoch blieben die Schmerzen über die Monate immer gleich stark…*
*Im Anschluss an unser gemeinsames Reiki-Seminar, verbunden mit etlichen Behandlungen, verflogen die Schmerzen irgendwie. Und ich hätte diesen Umstand fast vergessen, hätte mich mein Reiki-Lehrer nicht Wochen später noch mal nach meinen Schmerzen gefragt."*

Wollt ihr zusätzlich zu dieser Energiebehandlung das Maß an Erotik steigern, so führt die beschriebene Stärkung des Sexualbereiches in einem gut beheizten Raum durch, so dass ihr euch dabei ausziehen könnt. Entledigt euch möglichst unbefangen eurer Kleidung und lasst eure Natürlichkeit aufeinander wirken. Dies unterstützt die Reiki-Behandlung durch ein Anwachsen von sexuellen Energien. Demzufolge fließt jetzt nicht nur die universelle Energie, sondern es kommen auch die eigene erotische Spannung sowie die vermehrte Anziehungskraft des anderen zur Wirkung.
Eine gute Methode zur Steigerung der sexuellen Erregung besteht in der Stimulation der erogenen Zonen. Hierzu stimmst du dich jetzt in den zweiten Grad ein, bevor du dich deinem Partner zuwendest.

**Übung**
Dein Partner liegt ausgezogen auf dem Rücken, während du ebenfalls nackt neben ihm sitzt. Führe nun unter Zuhilfenahme von Fern-Reiki langsam und intuitiv deine Hände zu der Stelle des Körpers, die dich zu Beginn der Übung am meisten reizt oder anspricht. Halte dort deine Hände im Abstand von etwa drei bis fünf Zentimetern über seine Hautoberfläche und lass die Energie ‚rüberspringen'.

Dadurch, dass du den anderen nicht berührst, verhinderst du, dass du zu schnell erregt wirst. Genieße erst einmal ohne Anspannung und Ziel das, was sich in dir abspielt. Womöglich wirst du schon bald spüren, wie die sexuelle Energie in dir ansteigt. Vermeide dabei, dich nun allein und isoliert zu sehen, sondern spüre, auch, was sich im Körper des anderen abspielt. Sexuelle Kontakte sollten der gegenseitige Austausch von Liebe und nicht einseitige Triebbefriedigung sein.

Dann lässt du deine Hände zu weiteren Positionen bei deinem Partner wandern, um ihn weiter zu stimulieren. Wenn du merkst, dass ihr dem Höhepunkt nahe seid, lass deine Hände in Form einer angedeuteten Massage von den Füßen bis hoch über den Kopf des anderen dahingleiten – etwa wie beim umgekehrten Chakren-Ausgleich. Dies kann in langen Streichbewegungen, kreisenden Formen, mal schneller und mal langsamer geschehen. Mal verweilst du irgendwo, mal gleitest du ganz beschwingt weiter. Mal sind deine Hände dichter am Körper und berühren sie fast die Haut, mal sind sie weiter davon entfernt.

Probiere in der beschriebenen Weise alles aus, was die Erregung bei euch noch weiter steigert. Je besser es dir gelingt, sexuelle Energie und erotische Spannung mit Hilfe von Fern-Reiki zwischen euch aufzubauen und zu erhalten, desto mehr gelingt es euch, in eine Form ekstatischen Zustandes zu gelangen; in einem Zustand, der euch möglicherweise ein bisher nicht erlebtes Niveau an Liebes- und Orgasmusfähigkeit erreichen lässt.

Wenn du jedoch mehr an die tieferliegenden Schichten für bestimmte sexuelle Probleme bei dir gelangen möchtest, wirst du weitere Techniken des zweiten Grades anwenden müssen. Denn selbst, wenn du den aktuellen Auslöser in der Gegenwart kennen solltest, so liegen die eigentlichen Gründe in vielen Fällen doch ganz woanders. Oft reichen sie zurück bis in die Anfangsphase eurer Beziehung oder noch weiter bis in die eigene Kindheit zurück. Bestimmte Neigungen, sexuelle Vorlieben, Tabuthemen oder bevorzugte Praktiken sind in den meisten Fällen bereits durch sehr frühe Erfahrungen im Kindheits- oder Jugendalter geprägt, auch von den Denkweisen und Normvorstellungen der Eltern sowie vom gesellschaftlichen Einfluss in Bezug auf Themen wie Liebe, Aufklärung, Sex oder Kinder kriegen.

Angenommen, du empfindest im Bett seit eh und je kaum etwas, kannst dich schlecht fallenlassen, kommst regelmäßig ‚zu früh‘ oder leidest unter anderen sexuellen Schwierigkeiten, so kannst du viele der tieferliegenden Ursachen in der Vergangenheit auflösen, wenn du dies auch wirklich willst.

**Übung**
Zu Beginn dieser Art der ‚Karma-Bereinigung' stellst du über das Fern-Reiki-Symbol nach und nach Kontakt zu deiner Vergangenheit her.
Dann lenkst du erst einmal die Energie unspezifisch auf den gesamten zurückliegenden Bereich deiner Geschichte. Später bittest du die ‚Kraft' darum, dass Reiki selbständig die Ursache für dein aktuelles Problem ausfindig machen möge. Wenn du dabei die Augen geschlossen lässt, kannst du die Wirkung der Reiki-Energie ergänzen und verstärken. Lass' dich erst einmal einfach unbestimmt gedanklich ‚treiben'.
Vor deinem geistigen Auge werden im Verlauf der Eigenbehandlung durch die Verwendung von Reiki bestimmte Szenen aus deiner Erinnerung auftauchen, die mehr oder weniger etwas mit dem aktuellen Problem zu tun haben. Sollten dir derartige Szenen bewusst werden, dann schicke mit Hilfe des Reiki-Strahles für längere Zeit liebevoll Energie auf diese vergangenen Ereignisse. Besonders, wenn du merkst, dass sie viel Energie anziehen, bleibe auch mental bei ihnen. Die Auflösung alter Traumata oder Muster erfordert Zeit und Geduld. Lass der Reiki-Kraft genügend Raum zum Wirken. Bleibe allerdings selbst lediglich ein Beobachter. Wenn du spürst, dass noch mehr Energie gebraucht wird, so verwende zusätzlich ‚Chu Ku Rei' zur Verstärkung der Kraft.
Um schließlich die Behandlung der Szene zu beenden und die darin gebundene Energie freizusetzen, wird es vermutlich nötig sein, das ‚Sei-He-Ki-Zeichen' zu verwenden. Dieses bietet dir die Möglichkeit, alte Blockaden zu lösen und dann die Erfahrung durch harmonisierende Energie zu reinigen. In der Mehrzahl der Fälle wirst du selbst psychisch spüren, wie sich die Wirkung der energetischen Stauung verändert. Zum Beispiel können die Bilder immer undeutlicher werden. Dies ist dann ein Hinweis darauf, dass die Bedeutung des bearbeiteten Ereignisses für dich immer mehr verblasst. Und mit seinem Verblassen löst sich auch sein Einfluss auf dein Handeln und Fühlen in der Gegenwart allmählich auf.

Je nachdem, wie viel Zeit dieser Vorgang beansprucht hat und wie lange und intensiv du weitermachen möchtest, kannst du die Übung hier beenden oder aber abwarten, ob heute noch neue Szenen aus deinem Unterbewusstsein auftauchen. Als Frau hörst du jetzt vielleicht eine Stimme, die beispielsweise äußert: *„Alle Männer wollen doch nur das Eine!"*, und erkennst darin deine Mutter oder irgendeine Verwandte wieder. Oder dir fallen deine Eltern ein, wie sie sich kaum noch anschauten, sich nie in den Arm nahmen oder küssten. Vielleicht fällt dir auch ein Spruch aus der Kirche ein oder ein Doktor-Spiel, an dem du als Kind teilnahmst. Schicke auch hierhin in der beschriebenen Weise Reiki und überlass es der Kraft der universellen Lebensenergie, deine Fixierung an diese Erfahrung zu beenden.

Sei aber nicht ungeduldig, wenn sich nicht gleich ein Erfolg bezüglich deines sexuellen Problems einstellt. Jahrzehnte alte Verhaltensweisen und Moralvorstellungen lassen sich selten in einigen Minuten verändern. Hier sind Ausdauer und Geduld nötig. Du musst dich schon wirklich und intensiv mit dir beschäftigen und kannst natürlich auch keine Wunder erwarten. Wiederhole deshalb die dargestellte Bereinigung alter Verhaltensmuster immer wieder, gib' nicht auf, bis du erste konkrete Anzeichen im realen Leben spüren kannst. Gut wäre es, wenn du eine Woche lang jeden Tag etwa eine Stunde Zeit dafür aufwenden könntest. Zusätzlich könntest du alte Fotos aus der damaligen Zeit mit verwenden und mit deinem Partner über deine Erfahrungen reden. Auch ein Gespräch mit Vater oder Mutter, in dem du für dich offene Punkte klärst, könnte hilfreich sein. Aber mach' ihnen keine Vorwürfe, dass würde nur zu neuen Problemen führen.

*„Der Orgasmus ist nicht das Mittel zu einem vollständigem Leben, sondern sein Ergebnis,"* schreibt der bekannte Sexualforscher Alexander Lowen. Demzufolge ist es nötig, Verspannungen, Fixierungen, Ängste und Eigenarten, die sich über die Jahre als Persönlichkeitspanzer im Körper verfestigt haben, durch liebevolle und geduldige Einflussnahme nach und nach aufzulösen. In der vorgestellten Art und Weise genutzt, wird Reiki dich in Kombination mit anderen Verfahren freimachen von alten Zwängen und möglichen sexuellen Problemen.

## Reiki zur Förderung männlicher und weiblicher Energien

Biologisch und auch rollenspezifisch betrachtet, unterscheiden sich Männer und Frauen deutlich voneinander. Jeder für sich verkörpert äußerlich und innerlich einen bestimmten Teil der Natur. Dennoch ist in jedem Menschen sowohl der männliche wie auch der weibliche Anteil der Energie enthalten. Je nach Typus und Ausprägung mal mehr und mal weniger. Allerdings wird der gegengeschlechtliche Wesensteil von vielen Menschen weitestgehend unterdrückt.

Wenn ich im Folgenden von ‚männlicher Energie' spreche, so meine ich damit denjenigen Teil eines Menschen, der rational ausgerichtet und handlungsorientiert ist. Es ist die Fähigkeit, eher emotionslos zu denken, zu analysieren, zu sprechen und sich gezielt zu bewegen. Weiterhin ist es das, was aggressiv in uns nach Durchsetzung der eigenen Interessen drängt und dabei Klarheit, Geradlinigkeit und leidenschaftliche Energie entwickelt.

Demgegenüber ist das ‚Weibliche' in uns die Quelle der höheren Weisheit. Es ist der Teil, der gut zuhören, einfach geschehen lassen und kreativ tätig sein kann. Während der männliche Teil mehr dem Himmel (‚Vater') zugeordnet wird, orientiert sich der weibliche mehr an ‚Mutter Erde'.

Willst du jetzt beide Seiten in dir aktivieren, so nutze den Reiki-Strahl zuerst einmal, um mit seiner Hilfe Energie auf die weibliche Seite in dir zu senden. Dies bietet sich gerade deswegen als Einstieg an, da der weibliche gleichzeitig auch der rezeptive Wesensteil in uns ist, durch den die kosmische Energie wie durch eine offene Tür einströmen kann. Schicke auf diesen Teil in dir Reiki, selbst wenn du auf der Gefühlsebene noch keinen Bezug zu ihm herstellen kannst.

Im zweiten Schritt wendest du dich der Suche nach der männlichen Seite in dir zu. Gehe hierbei genauso vor wie im ersten Durchgang. Indem du über Reiki den Kontakt nun auch hierzu herstellst, förderst du beide Anteile in dir.

Solltest du zu denjenigen Menschen gehören, denen es leichter fällt, sich zu öffnen, wenn die Hände nirgendwo aufgelegt sind, so verwende ausschließlich Fern-Reiki. Fern-Reiki umgeht geschickt die Widerstände, die auf der körperlichen Ebene angesiedelt sind und erreicht sein Ziel im feinstofflichen Körper.

Trotz vieler Erfolge und teilweise unglaublicher Fortschritte, die Reiki Tag für Tag weltweit bewirkt, solltest du nicht ständig irgendwelche Wunder erwarten. Die gibt es zwar immer wieder mal, aber in der Mehrzahl der Fälle sollte eine Behandlung oder Übung, die du durchführst, eher nur als ein einzelner weiterer Schritt auf deinem Weg angesehen werden. Wenn es dir allerdings einmal so vorkommen sollte, als würde sich in dir gar nichts bewegen oder als gehe alles viel zu langsam, so kann ich dir fest versichern, dass nichts im Leben umsonst ist. Jede Bemühung ist wie ein Hinzufügen eines Mosaiksteinchens, durch das das Kunstwerk vervollkommnet wird. Es braucht nur eben Geduld; denn nichts von dem, was du gemacht oder versucht hast, geht im Leben verloren. Und vermutlich wirst du irgendwann zu einem unbestimmten Punkt in der Zukunft einmal überrascht feststellen, dass du schon längst nicht mehr diejenige Person bist, die du früher mal gekannt hattest.

Unter Einbeziehung von Reiki wirst du als Mann mehr über deine eigene weibliche Seite, über Gefühle, Fürsorglichkeit, Sensibilität und Intuition erfahren und sie ausbauen. Genauso wird es dir als Frau mit deinen männlichen Anteilen, wie Zielstrebigkeit, Selbstbewusstsein, Aggressivität, Stärke oder Intellekt ergehen. Je mehr du von beiden Seiten gleichzeitig zulässt und integrierst, umso sicherer wirst du dich fühlen und davon im Leben profitieren.

Dies ist der Weg zu einem selbstverwirklichten Menschen, wie ich dies bereits weiter vorn angedeutet hatte; einem Menschen, der ohne das Empfinden von Abhängigkeit zu erleben, in einer erfüllten Beziehung aufgeht. Du hast die Zukunft in dir; das heißt, du hast die Chance, Beziehungen nicht länger als Unterdrückung und Machtkampf zu erfahren. Sondern im Gegenteil: Beziehungen können dir die Möglichkeiten bieten, in Freude und Liebe ein gemeinsames Abenteuer zu durchleben und dabei das Gefühl zu haben, durch den anderen zu wachsen.

*Die Menschen machen weite Reisen, um zu staunen über die Höhe der Bege,*
*über die riesigen Wellen des Meeres, über die Länge der Flüsse, über die Weite der Ozeane und über die Kreisbewegungen der Sterne.*
*An sich selbst aber gehen sie vorbei, ohne zu staunen.*

(Augustinus, 399 n. Chr.)

# 6. Kapitel

## Krebs - *Eine Aufforderung sich zu verändern*

Wer sich mit dem Thema ‚Krebs' näher beschäftigt, merkt sehr schnell, mit welchen Vorbehalten ein Großteil der Bevölkerung damit umzugehen pflegt. Irgendetwas Unheimliches scheint dieser Krankheit anzuhaften. Eine lockere Runde wird schnell einsilbig, wenn das Gespräch auf Krebserkrankungen kommt. Jemand, der selbst daran erkrankt ist, merkt oft mit Bedauern, wie sich ehemals nahestehende Menschen von ihm abwenden. Oft traut man sich kaum noch über sein Problem zu reden. Vielleicht sogar, um andere möglicherweise zu verschonen oder ihnen nicht den Abend zu ‚verderben'. Denn bei ‚Krebs' werden wie bei kaum einem anderen Thema tiefere Schichten in uns aktiv, die wir in der Regel am liebsten nicht wahrnehmen würden. So insbesondere der Bereich der Ängste: Angst vor dem Krankenhaus, Angst vor dem Sterben, die Sorge darum, was aus mir wird, sowie die Frage, was aus den Angehörigen wird. Gerade Gedanken, die man am liebsten wegschiebt, werden im Kontext von Krebs aktiviert. Nur zu gern würde man nach dem Motto leben: „Mir kann so was ja wohl nicht passieren."
Allein schon die Vermutung oder der Verdacht, man könnte an Krebs erkrankt sein, stürzt Menschen fast immer regelmäßig in tiefe seelische Unordnung. Hier können gute Freunde oder auch ein gefühlsvoller Therapeut eine wichtige Hilfe sein, um mit dem Problem umzugehen. Aber auch die Reiki-Kraft lässt sich gut in einer Situation der Verunsicherung und Anspannung einsetzen. Besonders schön ist es natürlich, wenn man in Momenten, in denen man unter außergewöhnlichen Belastungen leidet, jemanden hat, der sich für Reiki-Sitzungen anbietet. Die heilsame Wirkung von Reiki wird dazu beitragen, erst einmal wieder einen klaren Kopf zu bekommen sowie mehr eigene Energie zu entwickeln. Natürlich wird es nicht ausreichen, nur für einige Minuten Reiki zu übertragen. Man sollte deshalb Ganzkörper-

behandlungen, die anfangs an etwa zehn bis fünfzehn aufeinanderfolgenden Tagen gegeben werden, einplanen.
Seelischer beziehungsweise energetischer Beistand ist gerade deshalb sehr wesentlich, da manchmal bereits der Verdacht auf einen bösartigen Tumor ausreichen kann, um gemäß den Worten von Dr. Hamer seinerseits einen Krebs auszulösen. Denn unbestritten ist, dass bis auf wenige Ausnahmen die Diagnose-Eröffnung ‚Krebs' für den Patienten das bis dahin schwerste und akuteste Konflikterlebnis seines Lebens darstellt. Und bekommt ein Patient wirklich mitgeteilt, er habe Krebs, dann läuft in den meisten Fällen in ihm ein Raster mit all den negativen Bewusstseinsinhalten ab, die er in sich zum Thema ‚Krebskranke' gespeichert hat. So steht in der Regel an vorderster Stelle die Todesangst mit all ihren Nebenaspekten. An zweiter Stelle folgt ein Selbstwerteinbruch, mit dem die Angst vor dem Verlust der bürgerlichen Existenz einhergeht. Und auch die Sorge um den Verlust der körperlichen Unversehrtheit spielt eine große Rolle. Es kommt zu depressiven Erscheinungen und Formen größerer Hilflosigkeit – nur in seltenen Fällen dagegen zu einem Aufrütteln, verbunden mit der Haltung: *„Jetzt erst recht!"*
Die Erfahrung zeigt, dass es bei einer Krebserkrankung in der überwiegenden Zahl der Fälle darauf ankommt, ihr auf allen Ebenen zu begegnen. In diesem Zusammenhang spricht der weltbekannte amerikanische Krebs-Arzt Carl O. Simonton davon, man sollte sowohl von der Schulmedizin als auch von der Psychotherapie das Beste für sich in Anspruch nehmen. Weiterhin empfiehlt er dringend religiöse und spirituelle Lehren einschließlich des Schamanismus hinzuzuziehen.
Krebs lässt uns an unsere Grenzen kommen. Es macht uns deutlich, dass wir so, wie wir bisher lebten, nicht mehr weitermachen können. Insofern kann Reiki bei der Therapie eine sehr bedeutsame Rolle zufallen; denn Reiki ist sowohl ein geistiger Weg wie auch eine Methode des Harmonisierens und Heilens. Ich hatte bereits dargestellt, dass die Einweihungen in Reiki, wie auch der Beginn der therapeutischen Anwendungen, einem Tor gleichzusetzen sind, durch welches man auf eine neue Stufe des Bewusstseins gelangt. Nichts ist mehr so, wie es mal vorher gewesen war. Und genau das ist es, wozu uns ‚Krebs' auffordern möchte. Er bittet nicht, nein er fordert uns ganz drastisch dazu auf, uns zu ändern.

Manchem wird der Gedanke, sich zu verändern, sehr schwerfallen. Hatte man sich doch inzwischen so an seine alteingefahrenen Verhaltensweisen gewöhnt. Für diese Menschen wird Reiki eine große Hilfe darstellen. Denn es erleichtert es ganz ungemein, liebgewonnene ‚Altlasten' und Verhaltensmuster über Bord zu werfen und frei zu werden für eine neue Ebene des Fühlens und Erlebens.

## Reiki – Krebsbehandlung

Zur Reiki-Krebsbehandlung bietet sich zuerst natürlich die Energieübertragung durch das Auflegen der Hände an. Dabei sollte der Behandelte zu Beginn der Anwendungsphase spüren, wo die Hände des Behandlers liegen. Schon allein deshalb, um allmählich ein Verständnis für die Wirkungsweise der Reiki-Kraft sowie Vertrauen zu seinem Behandler zu entwickeln. Behandele aus diesem Grund erst einmal mit den Möglichkeiten des ersten Grades. Das heißt: Du verabredest feste Termine und nimmst in standardisierter Form für jeweils etwa eine Stunde die Versorgung des gesamten Körpers mit Reiki vor. Achte hierbei besonders darauf, dass erst einmal der Körper in seiner Ganzheit mehr energetische Ausgeglichenheit erlangt. Es kommt weniger darauf an, schon jetzt heilend auf das Wachstum des Krebses einzuwirken. Du solltest dir bei der Behandlung selbst auch genug Zeit und Raum zugestehen, so dass der Erkrankte nicht von deiner eigenen Ungeduld angesteckt wird und sich womöglich unter Druck gesetzt fühlt.

Nachdem du etwa zwei bis drei Wochen die erwähnten Behandlungen des gesamten Körpers durchgeführt hast, kannst du nun mit gezielterer Reiki-Arbeit beginnen. Hierzu zählt in erster Linie die lokale Behandlung erkrankter Organe beziehungsweise Körperstellen. Das heißt, es kommt darauf an, die befallenen und geschwächten Teile mit Hilfe der aktivierenden und harmonisierenden Wirkungsweise der universellen Lebensenergie zu stabilisieren und zu stärken. Lege bei der lokalen Behandlung die Hände dort auf den Körper, wo sich die erkrankten Stellen befinden und verweile hier jetzt längere Zeit als du es bei der Ganzkörperbehandlung gewohnt bist. Die Behandlungsdauer sollte sich nach deiner eigenen Empfindung richten. Ansonsten schlage ich mindestens 20 Minuten vor. Manchmal hilft es auch, wenn

du nach jeweils wenigen Minuten deine Hände um ein oder zwei Zentimeter verschiebst.
Da Reiki in der überwiegenden Zahl der Fälle dafür sorgt, ein bestehendes Ungleichgewicht wieder auszugleichen, kann allein schon durch diese Anwendungen eine Besserung erreicht werden. Zusätzlich zu den lokalen Positionen solltest du immer auch die Thymus-Drüse, die für ein intaktes Immunsystem verantwortlich ist, sowie den Bereich der Leber und der Nieren behandeln, um die Entgiftungs- und Reinigungsfunktionen des Körpers anzuregen.
Neben der bisher beschriebenen körperlichen Ebene ist es allerdings beinahe genauso wichtig, die Positionen am Kopf zu behandeln, um bei den Erkrankten die notwendige Umprogrammierung im mentalen Bereich allmählich vorzubereiten. Denn ohne die innere Umstellung, das heißt: ohne das Erlangen einer neuen geistigen Haltung, verbunden mit einer neuen Sicht der Welt und des eigenen Lebenssinnes, wird weitgehend jede Form der Therapie eher unzulänglich bleiben und vermutlich zum Scheitern verurteilt sein. Hierauf werde ich später noch detailliert eingehen.
Eine mir bekannte Reiki-Lehrerin erzählte mir vor Jahren davon, dass ihre Schwester, zu der sie nur mäßigen Kontakt gehabt hatte, an Krebs erkrankt sei. Auf die Frage, ob sie wohl mit Reiki behandelt werden wolle, äußerte diese, sie halte davon zwar nichts und glaube auch nicht an derartige Form „mystisch verklärter Energie-Übertragungen", aber es sei ihr recht, wenn man sie dennoch behandle. Durch die Nähe, die zwischen beiden entstand, konnte meine Bekannte feststellen, wie sich bei der Schwester nach und nach etwas zu bewegen begann. Diese erlangte mehr Gelassenheit und auch neuen Mut, stellte ihre Ernährung um, suchte sich eine neue Wohnung und konnte ihre Erkrankung tatsächlich weitestgehend überwinden. Es muss aber erwähnt werden, dass die Reiki-Behandlungen über Monate fast täglich durchgeführt wurden.
Aus dem Beispiel soll zweierlei deutlich werden: erstens wirkt Reiki, auch ohne dass man daran glaubt, und zweitens besitzt es eine immense Kraft, die nur genutzt zu werden braucht. Natürlich bedarf es sowohl des Mutes beim Behandler, sich an schwere Krankheiten heranzuwagen, als auch des Vertrauens in die Selbstheilungskräfte und die Eigenverantwortlichkeit der erkrankten Person. Unter diesen Voraus-

setzungen wird der Behandler bereits mit den Möglichkeiten des ersten Grades einiges bewirken können.

**Übung: Aktivierung des Immunsystems**
Gerade zur Vorbeugung wie auch zur Überwindung einer so schweren Krankheit wie Krebs kommt dem einwandfreien Funktionieren des Immunsystems des Körpers eine zentrale Rolle zu. Krebs ist nicht, wie häufig von Seiten der Schulmedizin unterstellt wird, eine rein körperliche Erkrankung, sondern es sind persönliche, familiäre, psychische, berufliche, soziale und umweltbedingte Faktoren an der Entstehung beteiligt. Und natürlich wirken sich vor allem Ernährung, aber auch Lebensweise, Atmen, Emotionen, Gedanken, Stress, Anspannung sowie unerledigte Konflikte und erlebte Traumata auf die Konstitution aus. Selbst übergeordnete seelische Aspekte religiös-spiritueller Natur, wie das ‚Eingebunden-Fühlen in die Ablaufprozesse der Welt' spielen eine Rolle.
Aus diesem Grund stelle ich hier eine Methode vor, die sich aus Reiki-Anwendung und Mental-Arbeit zusammensetzt. Insbesondere das Zusammenwirken heilender und harmonisierender Reiki-Energie mit der Kraft der inneren Bilder stellt eine Behandlungsform dar, die äußerst kraftvoll ist und die Selbstheilungskräfte auf erstaunliche Weise aktiviert. Allerdings setzt diese Anwendung einiges an Erfahrung sowie Vorbereitung voraus, so dass du dir eine Weile Zeit lassen solltest, um dich in diese Übung einzufinden.
Wenn du als Erkrankter selbst über den ersten Grad verfügst, so benötigst du zwei weitere Personen für diese Übung. Eine von beiden müsste zusätzlich über den zweiten Grad verfügen. Solltest du noch nicht in Reiki eingeweiht sein, so würdest du im besten Falle auf drei Helfer angewiesen sein.
Bei der Beschreibung der Methode und ihres Ablaufs beziehe ich mich auf die Version, dass du als Behandelter selbst über die Reiki-Kraft verfügst.
Da es für den Behandlungsverlauf überaus angenehm und auch sinnvoll ist, sich allein auf sich und seine Hände zu konzentrieren, empfehle ich, den nun folgenden Text auf einen Tonträger zu sprechen, der dann im Hintergrund abgespielt werden kann, oder aber eine weitere Person hinzuzuziehen, die den Text langsam und mit angemessenen

Pausen vorliest. Als Untermalung eignet sich recht gute Musik von Kitaro und hier zum Beispiel ‚Oasis', wenn du beim fünften Stück ‚Eternal Spring' einsteigst.
Als Behandelter lege dich bitte auf den Rücken auf eine weiche Unterlage und schließe deine Augen. Dann schiebe deine Hände parallel nebeneinander unter deinen Hinterkopf und lasse die Reiki-Energie auf die Medulla strömen. Dies erleichtert sowohl die eigene Entspannung als auch das Loslassen alter Denk- und Glaubensmuster. Nun atme noch zwei- oder dreimal tief ein und lass beim Ausatmen alles das los, was du gerne loslassen möchtest. Atme jegliche Spannung oder Ablenkung aus, die du in dir verspürst.
Schließlich nimmst du noch einen weiteren Atemzug und versuchst sodann, sämtliche negative Gedanken und Sorgen, die dir den weiteren Verlauf der Übung möglicherweise erschweren könnten, wegzuatmen. Erlaube dir, ganz entspannt zu sein.
Nachdem du dich auf diese Weise gut auf den weiteren Verlauf der Behandlung eingestimmt hast, beginnt sich einer der Helfer in den zweiten Grad eizustimmen, um mit Hilfe der Fern-Reiki-Technik Energie zu schicken, ohne dass die Hände auf den Körper des Behandelten gelegt werden. Für diesen Behandler gilt jetzt folgende Anweisung:

*„Lenke bitte zum Anfang die Reiki-Energie auf die Füße des Behandelten. Auf die Fußsohlen, die Zehen, die Knöchel... Dann gehe weiter zu den Schienbeinen, den Waden bis hoch zu den Knien. Hier verweile etwas länger; da Knie und Kniekehlen oft für die verschiedensten Energieblockaden verantwortlich sind.*
*Wenn du das Gefühl hast, die Knie sind genügend gut versorgt und frei, dann sende die Reiki-Energie nacheinander für jeweils etwa eine Minute auf Oberschenkel, Gesäß, Hüften und Unterleib. Schließlich aktiviere über Fern-Reiki das Wurzel-Chakra. Verbleibe dann den gesamten weiteren Verlauf der Behandlung über auf diesen untersten Haupt-Chakra, da es die Grundversorgung aller anderen Chakren beeinflusst."*

Nun sollte der andere Helfer in Aktion treten. Dieser legt jetzt seine Hände auf die Mitte des Brustkorbes etwas oberhalb des Herzens. Von hier aus wirkt heilsame Reiki-Energie besonders effektiv auf die Thymus-Drüse, die in erster Linie für das Funktionieren des Immunsys-

tems verantwortlich ist. Außerdem wird von hier aus auch das Mediastinum, das ‚emotionale Herz' mit Energie versorgt. Dieses bestimmt, wie sehr man lieben und sich öffnen kann. Die Hände sollten in der Regel bis zum Ende der Behandlung an dieser Position verbleiben. Manchmal ist es allerdings angezeigt, mit den Händen etwas Abstand zum Körper zu halten, um einem Gefühl des Erdrücktwerdens vorzubeugen oder entgegenzuwirken. Halte, wenn du das Gefühl hast, es sei für den Behandelten so angenehmer, deine Hände in wenigen Zentimetern Abstand über die angegebene Stelle. Nur in wirklich begründeten Ausnahmefällen solltest du zu einer ganz anderen Position wechseln. Sinnvoll wäre dies zum Beispiel dann, wenn diese Behandlungsposition eher inneren Stress oder Unruhe bei dir oder dem, den du gerade behandelst, auslöst.
Nachdem ihr nun in der beschriebenen Weise die Verteilung der einzelnen Rollen vorgenommen habt, sollte dem Behandelten die folgende Phantasiereise langsam vorgetragen werden:

*„Lenke dafür mit Hilfe deines Atems oder deines Bewusstseins deine Wahrnehmung auf deinen Kiefer, auf Zähne, Zunge, Wangen und Ohren. Jetzt entspanne die Augen und alle Muskeln um die Augen herum! Erlaube deinen Augen, sich hinter den geschlossenen Augenliedern auszuruhen. Dann entspanne die Stirn und den gesamten Hinterkopf. Lass Entspannung und Frieden durch den Körper fließen. Etwa so, als würde eine sanfte Welle sich in deinem Körper hin- und herbewegen.*
*Jetzt stelle dir bitte über deinem Kopf einen Ball vor, der aus Licht besteht. Aus reinem Licht, das auf dich herunter strahlt – herunter gleitet und dich nach und nach umgibt. Das reine weiße Licht umstrahlt und wärmt dich …*
*Es schirmt dich nach außen vor Angriffen und Belastungen ab – im Innern dagegen beginnt es, dich zu heilen. Erlaube ihm, dich vollständig zu umhüllen und jeden Teil von dir zu beschützen. Warte so lange, bis das Licht vollständig mit dir verschmolzen ist.*
*Nun stell dir bitte mit deinem geistigen Auge vor, wie du dich inmitten einer wunderschönen Umgebung in der Natur befindest. Du fühlst dich wohl, die Sonne scheint und der Himmel über dir ist hellblau. Wenn du ganz leise bist, hörst du, wie ein leichter Wind weht. Vielleicht bemerkst du auch das Rascheln von Blättern in deiner Nähe, das Zwitschern eines Vogels oder auch das Plätschern eines Baches …*

*Vor dir taucht ein Pfad auf, auf dem du jetzt entlang zu schreiten beginnst. Spüre den weichen Boden unter dir und wie du beschwingt vorankommst. Nimm den kostbaren Duft der Natur in dir auf... Allmählich näherst du dich einem Platz, der für dich ideal ist. Er wird zu deinem Kraftort werden. Egal wo sich dieser befindet. Dies kann direkt am Meer sein, auf einer Wiese, an einem See oder Bach, vielleicht auch in den Bergen oder auf einer Lichtung mitten im tiefen Wald... Es kann aber auch ein Haus für dich sein, in dessen Innerem du ein sehr schönes oder besonderes Zimmer findest ... Eigentlich kommt es gar nicht darauf an, wo du deinen Kraftort findest – Hauptsache, du fühlst dich hier wohl und weißt, dass dieser Platz nur für dich da ist ... Mache es dir nun hier bequem!*
*Von hier aus beginnst du nun eine Reise durch deinen Körper. Dabei kannst du ihn dir ganz realistisch oder auch rein symbolisch vorstellen. Es mag sein, dass du durch deinen Mund oder durch die Nase in dein Körperinneres gelangst. Es geht aber auch durch den Bauchnabel und sogar durch die Haut ... Drinnen angekommen, siehst du die Zellen deines Immunsystems. Dieses ist verantwortlich für deine Gesundheit. Je nachdem, wie gut es funktioniert, beeinflusst es deine Befindlichkeit sowie dein Wohlergehen. Solltest du gerade eine medizinische Behandlung erhalten, so stell' dir bitte vor, wie sie dein Immunsystem und deine Abwehrkräfte stärkt. Auch, dass die Zellen zahlreicher und kräftiger werden ...*
*Und dann siehst du immer mehr Immunzellen wachsen, sie haben prächtige Farben und wunderschöne Formen. Sie durchströmen die Blutbahnen deines Körpers und verteilen sich dort. Die ‚kleinen Helfer' gehen dorthin, wo sie gebraucht werden ... Lass die Immunzellen für dich arbeiten, um dir Gesundheit und Wohlergehen zu verschaffen und zu erhalten. Die Reiki-Energie wird deine Immunzellen unterstützen. Sie lässt sie wachsen und stärker werden, damit sie ihre Aufgaben für deinen gesamten Körper noch besser erfüllen können. Jede von ihnen hat ihre eigene, ganz bestimmte Funktion ... (Pause)*
*Und jetzt siehst du dich ganz neu. Du siehst dich in bestmöglicher Gesundheit. So, dass du alle deine Fähigkeiten und Potentiale verwirklicht hast. Stell' dir vor, wie du im Idealfall sein möchtest. Du erscheinst in einem ganz neuen Licht und mit völlig veränderter Ausstrahlung ... Du bist erfüllt von vibrierender Energie und strahlender Kraft. Wie siehst du aus, wie klingt deine Stimme? ... Welche Worte sagst du? ... Schau dir an, wie du dich in deiner besten Verfassung fühlst ... Und jetzt gestatte dir, in dem wunderbaren Gefühl von unbegrenzter Energie und vibrierender Gesundheit zu baden*

*– eingehüllt vom reinen Licht und durchflutet von der ‚universellen Lebensenergie' – von Reiki. Lass es jeden Teil deines Körpers und deines Wesens erfüllen, harmonisieren und letzten Endes heilen.*
*Nun am Schluss dieses Ausfluges in die Zukunft, wie du sie dir in positiven Zukunftsbildern vorstellst, möchte ich dich bitten, deine Entspannung zurückzunehmen. Werde allmählich wacher und bringe dein Bewusstsein langsam wieder hierher in den Raum zurück … Atme tiefer ein, bewege deine Hände und Füße, strecke dich und öffne langsam deine Augen. Werde wieder ganz wach und sei gewiss, dass alles ganz genauso eintreffen wird, wie du es dir hier vor deinem geistigen Auge erträumt hast … Glaube fest daran und vertraue der Kraft!"*

Nachdem du die Entspannung wieder ganz zurückgenommen hast, werden die beiden Helfer gebeten, nun ihrerseits langsam die Reiki-Behandlung zu vollenden, indem sie sich langsam und ohne Hast zurückziehen. Selbst bleibst du noch einige Momente lang liegen, wohl wissend, dass alles gut wird – dass du auf dem richtigen Weg bist.
Zu empfehlen wäre nach Beendigung der gesamten Übung, dass sich alle Beteiligten noch ein wenig Zeit füreinander nehmen würden. Hier könntet ihr euch über eure Erfahrungen und Empfindungen austauschen. Interessant wäre es sicherlich für denjenigen, der behandelt wurde, was die beiden Helfer erlebt haben. Und auch die Behandler würden bestimmt gerne hören, was die ‚Hauptperson' während der Sitzung wohl durchlebt hat. Oft entstehen aus dem nachfolgenden Gespräch Anregungen für den weiteren Weg des Betroffenen. Auch das Zusammengehörigkeitsgefühl, gepaart mit der Entwicklung gegenseitigen Vertrauens, wird in einem harmonisch geführten Nachgespräch gefördert.
Die hier dargestellte Behandlungsform ist aufgrund ihrer Intensität bestens geeignet zur Behandlung von Krebserkrankten. Aber natürlich eignet sie sich auch zur Vorbeugung. Gerade für krebsanfällige Personen, das heißt für Menschen, die unter dauerndem Stress, unter sozialer Isolation, unter Konflikten oder Überforderung leiden, kann diese Übung (langfristig angewandt) zur Quelle der Kraft und Ausgeglichenheit werden. Und noch ein Hinweis zum Schluss, der sich eigentlich schon fast erübrigt: Wenn der Behandelte nicht selbst über Reiki verfügt, so müsste ein weiterer Helfer die Position des Hinterkopfes behandeln. Demzufolge käme dem anfangs erwähnten dritten

Helfer die Rolle zu, während der gesamten Sitzung den Hinterkopf des Partners in seinen Händen zu halten, um von hier aus das Zentrum des mentalen Bereiches mit heilsamer Energie zu stimulieren.

## Ursachen für Krebserkrankungen

Neben Krebs gibt es nur sehr wenig andere Krankheiten, die derart körperlich verlaufen. Und parallel dazu gibt es auch nur wenige Krankheiten, die derart fixiert in Hinblick auf die körperliche Symptomatik hin behandelt werden. Operationen, Bestrahlungen und Chemotherapie sind die Methoden, die immer wieder in den Mittelpunkt gerückt werden.
Bei der Suche nach den Ursachen für Krebs begann man, auf allen Ebenen und Gebieten zu forschen. Allerdings ist die Suche bis heute nur in Ansätzen erfolgreich gewesen. Fest steht bisher nur, dass es die eine einzige ‚Krebszelle', die es zu suchen gilt, um dann alles zu heilen, schlichthin nicht gibt. Es gibt lediglich Zellen, die sich unter dem Einfluss bestimmter Gegebenheiten zu verändern beginnen und dabei ihre Fähigkeit zur Wachstumsregulation und Integration verlieren. Zusätzlich lässt sich meist auf der psychischen Ebene feststellen, dass vor allem diejenigen Menschen krank werden, die ihre besondere, persönliche Rolle nicht wirklich ausleben können und sich vergeblich auf der Suche nach dem Sinn ihres Daseins befinden. Das Leben wird für sie immer mehr zu einer Tretmühle, einer Falle, aus der sie kein Entrinnen mehr sehen. Allerdings ist diesen Menschen davon äußerlich meist nichts anzumerken, sie erscheinen als erfolgreich und zufrieden.

Um zu verstehen, wo du bei der Reiki-Krebsbehandlung besonders effektiv ansetzen kannst, möchte ich kurz auf einen Erklärungsansatz für Krebserkrankungen eingehen, den der deutsche Arzt Dr. Geerd Hamer Anfang der 80er Jahre entwickelt hat, wofür er allerdings von der Schulmedizin bis heute angefeindet wird. Dieser schreibt, es würde Krebs immer dann entstehen können, wenn drei Faktoren zusammenkämen:

**Eine reduzierte momentane Disposition** (Vorherrschen von Abgeschlafftheit über einen längeren Zeitraum bei schlechtem psychischem und körperlichem Allgemeinzustand)
**Momentane Konfliktverdichtung** (ein bestehender schwelender Konflikt nimmt immer mehr an Intensität zu und wird zum allerschwersten Konflikterlebnis mit ‚Keulenschlag-Effekt')
**Momentane Isolation** (man fühlt sich räumlich, familiär oder auch innerlich isoliert)

Treffen diese drei Faktoren nun momentan oder auch über einen längeren Zeitraum zusammen, so kann ein Krebs schon innerhalb eines Tages ausgelöst werden. Allerdings nur dann, wenn ein bestimmter persönlicher Belastungs-Schwellenwert überschritten ist. Notwendig dafür ist immer ein schwerer, akut dramatischer sowie isolierter Konflikt-Erlebnis-Schock. Nicht etwa ein Schicksalsschlag oder ein Ereignis, indem eine Person ohnehin nichts hätte ändern können, ist für die Entstehung von Krebs verantwortlich. Sondern entscheidend ist die Schwere des konfliktträchtigen Erlebnisses.
Für Hamer ist Krebs weniger eine entartete Zelle, sondern vielmehr ein Schaltfehler im Gehirn. Die Lokalisation, das heißt, die Stelle im Körper, wo das Krebswachstum einsetzt, richtet sich in der Mehrzahl der Fälle nach dem empfundenen Konfliktinhalt. Was bedeutet, dass die Art des Konfliktes wesentlich dafür verantwortlich ist, wo der Krebs aktiviert wird. Unter diesem Aspekt lässt sich die Therapie der Krebserkrankung zeitlich sehr effektiv gestalten. Weiß man beispielsweise, dass durchschnittlich zwei bis vier Monate vergehen, bis Frauen ein Mamma-Carcinom bemerken und zum Arzt gehen, so fällt es nicht schwer, den Zeitpunkt des Erlebnisschocks rückblickend fast auf den Tag genau zu bestimmen.
Da sich der Verlauf der Krebsentwicklung weitgehend nach dem Verlauf der Konfliktentwicklung richtet, hat man auch ohne die bisher meist verwendeten Behandlungsmethoden von ‚Stahl', ‚Strahl' und ‚Chemo' gute und wirkungsvolle Ansatzpunkte. Wird also das zugrundeliegende Trauma (der seelische Konflikt) aufgelöst, so endet gemäß der Theorie parallel dazu fast immer unmittelbar auch das Wachstum des Krebses.

## Auflösung und Heilung zurückliegender Konfliktursachen

Nimmt man diesen von Dr. Hamer aufgedeckten Zusammenhang, so leiten sich für die Anwendungen der Reiki-Kraft einige fundamentale Aspekte ab, die man ergänzend zur Schulmedizin in vielen Fällen anwenden könnte. Da die Behandlung von krebserkrankten Menschen immer dann am erfolgreichsten ist, wenn es gelingt, die Ursachen der zugrundeliegenden Konflikte zu beseitigen, reicht es in den meisten Fällen nicht aus, über Gesprächstherapie die innere Dynamik nur aufzudecken; sondern es kommt besonders darauf an, etwas für die reale Situation zu tun. Deshalb sollte sich der Reiki-Anwender im Verlaufe der Therapie zunehmend den Hintergründen, das heißt der Vorgeschichte des Patienten zuwenden. Hier gilt es, insbesondere die auslösenden Momente für den Krebs herauszuarbeiten und zu besprechen. Auch Details, nicht zugelassene Gefühle, Selbstinterpretationen des Erkrankten und Reaktionen von Angehörigen oder auch Berufskollegen können eine Rolle spielen. Zusammengenommen bedeutet dies, es gilt vor der Reiki-Behandlung bei dem Erkrankten eine Ahnung davon zu entwickeln, sein Krebs müsse nicht bedingt nur körperlich bedingt sein, sondern könne womöglich ganz entscheidend auch von psychischen Konflikten ausgelöst und gesteuert worden sein.
Um die sich sichtbar vollziehende Dynamik besser zu verstehen, hier ein konstruiertes Beispiel: Angenommen, eine Frau mittleren Alters hört von ihrem Arzt die niederschmetternde Diagnose ‚Leberkrebs'. Nach eingehender medizinischer Untersuchung, verbunden mit einer ausführlichen Therapie-Planung unter schulmedizinischen Gesichtspunkten, sucht sie einen Psychotherapeuten auf, um mehr über ihre Gefühle sowie die Hintergründe der Erkrankung zu herauszufinden. Hierbei stellt die alleinerziehende Mutter fest, dass sie vor gut einem halben Jahr ein sehr einschneidendes Erlebnis hatte. Ihre Tochter hatte das Abitur gemacht und sich sodann an einer Hochschule beworben. Diese hatte vor, später Journalistin zu werden, um damit das Werk ihrer Mutter fortzusetzen. Denn diese hatte nach der Geburt der Kinder ihren Beruf an den sogenannten Nagel hängen müssen. Insofern wäre es nun für sie das größte Glück ihres Lebens gewesen, würde die Tochter in ihre Fußstapfen treten. Hatte sie selbst nicht ihren ganzen Alltag auf die Bedürfnisse der Töchter abgestimmt, hatte sie nicht geholfen, wo es nur ging? Und jetzt wollte ihr Kind, für

das sie zwanzig Jahre ihres Lebens geopfert hatte, tatsächlich ebenso wie sie selbst Journalistin werden. Womöglich sogar eine sehr erfolgreiche und bekannte Journalistin?

Als dann das Schreiben der Hochschule eintraf, war die Mutter viel aufgeregter als die Tochter. In freudiger Erwartung wurde der Brief geöffnet. Doch dieser enthielt einen Schock: die Absage von der Uni. Die Tochter erhielt keinen Studienplatz ... Zwangsläufig schlug diese Nachricht bei der Mutter ein wie eine Granate. Schlagartig brach in ihr das ganze bisherige ‚Wunschgebäude' zusammen. Ein einziges Schreiben zerstörte ihr die lange rosarot ausgemalte Zukunft und hinterließ ein großes seelisches Loch. (Hinzu kamen später auch noch weitere Absagen von anderen Unis.) In der Therapie sprach die Frau dann Monate darauf davon, nie zuvor habe sie eine derartige schockierende Nachricht erhalten wie zum damaligen Zeitpunkt.

Hat man erst einmal die Hauptmechanismen und Dynamiken einer Krebserkrankung durchblickt, so wird hoffentlich schnell deutlich werden, welche Möglichkeiten wir gerade unter Einbeziehung des zweiten Reiki-Grades besitzen. Insbesondere dann, wenn wir die heilende Kraft von Fern-Reiki anwenden und mit Hilfe der jeweils betreffenden Symbole sowohl den Raum als auch die Zeit überwinden. Da die Energie in einem Konflikterlebnis, welches nach wie vor existiert, festsitzt, wird es darauf ankommen, ihren freien Fluss wieder zu aktivieren.

Demzufolge kommt der Verwendung des zweiten Symbols zu dieser Phase der Behandlung tragende Bedeutung zu. Durch die ihm innewohnende Kraft zur Auflösung von Blockaden sowie der Harmonisierung wird sich seine Wirkung in jedem Fall positiv auf die zurückliegenden Umstände auswirken. Natürlich gilt es für dich als Behandler herauszufinden, wie du das Symbol am effektivsten einsetzen kannst. In Frage würden mindestens zwei Varianten kommen. Bei der ersten verwendest du das Harmonisierungssymbol im Kontext einer ganz normalen Sitzung; das heißt, dass du bei der lokalen körperlichen Behandlung für jede Position zuvor kurz über der betroffenen Stelle das entsprechende Symbol zeichnest und innerlich das dazugehörende Mantra sprichst, um deine Hände anschließend in geringem Abstand über den Körper des Erkrankten zu halten. Bei der zweiten Variante benutzt du zusätzlich das Fern-Reiki-Symbol, um dem auslösenden

Konflikt, der natürlich bei fortgesetztem Krebswachstum nach wie vor aktiv ist, heilsame Energie zuzuführen.
Bezogen auf das oben beschriebene Beispiel würde das weitere Vorgehen deshalb wie folgt aussehen: Mit dem Ziel, Reiki auf die krebsauslösende Schock-Situation zu schicken, stimmst du dich erst einmal in die Reiki-Energie ein. Dann bittest du innerlich um Unterstützung durch Meister Usui und deine weiteren ‚geistigen Helfer', zeichnest das Fern-Reiki-Symbol und stellst dir dabei die Situation vor, in der die Frau diesen für sie so belastenden Brief erhielt. Wenn du magst, dann male dir mental die gesamte Szenerie noch plastischer und umfassender aus. Zum Beispiel: was machte die Tochter, was ereignete sich zuvor in der Uni-Zentrale usw. Besonders viel Wert solltest du dann aber darauf legen, zu erspüren, was sich in der Mutter nach dem Erhalt des Briefes abgespielt hat. Dabei solltest du mental ganz konzentriert vorgehen – fast so wie ein Detektiv, der einem Räuber auf der Spur ist.
Hast du dann einen guten Kontakt über den Fern-Reiki-Strahl zu der gesamten Szene gefunden, so verwende jetzt zusätzlich das Symbol zur Auflösung und Heilung von Blockaden.
Aus dem oben beschriebenen Beispiel müsste deutlich geworden sein, dass es darauf ankommt, sich einen sehr genauen Überblick über die Zeit zu verschaffen, die einer Krebserkrankung vorausgeht, bevor wir unter Zuhilfenahme der Techniken des zweiten Grades arbeiten wollen. Denn je genauer wir die Zusammenhänge durchblickt haben, umso genauer können wir dann mit der Reiki-Kraft arbeiten. Es sind nie allein körperliche Ursachen für Krebs verantwortlich, sondern der Einfluss des sozialen Umfeldes ist mindestens genauso wichtig.
Wenn du dann noch weitere Tipps geben willst, dann schau mal im „Antikrebs-Buch" nach, welche Hilfsmittel gegen Krebs der Psychiater David Servan-Schreiber zusätzlich postuliert hat.

# 7. Kapitel

# Reinigung von Wohnräumen und Orten

Wer kennt das nicht? Seit dem Umzug in die neue Wohnung scheint irgendetwas nicht mehr mit dir zu stimmen. Du kannst abends schlecht einschlafen, bist morgens völlig gerädert und kannst häufig erst dann so richtig frei durchatmen, wenn du die Wohnung verlässt. Oder nehmen wir das Beispiel einer Bauernfamilie, in der aus jeder Generation in den letzten 150 Jahren ein oder zwei Personen an Krebs starben. Im Dorf kursiert bereits das Gerücht, in der Familie würde Krebs weitervererbt. Oder schließlich die Horrorgeschichte einer Verkehrskreuzung. Regelmäßig kommt es hier zu einer unerklärlichen Häufung zum Teil schrecklichster Autounfälle. Und selbst, nachdem man die Kreuzung durch ausgedehnte Zufahrtsstraßen entschärft zu haben glaubte, reißt die Serie der Verkehrsunfälle keineswegs ab.
Die beschriebenen Beispiele stellen nur eine kleine Sequenz von Beobachtungen dar, die wir in der Hektik des Alltags oft gar nicht so recht wahrnehmen. Beginnen wir jedoch damit, uns bewusster durchs Leben zu bewegen, und hierzu trägt der Weg mit Reiki ganz entschieden bei, so wird uns schon bald die zunehmende Zahl an eigenartigen Zufällen überraschen, der wir von nun an begegnen, der jedoch die meisten Leute weitgehend verständnislos gegenübersteht und ihr nur wenig Beachtung schenkt.
Manchmal sind es Erkrankungen, die uns helfen, aufzuwachen. Vielleicht merken wir zum Beispiel erst, wenn wir körperlich nicht mehr weiterkönnen, dass die Wohnung, die wir vor zwei Jahren angemietet haben, von allen Vormietern wie eine ‚Durchgangsstation‘ behandelt wurde. Jetzt erst erkennen wir die Zeichen und Signale und stellen fest, dass irgendetwas an der Wohnung nicht in Ordnung ist und uns krank macht. Und genau dasselbe mussten die vorherigen Mieter auch bereits gespürt haben.
Jedes Lebewesen ist mit verschiedenen Mechanismen ausgestattet, um schon frühzeitig nahende Gefahren zu registrieren. Wir Menschen sind jedoch dabei, uns nur noch an der ‚harten Realität‘ und an Fakten

zu orientieren, statt mehr auf unsere innere Stimme, beziehungsweise unsere Intuition zu hören. Du kannst hierzu einen ganz einfachen Test machen:
Stelle dir doch einmal die Frage, ob es Räume oder Bereiche in deiner Wohnung gibt, die du nur ungern und deshalb selten aufsuchst. Wenn dem so ist, dann gehe in dich und versuche zu ergründen, warum das wohl so ist … Möglicherweise hat der eine Raum keine Heizung und wird deshalb nur zum Abstellen genutzt. Nur, warum wurde hier von vornherein keine Heizung vorgesehen? Stecken dahinter vielleicht tieferliegende Gründe, die auch schon dem Bauherrn nicht bewusst waren? Gibt es hier unterirdische Wasseradern, Erdstrahlen, magnetische Felder, negative menschliche Schwingungen oder andere disharmonische Faktoren?

## Das Auffinden von Störungsursachen

Um herauszufinden, inwieweit es sich um gesunde oder negativ beladene Räume, Wohnungen oder auch Plätze handelt, kannst du die Mental-Technik anwenden, die ich dir gleich vorstellen werde. Mit ihrer Hilfe ist es möglich, Zentimeter um Zentimeter, Meter um Meter abzusuchen, um dir auf diese Weise einen Überblick über die verborgene Qualität des betreffenden Ortes zu verschaffen. Natürlich kannst du auch mit Hilfe der Reiki-Kraft die Wohnung real untersuchen, doch dauert dies deutlich länger und bringt auch nur selten ähnlich klare und eindrucksvolle Resultate wie die Mental-Technik:

**Schritt 1**
Begib dich an einen ruhigen Ort und reserviere dir etwa eine halbe Stunde Zeit für diese Technik. Ich weise darauf hin, dass du einen ‚neutralen' Ort aufsuchen solltest; das heißt, setze dich nicht in die Wohnung, die du gleich näher ‚untersuchen' möchtest, sondern irgendwo anders hin (zu einem Freund, in ein Cafe, in die Natur).

**Schritt 2**
Zeichne auf ein Blatt Papier den ungefähren Grundriss der Örtlichkeit, die du gleich ‚untersuchen' möchtest und lass Stift und Zeichnung vor dir liegen.

**Schritt 3**
Nun erinnere dich bitte an meine Ausführungen in Kapitel 3 zum ‚meditativen Wahrnehmen'. Nachdem du dich gut entspannt hast, beginnst du, deiner Wohnung in Form eines mentalen Tagtraumes einen Besuch abzustatten. Du näherst dich im Geiste von außen kommend langsam deiner Wohnungstür, trittst gedanklich hindurch und spürst, wie sich der Eingangsbereich energetisch anfühlt ... Danach wanderst du weiter. Ganz konzentriert und bewusst spürst du nach und nach in jeden Raum hinein und registrierst die Art der Schwingungen, die jeweils vorherrscht. Du wirst dich womöglich wundern, wie unterschiedlich die Erfahrungen in den einzelnen Räumen sein können. Und selbst in einem einzigen Raum kann es sein, dass du in den verschiedenen Ecken voneinander deutlich trennbare Energien wahrnimmst. Die Wahrnehmung kann dabei auf verschiedene Arten erfolgen: visuell als Helligkeit der Farben, als Licht und Schatten, als flimmernde Unruhe, aber auch als Gefühle, wie Bedrohung, Stille, Enge, Entspannung oder über konkrete körperliche Empfindungen, wie nasse Hände, Aufgeregtheit, Kälte, Kopfdruck und so weiter.

**Schritt 4**
Anschließend malst du in die Grundriss-Skizze sowohl die angenehmen Zonen wie auch die unangenehmen oder neutralen hinein. Wenn es dir möglich ist, dann vermerke neben den Eintragungen auch noch die Gefühle, die am jeweiligen Ort bei dir vorherrschten!
Gesetzt dem Fall, dir ist bewusst geworden, in einer völlig unbelasteten Wohnung mit guter Schwingung zu leben, dann kannst du den weiteren Abschnitt überspringen.

## Reiki zur Harmonisierung von Wohnräumen

Wenn dir bei der Betrachtung der Skizze aber deutlich wird, dass einzelne Zonen arg gestört oder irgendwie negativ auf dich wirken, so gibt es eine ganze Reihe verschiedener Möglichkeiten. Du solltest allerdings die Eintragungen erst einmal für dich interpretieren, bevor du mit der Reiki-Arbeit beginnst. Denn es gibt die unterschiedlichsten Arten von Störungen. Beispielsweise lassen sich ortsgebundene energetische Störungen (wie elektrische Überlandleitungen, Wasseradern,

Erdstrahlen) deutlich von psycho-energetischen Störungen (Motto: „meine Schwiegermutter hat in der Wohnung 30 Jahre ihres Lebens verbracht") trennen. Je nachdem, was nun vorliegt, kann sich die eine oder andere Vorgehensweise anbieten. So würde man bei ‚erdgebundenen Störungen' eher eine Entstörung einschließlich der Versiegelung des Untergrundes vornehmen; bei psychischer Vorbelastung der Räumlichkeiten würde man zum Beispiel stärker mit dem Auflösen bestehender Blockaden arbeiten. Auch die Förderung einer harmonischen Ausstrahlung kann ein möglicher Weg sein.

**1.Schritt**
Du stimmst dich auf Reiki ein und konzentrierst dich.

**2.Schritt**
Mit Hilfe von Fern-Reiki überträgst du erst einmal ‚Sei-He-Ki' pauschal auf das vor dir liegende Papier mit dem Grundriss darauf. Dabei solltest du darauf achten, was sich in dir tut. Spürst du, dass der Fluss der Energie in Gang kommt oder dass er gestaut ist?

**3.Schritt**
Wenn du während der Reiki-Übertragung merkst, dass sich im Grundriss irgendwo eine Störung befindet, dann solltest du jetzt Raum für Raum, Ecke für Ecke der Wohnung mit Hilfe des Reiki-Strahls durchleuchten. Dabei besteht das Ziel darin, die Ursachen der Störung zu beheben und die Schwingungen des Ortes zu harmonisieren.

**4.Schritt**
Nach Beendigung der Anwendungstechnik ist es ratsam, die Wirkung zu überprüfen. Hierzu bietet es sich an, nochmals mental die einzelnen Räume zu durchstreifen, um zu spüren, ob sich etwas zum Positiven verändert hat. Natürlich kannst du später auch durch deine konkrete Anwesenheit vor Ort herausfinden, ob sich die Wohnung jetzt freier, ausgeglichener oder einfach besser anfühlt.

**5.Schritt**
Sollte dir klar werden, dass die Reiki-Energie noch keine Veränderung bewirken konnte, dann solltest du für das nächste Mal schon jetzt

herausarbeiten, weshalb kein Effekt eingetreten ist. Je nachdem, zu welchem Resultat du kommst, lassen sich einige Variationen denken. Zum Beispiel kannst du die nächste Harmonisierung der Wohnung dadurch unterstützen, indem du verschiedene Mineralien vor der Fern-Behandlung auf die Grundriss-Skizze legst.
Auch die Konzentration der Reiki-Kraft auf den ‚dunkelsten Fleck' der Wohnung wäre denkbar oder das ‚Abziehen von negativer Energie'. Auf diese Weise legst du dir für die nächste Sitzung einen neuen Plan zurecht.

*„Ich habe mich in meiner Wohnung nie wohlgefühlt. Als wir an einem Reiki-Abend über die Entstörung von Wohnräumen diskutierten, kam mir die Idee, dass meine Missstimmung sowie die ständige innere Anspannung womöglich durch das Negative der um mich herum lebenden Mitbewohner verursacht werden könnte …*
*Als ich einige Tage später begann, meine Wohnung mit Reiki zu behandeln, kam es mir vor, als würde sich ein schwarzer Energiekanal an den Außenwänden entlang ziehen. Und zwar nahezu parallel zur Nachbarwohnung. Ansonsten fühlte sich die Wohnung mehr oder weniger ‚clean' an. Für zwei Wochen schickte ich regelmäßig Reiki auf diesen ‚bösen' und dunklen Kanal. Die einzige Wirkung war jedoch, dass sich meine Katzen nun in der Wohnung wohler fühlten und nur noch selten raus wollten … Deshalb überlegte ich mir, ob es nicht sinnvoller wäre, dem Nachbarn Reiki zu schicken, um dessen Negativität umzupolen. Doch ich verwarf diese Idee wieder, da ich mir nicht vorstellen konnte, dass ein so miesepetriger Mensch jemals damit einverstanden wäre, wenn ihm ein Fremder heilsame Energie schicken würde.*
*Letztlich kam mir die Idee, die Trennwand zur Nachbarwohnung mit dem Schutzsymbol ‚Cho Ku Rei' zu „versiegeln". Nachdem ich dies etwa eine Woche lang getan hatte, begann es mir besser zu gehen. Und auch die schwarze Energie, die sich zwar nicht sichtbar, dafür jedoch feinstofflich spürbar durch meine Räume gezogen hatte, schien aufgelöst. Anscheinend war durch die Benutzung des Schutz-Symbols eine unsichtbare Wand ‚eingebaut' worden. Eine Schutzwand, die jetzt dafür sorgt, dass nicht mehr so viel an negativer und schlechter Energie zu mir herüber gelangen konnte …*
*Trotzdem entschied ich mich einige Monate später dafür, auszuziehen. Denn ich war durch die gemachten Erfahrungen mit Reiki sowie der Entstörung meiner Wohnung insgesamt bewusster und sensibler geworden. Was zur*

*Folge hatte, dass ich regelrecht merkte, wie nicht nur mein Nachbar, sondern große Teile der Anwohnerschaft mir als alleinerziehende Mutter feindlich gegenüberstanden."*

Für das einfache, schnelle Reinigen von Räumen empfehle ich eine Methode, mit deren Hilfe du bestehende schlechte Schwingungen verscheuchst und für eine allgemeine Harmonisierung sorgst. Sie ist nicht geeignet bei schweren Störfaktoren wie ortsgebundener Stralung oder bei Belastung durch ‚Schwarze Magie'.
Nehmen wir einmal an, du befindest dich in deinem Meditationsraum, deinem Schlafzimmer oder sonst wo in deiner Wohnung und du merkst, dass dich irgendetwas an diesem Raum stört, dich unruhig macht oder sich sonst wie negativ anfühlt, so hast du die Möglichkeit, ‚Sei-He-Ki' auf zwei unterschiedliche Arten zu benutzen:

Entweder du stellst dich in die Mitte des Zimmers und malst ganz groß das Zeichen in die Luft, während du das Mantra leise sprichst. Anschließend schiebst oder drückst du durch wiederholte stoßende Armbewegungen das Symbol in alle Ecken und an alle Wände des Raumes
oder aber
du stellst dich direkt vor jede Wand, malst hier das betreffende Symbol und lässt die Energie einen Moment lang fließen. Vergiss nicht, auch die Decke sowie den Boden auf diese Weise zu entstören. Zur Sicherheit solltest du die ‚Raumbehandlung' am Ende durch Cho Ku Rei versiegeln. Unter anderem, um damit zu verhindern, dass der nun energetisch geschützte Raum zu schnell wieder fremde oder negative Energien anzieht.

Als letztes möchte ich dir die Reinigung von Räumen durch Gruppenbehandlungen vorstellen. Diese Methode bietet sich gerade dort an, wo eine sehr massive oder hartnäckige Störung vorliegt. Dadurch, dass mehr Personen auch mehr bewirken können, wenn sie die Reiki-Kraft auf ein gemeinsames Ziel lenken, ist diese Technik insbesondere dann anzuwenden, wenn du das Gefühl hast, allein nicht weiterzukommen. Für die Anwendung wäre es ratsam, mindestens drei, besser mehr Reiki-Schüler einzuladen, die in den 2.Grad eingeweiht sind.

**1.Schritt**
Erkläre den Beteiligten zuerst einmal, wo deiner Meinung nach das Problem sitzt und was du hier schon unternommen hast. Dann beschreibst du ihnen die Situation in deiner Wohnung beziehungsweise in deinem Haus anhand des selbst entworfenen Grundrisses.

**2.Schritt**
Als nächstes tauschen die Anwesenden ihre Eindrücke untereinander aus. Vielleicht wirst du überrascht sein, wie viel verschiedene Ideen und Erklärungsansätze sich möglicherweise für das Problem sammeln lassen.

**3.Schritt**
Nun beginnt die eigentliche Gruppenbehandlung. Hierbei kann jeder Teilnehmer für sich diejenige Methode wählen, die ihm am geläufigsten ist. Einer der Teilnehmer wird zum Beispiel nur Reiki auf den vor ihm liegenden Zettel schicken. Ein anderer wird sich mehr auf die dunklen, unangenehmen Zonen der Wohnung und ein dritter vielleicht mehr auf das Umfeld konzentrieren. Einem Vierten könnte es mehr um die Verstärkung der positiv schwingenden Räume der Wohnung und einem Fünften um den Schutz der Wohnung vor Erdstrahlen gehen. Denkbar wäre es darüber hinaus, ganz allgemein Reiki auf die Entstehung der Ursachen, oder den Wohnungsinhaber oder auch auf eine allmähliche Entstörung in der Zukunft zu schicken.
An Positionen oder Bereichen, an denen die Energie nicht fließen will, wirst du länger verweilen müssen. Benutze hier je nach Empfinden Techniken zur Lösung von Blockaden und zur Freisetzung gestauter Energie. Es kann aber auch sein, dass du erst nur diejenigen Bereiche mit Energie versorgen musst, die ‚gesund' sind, um durch die Stärkung der positiven Zonen den Weg für die Entstörung der Problembereiche vorzubereiten.

**4.Schritt**
Indem jeder von den Beteiligten seinen eigenen besonderen Schwerpunkt in der Gruppenbehandlung behandelt, deckt ihr gleichzeitig die verschiedensten Ebenen der Störung ab. Lass dich gegen Ende der

Behandlung nicht von anderen stören, die vielleicht schon fertig sind, sondern führe deine Reiki-Übertragung so in Ruhe zu Ende, dass es sich für dich gut anfühlt. Geh dein eigenes Tempo.
Wenn alle Teilnehmer ihre Behandlung beendet haben, ist es sinnvoll, sich über die gemachten Erfahrungen auszutauschen. Möglicherweise hilft dies, mehr Einblick in die Ursachen und Hintergründe zu erlangen. Und auch für eine weitere Gruppenbehandlung kann der nachträgliche Gedankenaustausch anregende Ideen mit sich bringen.

## Förderung einer neuen Wohnkultur

Nachdem du alles, das was ich bisher zur Harmonisierung von Wohnungen und Räumen vorgestellt habe, gelesen und vielleicht auch nachvollzogen hast, kann es sein, dass in dir der Wunsch entsteht, dich wohnungsmäßig zu verändern. Möglicherweise wird dir jetzt erst so richtig bewusst, dass in dir eigentlich ganz andere Vorstellungen davon herrschen, wie du gern wohnen würdest. Auf der anderen Seite kann es aber auch sein, dass du dich schon seit längerer Zeit mit dem Gedanken beschäftigst, ein eigenes Haus zu bauen – nur warst du bisher von allen deinen Ideen nicht restlos überzeugt. Falls du zu dem angesprochenen Personenkreis gehörst, empfehle ich dir, die folgende Übung auszuprobieren.
Bei dieser Übung handelt es sich um eine Kombination aus Reiki-Behandlung und Phantasiereise. Sie hat das Ziel, deine Kreativität anzuregen, um in dir eine Vorstellung davon zu erwecken, wie dein Traumhaus mit einer Traumwohnung darin wohl aussehen könnte. Wenn du diese Übung für dich konkret anwenden möchtest, dann lies dir den folgenden Text erst einige Male durch. Wenn du magst, dann ergänze ihn schon jetzt (oder später in der Übung) durch eigene Ideen. Dann stelle dir schöne entspannende Musik an, stimme dich in die Reiki-Kraft ein, lege dir eine Hand auf die Stirn, die andere auf den Bauch und beginne, dir mit geschlossenen Augen die Phantasiereise vorzustellen. Die Reiki-Behandlung aktiviert und verbindet dabei die Bereiche ‚Verstand' (Stirn) und ‚Gefühle' (Bauch). Wenn du meinst, es sei für dich angenehmer, den folgenden Text auf ein Diktiergerät oder dein Smart-Phone zu sprechen, um ihn dann abzuspielen, so tue das.

Allerdings wird es dann schwieriger, individuelle Abweichungen auftauchen zu lassen.

**Idee für den Text:** *„Nachdem du dich gut entspannt hast, gehst du jetzt in der Zeit Stück für Stück nach vorn … Hinein in die Zukunft … Du sitzt in einem Wohnzimmer und schaust dich um. Endlich hast du dir einen Traum erfüllt, den du schon lange in deinem Inneren getragen hattest. Den Traum vom Haus als Teil der Natur.*
*Zwei Jahre hast du geplant, selbst mitgearbeitet und dafür gesorgt, dass alles nach deinen Vorstellungen gebaut wurde. Das Haus wurde aus reinen Naturprodukten hergestellt – auf alles Künstliche, Krankmachende und Chemische wurde verzichtet.*
*Dein Blick streicht jetzt über den glänzenden Korkfußboden und fällt auf die freizügige Holztreppe, die nach oben führt. Die Wände bestehen zu einem großen Teil aus Holz. Als Dämmstoff wurden Tonkügelchen verwendet … Die gesamte Ausstattung verbreitet eine behagliche Atmosphäre sowie eine angenehme Wärme, die sich zunehmend auf dich überträgt. Hier und da stehen Grünpflanzen, die deinem Wohnzimmer eine lebendige Komponente verleihen. Der Duft einer Räucherkerze lässt deine Gedanken und Gefühle leicht und befreit werden…*
*Nun stehst du auf und gehst durch dein Haus hindurch zur Südseite. Hier befindet sich ein sehr schöner, geräumiger Wintergarten, der bis hoch zum Dach reicht. Er wurde nachträglich vor die Außenmauern gesetzt. Indem du hineintrittst, genießt du das angenehme Raumklima, das sich aus Licht, frischer Luft und Pflanzenduft zusammensetzt. Dein Blick fällt auf die vielen Blüten; auf Papyrusbäumchen, Yucca- und Stechpalmen, rosablühende Oleanderbüsche, eine kleine Birke. Da gibt es Veilchen, Immergrün, aber auch ein kleines Beet mit Kräutern und Gemüse …*
*Hier in diesem gläsernen Teil des Hauses sammelt sich an sonnigen November- und Februartagen noch genügend Wärme, um sich wohlig aufs gesamte Haus zu übertragen. Über Lüftungskanäle gelangt die warme Luft ins Innere. Die strahlengeschützten Scheiben sind schräg nach außen vom Haus weggezogen, so dass der Neigungswinkel 75 Grad beträgt. Auf diese Weise wird gerade in den Wintermonaten das Sonnenlicht am besten genutzt. Fast senkrecht treffen dann die Strahlen der tiefstehenden Wintersonne auf die geneigten Glasflächen. Auf der Nordseite befinden sich nur ein paar kleine Fenster. Hier sind Toiletten, Vorratskammer und Schlafräume untergebracht …*

*Es ist Sonntag – du gehst hinaus ins Freie. Draußen empfängt dich ein kühler, frischer Wind. Eine rotgescheckte Katze pirscht sich durch den Garten, indem viele Blumenstauden und –kübel stehen. Neben der alten Linde hast du einen kleinen Teich angelegt, der bei Regen durch das Wasser aus den Regenrinnen aufgefrischt wird. Der Rest des Regenwassers wird im Keller in großen Behältern aufgefangen, um als Grauwasser der Toilettenspülung zur Verfügung zu stehen.*
*Im Garten stehend wirfst du einen Blick aufs Dach. Die Kollektoren dort oben produzieren zum einen Strom, zum anderen erwärmen sie das Wasser für Duschen und Waschbecken. Durch eine geschickte Form der Energiekopplung konntest du als erster Hausbesitzer deiner Stadt auf den Anschluss durch die Stromversorgung verzichten. Endlich kannst du dich als Selbstversorger frei und unabhängig fühlen.*
*Das Dach selbst ist recht ungewöhnlich konstruiert. Neben den Kollektoren befinden sich diverse Glasflächen. Zum Norden ist die Dachneigung geringer. Hier hat sich deswegen eine Grasbegrünung angeboten. Auch das als Beitrag, dein Haus möglichst naturorientiert zu bauen.*
*Du betrittst nun die Außentreppe, die dich in einem kleinen Bogen nach oben auf die Terrasse bringt. Hier hast du deiner Verspieltheit freien Lauf gelassen und ein ganz kreatives Ambiente geschaffen; mit kleinen Vertiefungen, einem halbrunden Fenster frei nach Hundertwasser", einer Keramik-Kugel usw. Auch was die Fliesen und die weitere Gestaltung anbetrifft, hast du dich nicht an Konventionen gehalten. In der Mitte der Terrasse befindet sich eine Vertiefung, in der ein Bäumchen wächst … Dein Haus liegt etwa am Rande der Stadt. Dein Blick schweift über die Umgebung, die dir gut gefällt …*
*Du spürst einen leichten Luftzug und vereinzelt singen Vögel …*
*Nun näherst du dich der großen Terrassentür, die du genau nach deinen Vorstellungen hast anfertigen lassen. Sie führt dich in das Obergeschoss des Hauses. Oben unter dem Dach empfängt dich ein schönes Zimmer, durch dessen Dachfenster einige Sonnenstrahlen hereinkommen. Dieses Zimmer ist dein Kraftraum, es dient dir zur Entspannung und zur Meditation. Ein süßer Duft aus der Aromalampe streicht herüber. Du setzt dich in einen bequemen Sessel und lauschst der leisen Musik. Sanft versinkst du in einen angenehmen Zustand und lässt dich hineingleiten in deine innere Welt, in der du den Traum vom eigenen Haus als Teil der Natur weiterträumst …"*

Wenn dir dieser Ausflug in die Zukunft gefallen hat, würde ich mich freuen. Ich habe dir hier natürlich nur eins von unendlich vielen möglichen ‚Zukunftsbildern' entwerfen können. Aber vielleicht regt es dich an, den Traum weiter zu träumen und irgendwann zu verwirklichen. Bedenke, dass Tagträume, Zukunftsbilder und Visionen im Zusammenspiel mit der Reiki-Energie eine enorme Kraft im Sinne einer selbsterfüllenden Prophezeiung entfalten können. Und selbst wenn du heute sagst, dass das ja alles wohl nur Traum bleiben wird – lass dich überraschen. Ich habe an mir selbst, wie an anderen etlichen Menschen, mitverfolgen können, dass Zukunftsbilder, die irgendwann einmal in Gang gesetzt wurden, später auf ganz eigentümliche Weise mehr oder weniger genau so zur Wirklichkeit geworden sind, wie sie erträumt worden waren.

Zitat: *„Es ist inzwischen fast genau dreizehn Jahre her, als ich mir dachte, das Haus, welches ich gemeinsam mit meinen Eltern kaufen wollte, sei ideal für mein Home-Office. Damals war ich zwar noch Student und weit entfernt von realer praktischer Tätigkeit, und doch: heute arbeiten wir hier mit drei Selbstständigen, es gibt einen Entspannungs- und Spielraum und in einer der Wohnungen wohnt meine Familie."*

*Nur wer die Zukunft im Vorausgriff erfindet,*
*kann hoffen, sie zu beeinflussen.*
(Robert Jungk, Zukunftsforscher)

*„Magie und Wohnen verbindet ein enges Wechselspiel. Wenn wir (..) bedenken, wie heutzutage gebaut oder renoviert wird, so eröffnet sich unserem Denken ein ganz neuer Zugang. Oft (...) ist eine renovierte Wohnung oder ein neues Haus bereits energetisch verschmutzt, noch bevor wir eingezogen sind. Denn der Einfluss von Geldnot, Hektik, Stress, Konkurrenzdruck, Ausbeutung und Naturverachtung, der auf modernen Baustellen herrscht, setzt sich leicht als feinstoffliche Botschaft in Räumen oder Gebäuden fest, selbst wenn diese äußerlich als neu und rein erscheinen mögen.*
*So steckt, um das einmal mit einem Bild aus der Digitalisierungs-Sprache auszudrücken, bereits von Beginn an so etwas wie ein Virus in unseren Räumen. Ein Virus, das den sozusagen ‚unbefleckten' Neubau, bzw. die gerade renovierte Wohnung noch vor Einzug der Bewohner infiziert hat und bereits sein (Un-) Wesen dort treibt.*
*Bleiben wir passiv und räumen wir lediglich unsere Möbel in die neue Wohnung, so werden wir schnell die „Opfer" der Räume. Werden wir jedoch aktiv und nutzen wir die Möglichkeiten des Magischen Wohnens, so steigt die Chance, eventuell bestehende energetische Probleme zu überwinden und so zu einem „Meister" der Räume zu werden.*
*Wie viel schöner und harmonischer würde sich zukünftig wohl ein Ort anfühlen, der mit Liebe, Ruhe, Besonnenheit und Erdverbundenheit gebaut, renoviert und eingerichtet werden würde, den wir insbesondere zu Beginn mit positiven Ritualen ‚einweihen' und dem wir auch später ehrfurchtsvoll und mit innerer Ordnung begegnen. Vertrauen wir also den Prinzipien des magischen Wohnens, die uns dabei helfen, mehr bei uns selbst zu bleiben, als weiterhin im Außen zu suchen. Denn dies ist der Weg, unsere Wohnräume nach und nach in reine, geschützte, kraftgebende Räume zu verzaubern."*

(aus: Eckart Warnecke,
Praxisbuch des Magischen Wohnens)

# 8. Kapitel

# Reiki und Psyche

*„Heilung entsteht nur aus dem, was den Patienten über sich selbst und über seine Verwicklungen mit dem Ich hinausführt.“*
(C.G. Jung)

Das Wort „Psycho“ begegnet uns immer öfter. Und dennoch wird es von vielen Menschen mit etwas Negativem und Anormalen assoziiert. *„Ich bin doch nicht verrückt – da müssen doch bloß Leute hin, die nicht so ganz richtig im Kopf sind.“* Solche und ähnliche Vorurteile hört man landauf, landab, wenn man jemandem empfiehlt, aufgrund von Schlafproblemen, innerer Anspannung oder Depressionen einmal einen Psychologen oder Psychotherapeuten aufzusuchen. Woher kommt bloß die Angst vor allem Psychischen?
Geht man nicht umgehend zu einem Fachmann, der einem nach einem Unfall das Bein in Gips legt, wenn es gebrochen ist? Warum sollte es da nicht ganz logisch sein, ebenfalls zu einem Fachmann zu gehen, wenn die Psyche angeknackst ist? Psychische Faktoren lassen sich bei der überwiegenden Zahl aller Erkrankungen finden. Und dennoch wird zumeist so behandelt, als ob nur der Körper krank wäre und dieser möglichst schnell wieder funktionstüchtig gemacht werden müsste. Dabei wird regelmäßig vergessen, dass der Mensch sowohl aus Körper wie aus Psyche und Geist besteht. Und das, obwohl spätestens seit Freud bekannt sein sollte, wie eindeutig die Psyche den Körper beeinflusst.
Nehmen wir nur einmal das Beispiel Angst: auf Angst reagiert unser Körper mit einer Vielzahl unterschiedlichster Symptome: Herzklopfen, Herzrasen, beschleunigte Atmung, nasse Hände, Kribbeln an bestimmten Körperstellen, es wird einem heiß oder auch kalt, wir verspüren Übelkeit oder Magendruck und wollen weglaufen. Aber auch umgekehrt kommt es zur Beeinflussung. Sind wir zum Beispiel erkältet, so macht uns nichts mehr Spaß. Wir wollen Ruhe haben und alleine sein.

Die Psychosomatik („Psyche“ heißt „Seele“ und „Soma“ heißt „Körper“) versucht, einen Zusammenhang zwischen beiden Bereichen herzustellen. Wenn zum Beispiel ein bestimmtes Organ erkrankt ist, so wäre zu überprüfen, ob anlagebedingte Organschwäche, ein familiär bedingtes Erkrankungsmuster oder eine spezielle Art von Konflikt dafür verantwortlich ist. Wichtig ist aber sicherlich auch die Lebensgeschichte. Wir finden bestimmte Reaktionsweisen und Symptome, die mit Körpererfahrungen aus der frühesten Kindheit verknüpft sind. Und schließlich ist es gerade für ganzheitlich denkende und arbeitende Therapeuten von Bedeutung, welche Mitteilung uns der Körper mit Hilfe der Organsprache geben will.
Wollen wir mit Reiki bestimmte Organe behandeln, so bietet sich eine Kombination aus Kontaktbehandlung gemäß dem ersten Grad und der Mentalarbeit unter Verwendung von Techniken des zweiten Grades an. Mit dem ersten Grad decken wir dabei die körperliche, mit dem zweiten Grad die psychische Ebene der Erkrankung ab. Ich möchte hier jedoch noch einen Schritt weiter gehen. Gemäß dem Arzt und Kinesiologen Dr. Dietrich Klinghardt stehen Organe mit bestimmten Gefühlen in enger Beziehung:

| | | |
|---|---|---|
| Magen | mit | Nicht-Mögen |
| Lunge | mit | chronischem Kummer |
| Gallenblase | mit | Ablehnung |
| Niere | mit | Angst |
| Dünndarm | mit | sich einsam fühlen |
| Milz | mit | wenig Selbstwert |
| Dickdarm | mit | Dogmatismus |
| Leber | mit | Wut |
| Gehirn | mit | Unkontrolliertheit |
| Blase | mit | sich schämen |
| Herz | mit | Angst vor Freude |
| Kreislauf | mit | plötzlichem Schock |

Hieraus lässt sich eine zusätzliche sehr effektive Behandlungsalternative ableiten. Zur Harmonisierung und Heilung zugrundeliegender Konflikte und Gefühlsstörungen müssen wir als erstes im gemeinsamen Gespräch herausfinden, wie der Betroffene, der in unserem Beispiel Probleme mit der Leber hat, mit Wut umgeht.

Im zweiten Schritt benötigen wir ein zurückliegendes Ereignis, in dem der Klient seine Wut zurückgehalten hat. Ihm wird möglicherweise einfallen, dass sein Vater immer predigte, Wut sei etwas für asoziale Menschen, und dass die Mutter regelmäßig zur Migräne neigte, wenn es Spannungen in der Familie gab. Aufgrund dieser Schilderungen kannst du nun den zugrundeliegenden Ursachen Reiki schicken. Das heißt, du lenkst den Reiki-Strahl so lange auf die auslösenden Situationen, bis die Auslöser der heutigen Leberprobleme aus der Vergangenheit geheilt sind. Die Heilung der zugrundeliegenden Konflikte und Lebenserfahrungen wird sich automatisch auf die Befindlichkeit der Leber im Hier und Jetzt auswirken.

Ein zweiter Einsatzbereich von Reiki, bezogen auf psychische Faktoren, ist seine Verwendung im Rahmen einer Psychotherapie. Gerade wenn man als Therapeut durch wöchentliche Sitzungen die Stärken und Schwächen eines Patienten kennt und weiß, unter welchen Symptomen jemand leidet, kann man den Einfluss von Reiki besonders gut beurteilen. Aus eigener Erfahrung kenne ich dutzende von Fällen, wo Reiki-Einweihungen zum Teil faszinierende Wirkungen und Fortschritte zeigten. Zwar findet nur ein Teil aller Patienten auch den Zugang zu Reiki, doch sind die Schilderungen derjenigen, die zum Beispiel ein 1.Grad-Seminar besuchten, teilweise wirklich unglaublich. Manchmal empfinde ich Reiki dabei sogar schon als geschäftsschädigend, weil ein Teil meiner Patienten die Therapie direkt im Anschluss an ein Seminar als beendet betrachtet. Aber dann überwiegt doch die freudige Anteilnahme über die positive Entwicklung.

Eine junge Patientin, die unter einer Mischung aus Angst und Depression litt, beschrieb zu Beginn ihrer Therapie ihre Situation folgendermaßen: „*Wenn die Dunkelheit mich umringt, dann kann ich nicht mehr atmen und kann nicht mehr fühlen. Nur Angst ist in mir. Angst, die mich nicht mehr normal denken lässt. Aber wie soll ich bloß dagegen angehen. Wenn die Sonne scheint, ist alles hell und ich kann gehen, wohin ich will. Doch die Dämmerung holt mich zurück und schickt mich in mein Gefängnis … Anderen gegenüber verleugne ich mich. Allen erzähle ich, was ich tun werde, doch aufraffen kann ich mich zu nichts … Ach, könnt` ich doch aus diesem Leben gehen.*

*Einige Zeit später berichtet dieselbe Patientin über ihre Veränderung: Ob ich mich wohl schon traue, wieder ins Kino zu gehen? ... Ich könnte lachen und schreien vor Freude. Ich möchte das Glück festhalten, meine Arme zum Himmel strecken. So gut geht es mir. Ich kann es gar nicht glauben, was ist mit mir passiert? Ich glaube, ich habe meinen Frieden gefunden. Ich sitze still da und lausche, wie der Wind rauscht.“*

Bei einem Kennenlerngespräch solltest du darauf achten, Reiki nicht zu sehr anzupreisen. Denn damit würdest du möglicherweise Erwartungen wecken, die hinterher enttäuscht werden könnten. Stelle Reiki ganz einfach als Möglichkeit vor, die schon einer Reihe von Menschen geholfen hat und die vielleicht auch hier zu Erleichterungen führen könnte. Dann lass die Person selbst entscheiden, ob sie die Einweihung will oder nicht. Von Reiki-Behandlungen als Ergänzung zu einer Psychotherapie sehe ich ansonsten ab, da es mir wichtig ist, die beiden Bereiche getrennt zu halten. Dies hängt allerdings in meinem Falle mit der Notwendigkeit zusammen, als Therapeut nicht in Konflikt mit den Krankenkassen zu geraten, die die Psychotherapiestunden bezahlen. Kommt stattdessen jemand zu mir und möchte eine „Reiki-Therapie“, so behandle ich ihn natürlich umso lieber, da diese Art von Behandlung in den meisten Fällen die beglückendere für mich ist.
Neben den bisher dargestellten Anwendungsmöglichkeiten bei anderen, kannst du natürlich auch bei dir selbst den psychischen Bereich über Reiki positiv beeinflussen. Die einfachste Variante bestünde darin, Sei-He-Ki über Kopf und Herz zu zeichnen, um so mit Hilfe des Mental-Symbols harmonisierende Energie auf Gedanken, Empfindungen und Gefühle zu übertragen. Auch die Versendung von Fern-Reiki pauschal auf deine psychische Seite wäre möglich.
Eine etwas umfangreichere Anwendung möchte ich dir allerdings auch noch vorstellen. Hierfür benötigst du zuerst einmal ein inneres Bild davon, wie du nach der Verwirklichung deiner besten psychischen Gesundheit gern aussehen möchtest (vgl. Kapitel über das Thema „Krebs“). Schließe deshalb die Augen, entspanne dich und achte ein paar Minuten auf deine Atmung, bis deine Gedanken ganz ruhig geworden sind. Nun visualisiere dich selbst bei bester Gesundheit, vollkommen geheilt und ganz. Betrachte deine Haltung, den Ausdruck auf deinem Gesicht sowie deine allgemeine Erscheinung, während du dich selbst so strahlend und psychisch stabil und gesund siehst.

Achte im weiteren Verlauf auch auf das, was dich umgibt. Welche Umgebung malst du dir aus, wenn du dich so ganz gesund siehst? ... Stelle dir vor, dass du dieses Wohlbefinden auf andere übertragen kannst. Wie sähe wohl dein Familienleben aus, wenn sich alle wohl und gesund fühlen würden? ... Hast du nach einer Weile dieses Bild von dir so entwickelt, dass du damit zufrieden sein kannst, dann stimme dich in die Reiki-Kraft ein und schicke mit Fern-Reiki unterstützende Energie auf genau dieses Bild.

Bei der Reiki-Übertragung kann es jedoch zu zwei Phänomenen kommen. Entweder, Reiki wird dazu beitragen, das sich dieses Zukunftsbild in deinem Unterbewusstsein verfestigt, wo es deine weitere Entwicklung bestimmt, oder aber es wird das vorgestellte Bild beeinflussen und womöglich verändern. Dies wäre darauf zurückzuführen, dass sich Reiki letztendlich nicht am egoistischen Bestreben (nach Eckhart Tolle dem „äußerlichen Selbst"), sondern am ‚höchsten Wohl' ausrichtet. Sollte sich deine Vision von Zukunft unter dem Einfluss von Reiki verändern, so wäre dies ein Hinweis darauf, dass dich etwas anderes erwarten wird. In einem derartigen Fall solltest du bereit sein, dich auch auf diese vermittelte Botschaft einzulassen.

Ich denke, die Anregungen sollten reichen, um dein Verständnis für die Zusammenhänge zwischen Körper und Seele zu vertiefen. Wenn du jetzt diesen Weg konsequent weitergehst, dann wirst du irgendwann auf die Frage nach dem ‚Sinn des Lebens' treffen. Einem Sinn des Lebens, der sich letztendlich nur im Bezugssystem ‚Mensch–Gemeinschaft' erkennen lässt. Denn es geht immer sowohl um die Selbstverwirklichung des einzelnen, wie auch um aktive Anpassung an die Umwelt mit dem Ziel der Vervollkommnung. Vor Jahren las ich hierzu bei dem österreichischen Individualpsychologen Alfred Adler eine Passage aus dem Jahre 1933, die sich tief in mir eingegraben hat:

*„Was geschah mit jenen Menschen, die nichts zum Wohl der Allgemeinheit beigetragen haben? Die Antwort lautet: sie sind bis auf den letzten Rest verschwunden. Nichts ist übrig von ihnen, sie sind leiblich und seelisch ausgelöscht. Die Erde hat sie verschlungen. Es ging mit ihnen wie mit ausgestorbenen Tierspezies, die keine Harmonie mit den kosmischen Gegebenheiten finden konnten. Da liegt doch eigentlich eine heimliche Gesetzmäßigkeit vor, als ob der fragende Kosmos befehlen würde: Fort mit euch! Ihr habt den Sinn des Lebens nicht erfasst. Ihr könnt nicht in die Zukunft reichen!"*

*„Viele Menschen folgen in ihrem Alltag eher einem Betriebsamkeits-Anspruch als einem Kreativitäts-Ideal. Sie engagieren sich auf das Äußerste und gehen im Beruf oder in der Freizeit viel zu oft an die Grenze ihrer Belastungsfähigkeit. Durchbrochen wird dieser Zustand zuweilen an freien Tagen, im Urlaub oder in Momenten der Langeweile. Psychologisch interessant ist, dass dieser Durchbruch oft gar nicht genossen werden kann, obwohl man sich doch danach gesehnt hat. Denn die sich eröffnende Ruhe führt in eine Verfassung gesteigerter Unruhe: Mit einem Mal stürzen die offenen Fragen, die ungelösten Probleme auf uns ein, die aus dem Blick geraten waren. Im tiefsten Inneren haben wir große Angst vor der Ungewissheit, die sich in unverplanter Zeit eröffnen kann. Daher die verbreitete Neigung, die Zeit buchstäblich ‚totzuschlagen'.*

*Dieser unbewusste Kreuzzug gegen die Langeweile beseitigt aber auch die psychologischen Voraussetzungen für Kreativität. Denn verrückte Einfälle oder tiefere Einsichten ereignen sich nicht in Zuständen emsiger Betriebsamkeit, sondern in Zeiten der Ruhe oder beim Müßiggang. Die nicht ritualisierten Zeiten des Dösens sind schöpferische Zustände. Die Seele kuppelt sich aus den festgelegten Zweckbestimmungen aus. Dadurch eröffnen sich Spielräume.*

*Man muss allerdings bereit sein, einen Sprung ins Ungewisse zu vollziehen. Einen Sprung, der einen vielleicht mit abgründigen und wenig geliebten Seiten konfrontiert, der uns aber vielleicht auch die Leidenschaft wiederbringt, die wir als Kind verspürt haben: wenn wir Dingen gefolgt sind, die uns wirklich gepackt und begeistert haben."*

(Stephan Grünewald, Markt- und Medienanalyst, 2016)

# 9. Kapitel

# Umweltarbeit und Weltgeschehen

## Raubbau an Mutter Erde - Wie viel Zeit haben wir noch?

Inzwischen ist es mehr als 40 Jahre her, dass der ‚Club of Rome' in einem umfangreichen Gutachten über die zukünftige Entwicklung auf der Welt zu folgendem Schluss kam:
*„Wenn die gegenwärtige Zunahme der Weltbevölkerung, der Industrialisierung, der Umweltverschmutzung, der Produktion der Nahrungsmittel und der Ausbeutung von natürlichen Rohstoffen unverändert anhält, werden die absoluten Wachstumsgrenzen auf der Erde im Laufe der nächsten hundert Jahre erreicht. Mit großer Wahrscheinlichkeit führt dies zu einem raschen und nicht aufhaltbaren Absinken der Bevölkerungszahl."* Und weiter wird dringend angeraten, umgehend Schritte zu unternehmen, die geeignet wären, eine Umkehrung des Trends zu erreichen.
Das, was der Club of Rome in etwas verklausulierter Form umreißt, führt der inzwischen verstorbene Medizinmann und Autor Sun Bear in seinem Buch ‚Die Zukunft liegt in unserer Hand' konkret aus. Hierin beschreibt er in einer Art von Vision, es würde uns eine Zeit bevorstehen, in der die Städte nicht mehr in ihrer jetzigen Form existieren werden. Alle großen Städte werden seiner Ansicht nach erleben, wie das öffentliche Leben inklusive der Strukturen der öffentlichen Dienste völlig zusammenbrechen, wie sich Müllberge hoch auftürmen, die Versorgung mit Gas, Öl und vor allem Strom und natürlich die Bereitstellung von Nahrungsmitteln zusammenbrechen wird. Heute erscheint es uns als sehr abwegig, aber es ist durchaus realistisch, dass viele von uns in Zukunft auch hier im Westen an Hunger und nicht am Herzinfarkt sterben werden. Denn es wird auch kein Geld mehr geben, um die Gehälter zu bezahlen und die Polizei wird die Menschen nicht mehr schützen können. An ihrer Stelle wird es zu Zweckgemeinschaften von Menschen kommen, die sich bewaffnen und dann mit Gewalt nehmen, was sie wollen.

Weiter sagt Sun Bear, er sehe in seinen Träumen langandauernde Kämpfe zwischen Angehörigen verschiedener Rassen, sowie die Folgen blutiger Rachefeldzüge, in denen Gewalt und Waffen dem Stärkeren zu allem verhelfen, was er wolle. Zusätzlich würden Epidemien ausbrechen wegen verseuchten Wassers, hochgiftiger Chemikalien und aus vielen anderen Gründen. Alles zusammengenommen, laufe die gesamte Entwicklung auf die ‚Zeit der großen Reinigung' hinaus. Die seit Jahrhunderten in alten Prophezeiungen immer wieder vorausgesagt wird.

*Im Zustand der Welt kommt unsere Geisteshaltung zum Ausdruck.*
*Die kollektiven Krisen sind ein Abbild unseres kollektiven Bewusstseins.*
(Roger Walsh, Transpersonaler Psychologe)

## Reiki für die Welt von morgen

Mit Reiki, und hier insbesondere unter Verwendung des 2.Grades, verfügst du über eine phantastische und sehr kraftvolle Methode, um unserer ‚Mutter Erde' wieder Energie zurückzugeben. Energie, die wir ihr unter anderem durch die Nutzung der natürlichen Ressourcen, durch Raubbau, Förderung der Bodenschätze und so weiter Jahr für Jahr genommen haben, ohne dass wir daran gedacht hätten, etwas für den Energieausgleich zu tun.
Bei der Anwendung von Reiki bezogen auf die weltweiten Probleme solltest du verschiedene Aspekte bedenken. Du verfügst durch die Einweihung in den 2.Grad über die Möglichkeit, Reiki-Energie zu jeder Zeit an jeden Ort unseres Planeten zu senden. Demzufolge wäre es sehr wichtig und hilfreich, wenn du diese Fähigkeit auch wirklich nutzen würdest. So könntest du beispielsweise, während du die täglichen Nachrichten im Fernsehen oder Livestream verfolgst, mit Reiki arbeiten. Da Nachrichten in unseren Medien eigentlich immer „schlechte Nachrichten" sind, brauchst du nur Folgendes zu tun:
Du stimmst dich in die Reiki-Kraft ein und schickst heilende Energie auf jede verbreitete Nachricht. Hierzu verwendest du die Technik zur Übertragung von Fern-Reiki derart, dass du die Reiki-Kraft jeweils auf die realen Ereignisse lenkst, die in den Nachrichten behandelt

werden. Außerdem kannst du den Energieaktivator Cho Ku Rei sowie Sei-He-Ki hinzuzunehmen. Reiki so angewendet hilft dabei, auch die global bestehenden Blockaden zu lösen und fördert die Erzeugung einer harmonischeren Atmosphäre. Ich finde, einfacher geht es nicht.
Anhand von Beispielen möchte ich dir jetzt die Methode im einzelnen erklären: Angenommen, du sitzt entspannt vor dem Fernseher, hast dich zu Beginn der Tagesthemen in Reiki eingestimmt und vernimmst als erste Meldung einen Bericht über einen Amokläufer, der irgendwo in Schottland mehrere Schulkinder erschossen hat, dann solltest du parallel zur Berichterstattung auf diese Ereignisse den Reiki-Strahl lenken. Schicke Reiki auf die Schule, auf die getöteten und die verletzten Kinder, auf die Angehörigen und vergiss auch nicht den Amokläufer selbst, der sich durch seine Tat viel negatives Karma aufgeladen hat.
Nun hörst du als zweite Nachricht womöglich etwas über die Zuspitzung eines militärischen Konfliktes zwischen Syrien und dem Westen oder zwischen China und Japan. Hier wäre es sicherlich angebracht, Harmonie auf die gesamte Situation sowie auf die beteiligten Politiker, auf die Darstellung in den Medien und die direkt beteiligten Menschen zu schicken.
Schließlich hörst du zum Abschluss der Tagesthemen, dass in Brasilien große Landstriche nach langanhaltenden Regengüssen überschwemmt wurden, dass Menschen ihre Dörfer verloren haben und viele in den Fluten ertrunken sind. Auch diesen Menschen und Ereignissen solltest du dich unter Verwendung von Reiki liebevoll zuwenden. Möglicherweise trägst du auf diese Weise dazu bei, die Verwüstungen durch das Wasser zu begrenzen und das Leid der betroffenen Bevölkerung zu vermindern – besonders, wenn auch viele andere Reiki-Schüler sich an dieser Technik Tag für Tag beteiligen.
Ein wesentlicher Pluspunkt, der für diese Methode spricht, ist der: Du brauchst gar keine zusätzliche Zeit zu investieren; denn du nutzt die Zeit, in der du dich ohnehin vor dem Radio, PC, Smartphone oder Fernsehgerät befindest. Weiterhin brauchst du dir auch keine Gedanken zu machen, wohin du heute möglicherweise Reiki verschicken sollst; denn die Nachrichten, mit ihrer Übermittlung einer Auswahl von wichtigen aktuellen Krisen- oder Brennpunkten lokal und global nehmen dir die Entscheidung in ‚kompetenter Weise' ab. Und schließlich wird dir diese Methode dabei helfen, Nachrichten und Informatio-

nen aufmerksamer zu verfolgen und aufzunehmen. Dieses wird dir möglicherweise ein ganz neues Verständnis für die Abläufe in unserer Welt vermitteln. So zum Beispiel, was sich hinter den Kulissen der Politik wirklich abspielt und wie durch gezielte Informationsverbreitung die Meinungsbildung beeinflusst wird.

Wenn du in der dargestellten Art und Weise die Reiki-Kraft auf Situationen lenkst, über die in Nachrichtensendungen berichtet wird, so zündest du ein Licht an. Würden nun auch andere diese Methode benutzen, so würden viele Lichter angezündet werden.

Sei dir bewusst, dass die positive Wirkung von Reiki umso stärker ist, je mehr Menschen gleichzeitig ‚universelle Lebensenergie' verschicken. Erwähnen möchte ich in diesem Zusammenhang diverse wissenschaftliche Untersuchungen, in denen bereits vor Jahren festgestellt worden ist, dass es ausreicht, die Kriminalitätsrate, Aggressivität in der Bevölkerung sowie die Zahl der Verkehrsunfälle in einer Stadt deutlich zu reduzieren, wenn nur ein Prozent der Einwohner regelmäßig etwa eine halbe Stunde pro Tag meditiert. Was ließe sich da erst unter Einbeziehung von Reiki erreichen?

Reiki-Energie, während der einzelnen Nachrichtensendungen gebündelt und zeitgleich auf bestimmte Orte oder Situationen gelenkt, würde eine noch weitaus größere heilsame Wirkung als reine Meditation erzeugen. Denn während Meditation lediglich das Maß an persönlichem Ki oder Chi aktiviert, kommen bei Reiki-Anwendungen sowohl die ‚universelle, kosmische Energie' (‚Rei') wie auch die ‚ich-bezogene, individuelle Energie' (‚Ki') zum Einsatz. Durch die vollzogene Verschmelzung bei seiner Übertragung wirkt Reiki umso kraftvoller. Und sicher ist eines: Je mehr Reiki-Anwender auf diese Art und Weise verfahren, umso größer ist die heilsame Kraft, die sich entfalten würde.

Möchtest du jedoch selber bestimmen, wie lange und wohin du Reiki in Bezug auf die weltweiten Krisenherde schicken möchtest, so sind deiner Motivation keinerlei Grenzen gesetzt. Es gibt derart viele kritische Ereignisse auf der Welt, dass du nichts falsch machen kannst. Es sei denn, du würdest dich angesichts des Ausmaßes an Hass, Aggression, Intoleranz und geistloser Gewalt, die heute unsere Welt durchdringt, dazu entscheiden, gar nichts mehr zu tun. Aber selbst wenn wir es schaffen würden, alles, was auf dieser Welt passiert, zu ignorieren, wir würden dennoch nicht davon unberührt bleiben.

Wenn du dich für individuelle Umweltarbeit für Mutter Erde entschließt, so bestimme selbst, auf welche Länder, Ereignisse oder Menschen wann und wie lange die Reiki-Kraft geschickt werden soll. Der Zeitpunkt für Reiki-Übertragungen ist dabei völlig egal. Auch wenn du nur wenig Zeit hast, dich zurückzuziehen und zu konzentrieren, so kannst du dennoch in wenigen Minuten mit Hilfe von Fern-Reiki eine ganze Menge an zukunftssichernder Heilenergie verschicken. Besonders dann, wenn du den Kraftverstärker Cho-Ku-Rei mit hinzunimmst. Und selbst wenn du im Moment weltweit der einzige wärst, der zum Beispiel auf den Regenwald oder den amerikanischen Präsidenten Reiki schickt, so wäre das immer noch besser, als gar nichts zu tun. Denn keine Bemühung wird verlorengehen. Allerding solltest du bei allen Reiki-Übertragungen darauf achten, in keiner Weise zu versuchen, ein von dir bestimmtes Ergebnis erzielen zu wollen. Das würde den heilsamen Effekt der Reiki-Kraft eher in Frage stellen. Niemand von uns weiß letztlich, was am besten ist. Möglicherweise würde das, was wir für richtig halten, alles nur noch schlimmer machen.
Sinnvoller wäre es, einfach Energie in eine kritische Situation zu schicken und dem göttlichen Licht sowie der innewohnenden Intelligenz von Reiki zu erlauben, das herauszubringen, was das ‚höchste Wohl' ist. Vertrauen in die Stärke von Reiki ist allemal wichtiger als die Befriedigung egoistischer Wünsche.
Einen wichtigen Punkt, auf den bei Seminaren für den 2.Grad immer ganz besonders hingewiesen wird, kannst du bei der sogenannten ‚internationalen Reiki-Arbeit' getrost vergessen: den moralischen Aspekt, der besagt, man solle jemand anderen nur mit dessen Erlaubnis Energie schicken. Es ist ein großer Unterschied, ob du eine Person des öffentlichen Lebens oder einer Person aus deinem Bekanntenkreis Reiki übermittelst. Wenn du zum Beispiel Reiki auf bestimmte Politiker schicken möchtest, dann tu das, selbst wenn du nicht deren Einwilligung hast. Politiker sind gewählte oder selbsternannte Volksvertreter, stehen tagtäglich in der Öffentlichkeit und setzen sich demzufolge vielfältigen Einflüssen aus. Bei ihren Entscheidungen stehen sie ständig vielen unterschiedlichen Interessen gegenüber. Sie sind der Einflussnahme der verschiedensten Seiten, wie der Wirtschaft, der Umweltverbände, der Militärs oder anderen Nationen, ausgesetzt.
Ich gehe davon aus, dass sich die meisten unserer Politiker in ihrem Innersten immer noch sozialen und humanistischen Idealen verschrie-

ben haben. Sie möchten etwas Positives für die Menschen, die sie vertreten, tun. Nur zeigt das Tagesgeschäft, dass sie sich dabei einer Unzahl von Zwängen zu unterwerfen haben und ständig von machtbesessenen, skrupellosen Instanzen unter Druck gesetzt werden.
Aus dieser Überlegung heraus empfehle ich (ähnlich wie dies auch der Dalai Lama vertritt), Politikern auch ohne deren Einwilligung so oft es geht harmonisierende Energie zur Verfügung zu stellen. Politiker befinden sich an den Schalthebeln der Macht, in ihren Händen befindet sich zu einem großen Teil unsere Zukunft, unser Schicksal. Schaffen sie es, den negativen, destruktiven Tendenzen zu wiederstehen und stellen sie vermehrt Liebe und Mitmenschlichkeit in den Mittelpunkt ihrer Entscheidungen, so wird sich das für uns als ‚breite Masse' langfristig mit Sicherheit positiv auswirken.
Und noch ein Nachsatz: Wenn ich von unseren Politikern spreche, so meine ich nicht nur diejenigen, die uns in ihrer Haltung und Politik nahestehen. Ich meine auch solche, die wir ablehnen und die auch uns ablehnen würden – kurz gesagt: die man eher als ‚Gegner' bezeichnen könnte. Gerade die sogenannten ‚Bösen' benötigen möglicherweise besonders viel positive Energie, um aus ihrem Karma herauszukommen.
Wenn du nach gleichgesinnten Reiki-Schülern oder -lehrern suchen solltest, mit denen du gemeinsam etwas gegen die kritischen Entwicklungen auf unserer Welt tun kannst, so sei die Reiki Outreach International (R.O.I.) empfohlen. Hinter dieser 1990 durch die Reiki-Meisterin Mary McFaden gegründeten Organisation stehen Menschen aus vielen Ländern der Welt, die sich vorgenommen haben, regelmäßig auf Ereignisse, die besonders kritisch sind, Reiki zu schicken. Die R.O.I.-Mitglieder halten ständigen Kontakt untereinander. Sie informieren sich gegenseitig, oft in Form von Internetauftritten oder in Rundbriefen, auf welche Teile der Welt sie augenblicklich ihre Konzentration richten wollen. Weitere Tipps zu diesem Thema finden sich auch auf der deutschen Seite des Reiki-Magazins.
Unlängst schrieb Jürgen Dotter, europäischer Koordinator von R.O.I. in einem Erfahrungsbericht: *„Manchmal, wenn eine Krise eintrat, hatte ich das Gefühl, dass die Energie bereits in dem Augenblick anfing, sich zu verändern, in dem wir uns entschieden, sie als eine R.O.I.-Situation zu nehmen. Sogar schon bevor unsere Mitglieder die Möglichkeit hatten, es von den Mit-*

*teilungs-Telefonen zu erfahren. Bitte, bleibt dran und schließt euch den Übertragungen an. Danke für die Unterstützung unserer Arbeit ...“*

R.O.I. geht von der Ansicht aus, dass alles irgendwie miteinander in Verbindung steht: Menschenreich, wie auch Mineral-. Pflanzen- und Tierreich. Nichts kann unabhängig voneinander existieren. Aus diesem Grunde wird dazu aufgefordert, durch die Arbeit mit Reiki und anderen spirituellen Praktiken nicht nur das eigene Ich in einem Zustand von Frieden und Harmonie zu halten, sondern sich darüber hinaus auch dem höchsten Wohl des gesamten Planeten einschließlich des Universums zu widmen.

Hierfür wird innerhalb der R.O.I. folgende Energie-Übertragung vorgeschlagen: Zu Beginn der Reiki-Anwendung stellst du dir eine Kugel aus Licht vor. Sie sollte sich dort befinden, wo es für dich am bequemsten ist. Dies kann direkt vor deinem geistigen Auge, vor deinem Herzen oder auf deinem Schoß sein. Auf diese imaginierte Kugel richtest du nun deine Handflächen. Wie du dabei deine Hände hältst, bleibt dir überlassen; gewährleistet muss lediglich sein, dass sie die Reiki-Energie direkt in die Lichtkugel senden.

Nun stellst du dir vor, dass in der Kugel diejenige Situation auftaucht, auf die sich die R.O.I. im Moment festgelegt hat. Einmal angenommen, es geht um die Überschwemmungen in Brasilien, so denkst du innerlich jetzt mindestens dreimal den Satz: *„Dies ist die Situation im Katastrophengebiet in Brasilien.“* Bei der Verwendung dieses Satzes kommt es darauf an, den Namen der Situation genauso zu wiederholen, wie er in der Homepage verbreitet wurde. Anschließend denkst du noch dreimal: *„Diese Energie wird empfangen zur rechten Zeit und zum höchsten Wohl aller.“*

Jetzt, da du mit der Situation verbunden bist, bleibe konzentriert und erlaube Reiki, durch dich dorthin zu fließen. Um deine Konzentration noch zu unterstützen, kannst du geistig den Satz wiederholen: *„Reiki heilt jetzt diesen Ort im Kontext einer höheren Ordnung.“* Alternativ dazu kannst du den Namen der Situation wiederholen, in die du Reiki schickst. Darauf hinzuweisen bliebe, dass du bei der ganzen Energie-Übertragung bestrebt sein solltest, reines Reiki zu senden. Verzichte darauf, spezielle Ergebnisse zu visualisieren oder zu affirmieren. Sende einfach Reiki in dem Vertrauen, dass das Resultat der göttlichen Ordnung entsprechen wird.

Von der R.O.I. wird vorgeschlagen, sich pro Tag fünfzehn Minuten Zeit für eine einzelne Situation zu nehmen. Werden verschiedene Situationen in einem Set mit Energie versorgt, so sollte jede von ihnen etwa 11 Minuten lang Reiki bekommen. Nach Beendigung der Energieübertragung kannst du deine Handflächen reiben, um die Verbindung mit der Situation zu unterbrechen. Wenn du magst, dann danke zum Abschluss dafür, dass du dienen durftest.

Solltest du nun Lust bekommen haben, dich gemeinsam mit der R.O.I. zu engagieren, so kannst du im Internet suchen unter:
Reiki Outreach International (R.O.I.)
Reiki-Magazin
Proreiki.de

## Erdheilungszeremonie mit dem Bergkristall

Im letzten Teil dieses Kapitels möchte ich dir eine sehr kraftvolle Form vorstellen, mit der du unseren Planeten etwas von der Energie wieder zurückgeben kannst, die du von ihm täglich empfängst. Im Grunde genommen handelt es sich hier um eine indianische Zeremonie, die auf Geistheilung beruht, doch habe ich selbst erlebt, dass sie sich durch die Hinzuziehung des zweiten Reiki-Grades in ihrer Wirkung noch steigern lässt.
Die Zeremonie kann allein oder auch im Kreise einer Gemeinschaft durchgeführt werden. Natürlich baut sich ein höheres Energiefeld auf, je mehr Teilnehmer da sind. Diese Zeremonie dauert insgesamt zwischen einer und drei Stunden. Dies ist abhängig davon, ob du geduldig und gelassen bleibst, und wie viel Zeit du dir vor und nach dem eigentlichen Hauptteil gönnst. Vor- und Nachbereitung sollten in der Regel auch als ein Teil dieser Zeremonie genutzt werden. Die Praxis zeigt, dass die Höhe des erreichten Energieniveaus stark von inneren und äußeren Faktoren abhängt.
Für diese Heilungszeremonie benötigst du einen Bergkristall mit einer intakten Spitze. Am unteren Ende sollte er möglichst gerade sein, damit du ihn auch hinstellen kannst. Es wäre gut, wenn er mindestens fünfzehn Zentimeter messen würde. Nach oben ist wegen der Größe

keine Grenze gesetzt. Bevor du mit der Zeremonie beginnst, solltest du dich, den Bergkristall und alle Teilnehmer reinigen. Die Indianer tun dies mit Hilfe diverser ‚heiliger Kräuter', unter anderem mit Salbei oder Süßgras. Auch Weihrauch ist gut geeignet. Als Reiki-Anwender kannst du natürlich zur Reinigung auch die Kraft des Sei-He-Ki-Symbols benutzen. Lasse dir genügend Zeit bei der Reinigung, da hiervon abhängt, ob du reine oder aber individuell verfärbte Energie weiterleitest. Wenn du die Prozedur der Reinigungen beendet hast, stellst du den Bergkristall entweder vor dich hin oder platzierst ihn in die Mitte des Kreises aller Beteiligten. Ob du stehst oder sitzt, ist im Grunde genommen egal. Allerdings habe ich die Erfahrung gemacht, dass sitzen für mich angenehmer ist, da es mir in dieser Position leichter gelingt, Reiki zu verschicken.

1.Nun beginne mit der eigentlichen Zeremonie, indem du viermal durchatmest. Lass den Atem deinen Körper so weit wie möglich erfüllen.

2.Mache dir deine Körperhaltung bewusst. Dein Rücken sollte gerade, aber nicht steif sein, deine Bauch- und Kiefermuskulatur sollte entspannt sein. Schließe nun die Augen und stimme dich auf die Übermittlung auf Fern-Reiki ein.

3.Bei deinem nächsten Einatmen vergegenwärtige dir die heilige Energie, die im Zentrum deines Wesens liegt. Wenn du ausatmest, siehst du einen Teil der Energie an deiner Vorderseite hinunterfließen. Von dort gelangt sie in die Erde und bewegt sich beim Einatmen an der Rückseite deines Körpers wieder empor. So führt der Rhythmus des Ein- und Ausatmens dazu, dass sich allmählich ein Kreis um dich herum bildet. Dieser umschließt sowohl deinen stofflichen Körper wie auch dein energetisches Kraftfeld, welches sich außerhalb von dir befindet… Sieh, wie sich dieser Kreis von einem Punkt über deinem Kopf an der Vorderseite herunter bewegt, durch die Erde fließt und anschließend über den Rücken wieder aufsteigt, bis er seinen ursprünglichen Punkt erneut erreicht. Du kannst diesen Kreis als weißes Licht visualisieren, als regenbogenfarbenes Licht oder in jeder anderen beliebigen Farbe. Wichtig ist nur, dass du dich sicher und lebendig fühlst.

4.Bei deinem nächsten Ausatmen solltest du den Kreis sich erst langsam, dann immer schneller drehen lassen, bis er durch die zunehmende Beschleunigung zu einer Kugel aus Licht wird, die dich von nun an umgibt und schützt.

5.Wenn du das nächste Mal einatmest, begib dich wiederum zum Zentrum deiner heiligen Energie in deinem Innern und spüre, ob du davon etwas abgeben oder mit anderen teilen magst. Dann schicke den Menschen um dich herum so viel Energie, wie du meinst, abgeben zu können. Spiele dabei nicht den Helden, indem du mehr gibst, als gut für dich wäre. Sei aber auch kein Geizkragen und halte Energie zurück, die du durchaus mit anderen teilen könntest.

6.Mach dich jetzt gleichzeitig bereit, von anderen Menschen Energie entgegenzunehmen. Öffne dich für die Anteile, die andere auf dich übertragen möchten. Auf diese Weise bist du durch Geben und Nehmen mit den Individuen deiner Umgebung verbunden.

7.Beginne nun ganz gezielt, Reiki von deinen Händen ausgehend in den Bergkristall vor dir zu schicken. Lasse die Reiki-Energie wie einen Sonnenstrahl den Kristall berühren und auf diese Weise die Reiki-Kraft mit der Energie des Bergkristalls verschmelzen. Du weißt, dass Bergkristalle die Fähigkeit haben, zu empfangen, zu senden und zu verstärken. Lass die Reiki-Energie für einen Moment im Kristall ruhen, ehe sie vergleichbar einem perfekten Regenbogen mit allen Spektralfarben wieder heraustritt. Das Spektrum reicht von Schwarz bis Infrarot, Rot, Orange, Gelb, Grün, Blau, Indigo, Violett, Ultraviolett bis hin zu Weiß. Sei dir darüber im Klaren, dass jedes Regenbogenband heilsame Energie enthält, welche in der Lage ist, alles positiv zu beeinflussen, was von ihr berührt wird.

8.Sieh, wie die regenbogenfarbene Reiki-Energie sich in den Himmel erstreckt, einen Bogen beschreibt und wieder zur Erde zurückkehrt. Hier tritt sie durch die festen Schichten, auf denen wir uns befinden, hindurch, gleitet durch die Flüssigkeiten darunter, durch die Gase und Äther, bis sie sich mit dem Erdmittelpunkt vereinigt. Auf diese Weise hat sich die universelle Energie unter Zuhilfenahme des Kristalls sowohl mit der himmlischen wie der irdischen Energie verbunden.

9.Nachdem diese Verschmelzung stattgefunden hat, bringe den vielfach aufgeladenen Energiestrahl durch die verschiedenen Schichten wieder nach oben. Lass‘ den Regenbogen durch deine Fußsohlen wieder in dich eintreten und dann durch deine Beine, die Wirbelsäule hinauf, durch den Hals bis hinein in den Kopf fließen. Anschließend verlässt dich der Energiestrahl erneut – nur jetzt durch dein Scheitel-Chakra.

10.Von hier aus sendest du ihn hinauf in Richtung Sonne und lässt ihn sich sodann mit der Energie der Sonne verbinden. Länger und länger wird der Strahl, der unaufhörlich aus deinen Händen gespeist wird. Die Sonne wird sich von dem Regenbogen alles nehmen, was sie zur Heilung benötigt und wird ihm alles geben, was sie im Moment bereithält.

11.Wenn auch diese Verschmelzung stattgefunden hat, bringe den Strahl des Regenbogens noch einmal zurück in den Kristall. Fühle die Energie dort, und sieh, wie sie sich durch ihre Verschmelzung mit der Erde und mit der Sonne verändert und aufgeladen hat.

12.Der Strahl der diesmal aus dem Bergkristall heraustritt, verfügt nun über deine, die universelle sowie die Energie des Kristalls, der Sonne und der Erde. Dieser kraftvolle Strahl ergießt sich nun unaufhörlich über den Ort, an dem du gerade bist. Du kannst dir sicher sein, wenn die regenbogenfarbene Reiki-Kraft dieses Land berührt, können alle Wesen, die es bewohnen, sich davon so viel nehmen, wie sie im Moment zur Heilung benötigen.

13.Sende nun den Strahl in einem weiten Bogen nordwärts, bis er den Nordpol unseres Planeten erreicht.

14.Mache das gleiche in südlicher Richtung, bis er den Südpol erreicht. Ziehe dann die Mitte in die Höhe, so dass du einen riesigen Bogen aus Regenbogenlicht sich von Norden nach Süden über die Stelle erstrecken siehst, auf der du gerade stehst. Bedenke, dass die Farben und Energien des aufgeladenen Reiki-Strahls den Kindern der Erde alles geben können, was sie brauchen, um Hilfe und Zuversicht zu erfahren.

15.Sende nun – als würdest du einen Teppich ausrollen – den Strahl in östlicher Richtung um den Globus. Betrachte alle Länder und Meere, die er überquert und bedeckt. Schließlich hat er so viel Kraft entwickelt, dass er die Erde in einen regenbogenfarbenen Teppich eingehüllt hat.

16.Während dieser riesengroße Reiki-Teppich die Erde umspannt, kannst du dich einzelnen Orten, Ländern, Tieren, Pflanzen und auch Menschen zuwenden, die dir besonders am Herzen liegen. Schicke ihnen in den nächsten zehn Minuten liebevolle Segenswünsche…

17. Wenn du mit deinen Segenswünschen fertig bist, wirst du beginnen, den Regenbogen in umgekehrter Reihenfolge wieder auf seine ursprüngliche Größe einzurollen. Anschließend schicke ihn zurück in den Kristall, wo er verbleibt und Kraft für die Zukunft entwickelt.
18. Werde dir jetzt nach und nach wieder deiner Atmung und des Energiekreises bewusst, der dich umgibt und beschützt.
19. Ziehe mit den nächsten Atemzügen soviel du magst an Energie aus dem Kristall heraus und lass sie in deine Kugel eintreten. Dieser nun aufgenommene Teil wird dir im Besonderen helfen, zu wachsen und deinen Weg in Harmonie mit der Schöpfung zu gehen.
20. Vergewissere dich, dass du gut geerdet bist, bevor du deine Augen öffnest. Nun schau dich um. Sieh, ob sich irgendetwas verändert hat. Dann geh hinaus in die Natur und betrachte die Schönheit, die dich umgibt. Anschließend solltest du dir und deinen Freunden genügend Zeit für eine Reflexion einräumen.

In seinem Buch ‚Das Medizinrad Praxisbuch' schreibt Sun Bear, dass diese Zeremonie schon vielen Menschen geholfen hat, eine engere Verbindung zur Erde zu bekommen und zu allem, was auf ihr lebt. Durch die Verschmelzung der Reiki-Kraft mit den Energien des Kristalls sowie von Erde und Sonne ist sie eine außerordentlich heilsame Übung für dich selbst und für unseren Planeten. Sie unterstützt dein Wachstum und hilft dir, deiner Verbindung mit der Gesamtheit des Lebens bewusst zu werden.

***Erst wenn der letzte Baum gerodet,***
***der letzte Fluss vergiftet,***
***der letzte Fisch gefangen ist,***
***werdet ihr feststellen,***
***dass man Geld nicht essen kann.***
(Indianische Weissagung)

(Leider ist das nicht nur eine Warnung, sondern wahrscheinlich eine Art Zustand, wie er irgendwann eintreten wird!)

# 10. Kapitel

## Das Auflösen bestehender Blockaden

*„Alle Energiestaus und emotionsbestimmten und verfestigten Verhaltensmuster schwingen langsamer als so positive Gefühle wie Liebe, Freude und Begeisterung. Jeder Gedanke der Liebe erhöht unsere Schwingungsfrequenz und lagert sich in unserem Sein als schneller schwingendes Energiepaket ab."*
(Paula Horan, amerikanische Reiki-Lehrerin)

Bei Ganzkörperbehandlungen wirst du immer mal wieder feststellen, dass sich die Empfindungen in deinen Händen von Position zu Position unterscheiden. Mal fühlt sich eine Stelle von Beginn an sehr warm an, mal überwiegt ein Kribbeln, mal bleiben die Hände regelrecht kalt, mal empfindest du selbst als Behandler diese Körperstelle als unangenehm, mal scheinen deine Hände festzukleben und mal sich abheben zu wollen. Zwangsläufig wirst du deshalb als Behandler mit jeder Position unterschiedlich umgehen. Schwerpunkt in diesem Abschnitt soll allerdings der Umgang mit Störungen im Energiefluss sein.

Unter dem Stichwort ‚Blockaden im Körper eines Menschen' lassen sich verschiedene Phänomene zusammenfassen. Allgemein lässt sich definieren, dass ‚Blockaden' bestimmte, deutlich wahrnehmbare Zonen oder Punkte sind, an denen der Fluss des körpereigenen ‚Ki' gestört oder unterbrochen ist. Die Störungen lassen sich hierbei nach Stärke, Tiefe und dem Zeitpunkt der auslösenden Situation in verschiedenen Schweregrade unterteilen. Blockaden, die durch ein sehr massives Trauma ausgelöst wurden oder die sich bereits vor langer Zeit an einer Stelle festgesetzt haben, lassen sich nur durch umfangreiche Bemühungen heilen. Dagegen gelingt es bei leichteren Störungen relativ schnell, diese aufzulösen.

Energetische Staus können durch die unterschiedlichsten Auslöser verursacht worden sein. So verfestigen sie sich häufig dort, wo körperliche Verletzungen vorliegen. Dies können Knochenbrüche, Narben, Prellungen oder Operationen sein. Weitere wesentliche Auslöser können darüber hinaus insbesondere psychische Faktoren sein. Zu diesen gehören Schocksituationen (z.B. wenn ein Kind Zeuge eines Verkehrs-

unfalles wird) oder kritische und nicht abwendbare Lebensereignisse, wie der Verlust eines nahen Angehörigen. Auch seelische Verletzungen durch beschämende Äußerungen oder Misshandlungen können sich zu Blockaden auf körperlicher Ebene entwickeln.
Desweiteren können negative Gedanken und Erwartungshaltungen Energie stauen. Besonders diesen Umstand machen wir uns viel zu selten bewusst. So sammeln sich unsere gedachten Botschaften in unserem feinstofflichen Körper, ohne dass wir diesen Umstand bemerken. Irgendwann verselbständigen sich unsere negativen Gedanken und entwickeln eine Eigendynamik. Auf diese Weise setzen sie sich an besonders schwachen Stellen in unserem Körper fest und unterbrechen hier den Energiefluss.
Energiestaus und Blockaden lassen sich mit Hilfe von Reiki recht gut erspüren. Ein sicheres Indiz für das Vorhandensein einer Blockade ist dann gegeben, wenn du bei einer Person bei mehreren Behandlungen an verschiedenen Tagen immer wieder bemerkst, dass eine bestimmte Zone nicht warm werden will. Kälte, verbunden mit dem Gefühl, dass kein Energiefluss einzusetzen beginnt, zeigt dir als Behandler, dass es sich mit an Sicherheit grenzender Wahrscheinlichkeit um eine Blockade handelt. Und in der Regel gilt: je unangenehmer das Gefühl beim Behandler und je stärker das Empfinden von Kälte ist, umso tiefer sitzt die Blockade, beziehungsweise umso älter ist sie. Wenn du dir jedoch nicht sicher sein solltest, inwieweit in einem bestimmten Fall eine Blockade vorliegt, so kannst du einen zweiten Reiki-Behandler fragen, ob er die gleiche Empfindung an der betreffenden Stelle hat wie du.

Eine andere Möglichkeit des Aufspürens von energetischen Stauungen sieht so aus, dass du dich zunächst auf deinen Partner einstimmst. Dann bewegst du deine Hände wie bei einer Aura-Massage langsam in geringem Abstand über seinen Körper. Hierbei stellst du mental die Frage: *„Wo finde ich das Zentrum des Widerstandes, der diesen Menschen daran hindert, das zu tun und zu erreichen, was eigentlich in ihm steckt?"* Diese Methode wird dich fast immer recht schnell und direkt auf die Blockaden stoßen lassen, die momentan am wirksamsten die Energie desjenigen negativ beeinflussen, den du gerade behandelst. Du umgehst hiermit eine Vielzahl von Einzelsitzungen, da du dich direkt auf die Suche nach zugrundeliegenden Blockaden machst.

*„Bei meiner Bekannten spürte ich immer wieder eine wahnsinnige Kälte an den Hüften. Wir konnten uns diesen Umstand erst nicht erklären, bis wir auf die Idee kamen, dass es sich hier um eine massive Störung des Energieflusses handeln müsste. Später spürten wir eine Blockade im Steißbein auf und behandelten diese mehrfach mit Reiki. Während der Behandlungen tauchten viele Bilder auf, die zurückreichten bis ins Babyalter. Nach und nach merkte ich, wie meine Bekannte die Bilder und Erfahrungen loslassen konnte."*

Um Blockaden zu lösen, bieten sich einem Reiki-Anwender verschiedene Möglichkeiten an. Auf einige von ihnen möchte ich nun näher eingehen: Die naheliegende Methode für diejenigen, die in den zweiten Grad eingeweiht sind, ist die Verwendung des Sei-He-Ki-Zeichens; denn Sei-He-Ki ermöglicht dir den direkten Weg, um Energie-Blockaden zu beseitigen. Gerade, wenn du mental noch nicht so versiert bist oder dich schlecht konzentrieren kannst, solltest du diese Art des Vorgehens wählen.

Angenommen, du führst eine Behandlung mit Auflegen der Hände bei einer anderen Person durch und spürst jedes Mal am linken Knie den gleichen Effekt: deine Hände, die sich bei den vorhergehenden Positionen immer gleich schön erwärmten und dir das Gefühl gaben, alles sei hier in Ordnung, wollen einfach nicht warm werden; und mit zunehmender Verweildauer auf dem betroffenen Knie stellt sich sogar eine Form von Kälte ein, die dich regelrecht erschreckt. Gesetzt den Fall, du machst eine derartige Erfahrung, so kannst du mit größter Wahrscheinlichkeit davon ausgehen, dass hier eine Energie-Blockade vorliegt. Übrigens zeigt meine Erfahrung, dass in Knien sehr häufig gestaute Energie anzutreffen ist.

Um nun eine derartige Blockade aufzulösen, beginnst du mit deiner eingeweihten Hand in wenigen Zentimetern Abstand über dem Knie das Symbol Sei-He-Ki zu zeichnen. Gleichzeitig sprichst du das Mantra dreimal leise vor dich hin, beziehungsweise stellst es dir mental vor. Nachdem du diese Handlung vollzogen hast, hältst du beide Hände in leichtem Abstand über das betroffene Knie und lässt die lösende Kraft dieses heiligen Zeichens auf die Blockade einwirken. Parallel dazu kannst du dem Behandelten erklären, was du festgestellt hast und was du deshalb jetzt versuchst. Hilfreich kann es auch für dich sein, dir vom Partner beschreiben zu lassen, was dieser im Moment

gerade in seinem Knie verspürt. Ich lasse mir deshalb die Körperempfindungen häufig durch den Behandelten beschreiben, da sich durch die geistige Fokussierung auf das Symptom die Mehrzahl der Reiki-Techniken durch diese verbale Begleitung noch effizienter gestalten und stärker wirken.
Sollte sich trotz der eben beschriebenen Vorgehensweise durch Verwendung von Sei-He-Ki eine Blockade nicht in absehbarer Zeit auflösen lassen, so kannst du Cho-Ku-Rei als zusätzliche Kraft verwenden und den Vorgang beschleunigen. Cho-Ku-Rei aktiviert bekanntlich, wie wir weiter vorn bereits gehört haben, den Fluss der universellen Energie. Gerade wenn du spürst, dass der Energiefluss wieder nachlässt, kannst du mehrfach den Energie-Aktivator verwenden. Auf diese Weise regst du verstärkt die Selbstheilungskräfte des Knies an und bietest ihm hier einen Weg, die gestaute Energie sowie alte Verletzungen aufzulösen.
Die zweite Methode, die ich dir hier vorstellen möchte, ist schon etwas komplizierter. Sie setzt einiges an Erfahrung, Sensibilität und Selbstsicherheit voraus. Bleiben wir bei dem oben beschriebenen Beispiel und verwenden diesmal die Technik des Energieballs: Wenn sich nach längerer Zeit des Kontaktes keinerlei Veränderungen in deinen Händen einstellen wollen, so hebst du deine Hände langsam parallel etwas an und hältst sie in kurzem Abstand über dem Knie. Nun spüre, wie sich allmählich eine Verbindung durch ganz feines, stecknadelartiges Ziehen zwischen den Handflächen und der gestörten Stelle einzustellen beginnt. Nimm die Verbindung aber nicht nur über die Hände, sondern auch über diene Vorstellungskraft auf.
Gehe jetzt ganz behutsam vor und vermeide ruckartige Bewegungen. Hierdurch würde die unsichtbare energetische Verbindung zwischen Reiki und der gestauten Energie abreißen. Wenn du nun mental wie auch mit den Händen spürst, dass ein stabiler Kontakt zu der Energie der Blockade hergestellt ist, so deute durch mehrmaliges leichtes Anheben der Hände an, dass du bestrebt bist, die negative Energie aus dem Knie herauszulösen. Dann beginne durch fließende Bewegungen, eine Art von unsichtbarem Energieball mit deinen Händen über der betreffenden Zone zu formen. In diesen soll die blockierte Energie reingezogen, komprimiert und gefangen gehalten werden. Wenn du jetzt gestenreich mehrmals diesen ‚Energieball' oberhalb des Knies geformt hast und nach den verschiedenen Vorgehensweisen der For-

mung spürst, dass der Ball rund wird und komplett mit Energie gefüllt ist, so belasse beide Hände drum herum. Fast sieht es jetzt von außen so aus, als hieltest du ein unsichtbares Gefäß ganz vorsichtig fest. Nun hebe diesen imaginierten Energieball mit schneller Bewegung hoch und bewege die Hände zügig weg von dem behandelten Knie. Hierdurch löst du die gestaute Energie aus der betreffenden Körperpartie heraus und führst sie ab.
Schüttle zum Ende dieses Vorganges die Hände für einige Sekunden weit weg vom Körper nach unten aus und erlaube der Erde, die befreite Energie aufzunehmen und zu transformieren.
Wiederhole diese Technik je nach Bedarf mehrere Male, bis du den Eindruck erlangst, dass sich kaum noch Energie aus der Blockade herausziehen lässt. Lege dann zur Kontrolle erneut beide Hände auf das Knie und prüfe die Reaktion. Sollte sich die Stelle nun anders anfühlen als zuvor, das heißt, du spürst beispielsweise ein Warmwerden oder Ziehen, so setze die Reiki-Übertragung nun ganz normal weiter fort. Sollte stattdessen nach wie vor keine Energie fließen, so bleibt dir nichts anderes übrig, als die zuvor beschriebene Technik des Blockadelösens einige weitere Male zu wiederholen.
Nachtragen möchte ich noch, dass sich diese Methode auch sehr gut zur Entstörung von Narben anwenden lässt. Gerade Verletzungen der Haut oder des Bindegewebes werden oft unterschätzt. Sie können jedoch, wenn sie nicht energetisch aufgelöst werden, zu lebenslangen Blockaden oder Störfaktoren im Energiefluss eines Menschen werden. Nimm dir deshalb die Zeit, um Narben bei dir und anderen zu entstören. Abschließend ein Hinweis: Bei der Behandlung von Narben können empfindliche Schmerzen entstehen. Diese bedeuten aber nichts Negatives. Vielmehr zeigen sie, dass sich die negative Energie der Narbe allmählich verflüchtigt.

Um das Thema abzurunden, möchte ich dir als drittes beschreiben, wie sich mit Heilsteinen alte Blockaden lösen lassen. Allerdings funktioniert diese Methode nur mit einem Hilfsmittel. Du benötigst dafür (ähnlich der indianischen Heilungszeremonie) einen Bergkristall, den du möglichst nur zum Auflösen von Blockaden verwendest. Am besten sollte er eine Länge von etwa zehn und eine Breite von zwei bis drei Zentimetern besitzen. Kristalle dieser Form und Größe sind am handlichsten und lassen sich besonders gut zu Heilzwecken benutzen.

Für die Wirkung des Steines ist es unwichtig, ob er unbehandelt und rau aussieht oder ob er glatt geschliffen wurde und dadurch ‚perfekt' erscheint. Er sollte aber in jedem Fall auf der einen Seite über eine Spitze verfügen und muss unbedingt vor Beginn der Anwendung gereinigt werden.

Zur Reinigung werden die unterschiedlichsten Vorgehensweisen empfohlen. Die gebräuchlichsten sind:

- du reinigst den Kristall unter fließendem Wasser
- du legst ihn auf den Rasen in die Sonne
- du legst ihn in eine Schale mit Salzwasser
- du visualisierst, wie säuberndes weißes Licht den Stein erfüllt
- du hältst den Stein zwischen den Fingern und pustest das Negative raus
- du lässt Sei-He-Ki-Energie in den Kristall hineinfließen

Unterstellen wir einmal, du hast bei jemandem im Verlauf einer Reiki-Behandlung eine tiefsitzende ‚Verwundung' auf dem Brustkorb im Bereich der Thymusdrüse festgestellt. Willst du nun diese gebundene Energie freisetzen, so halte mit der einen Hand den Kontakt zu der Stelle aufrecht. Auf diese Weise bereitest du die Kristall-Anwendung vor. Nach einer Weile nimmst du den Bergkristall in deine andere Hand und richtest dessen Spitze vorsichtig auf das Zentrum der blockierten Zone. In dieser Position verweilst du eine Zeitlang und spürst, was sich ereignet. Nach und nach sollte sich der Kristall auf die gestaute Energie wie ein Magnet auswirken. Wenn du merkst, dass sich eine Verbindung zwischen der Blockade und dem Bergkristall eingestellt hat, beginne mit kleinen, kreisenden Bewegungen. Anfangs bleibst du noch für ein paar Sekunden nahe am Körper, dann vergrößerst du die Kreise und bewegst den Kristall spiralförmig immer weiter von der Blockade weg.
Auf diese Weise zieht der Bergkristall die negative Energie aus der Stelle heraus und nimmt sie mit fort. Am Ende der Bewegung streichst du den Kristall einige Male hinter dir auf dem Boden ab und lässt die herausgezogene Energie in Richtung Erde abfließen. Ähnlich wie bei der zuvor beschriebenen Technik wirst du diesen Vorgang so oft durchführen, bis sich keinerlei Energie mehr herausziehen lässt und der Behandelte sich befreit fühlt. Im Anschluss an die Behandlung

kannst du vergleichen, ob die Reiki-Kraft jetzt besser fließt als zu Beginn. Sollte dies noch nicht in ausreichendem Maß der Fall sein, so führe die beschriebene Methode erneut einige Male durch. Falls sich das zugrundeliegende Trauma als sehr massiv und hartnäckig erweist, wirst du womöglich die Technik des Blockade-Lösens auch bei den folgenden Behandlungen in den nächsten Tagen einsetzen müssen.

*„Solange ich denken kann, hatte ich Probleme mit meinem Unterleib. Als mir ein Bekannter empfahl, eine Methode zur Beseitigung energetischer Blockaden durchzuführen, war ich überrascht, dass ich darauf nicht schon längst selbst gekommen war. Häufig schon hatte ich meinen Unterleib behandelt – hatte aber nie das Gefühl gehabt, dass dort wirklich genug Energie floss … Nun versuchte ich, den Energiestau mit dem Harmonisierungs-Symbol des zweiten Grades zu beseitigen. Ich war ganz erstaunt, wie viel Energie nach und nach zu fließen begann und wie warm die behandelte Stelle wurde, nachdem ich mehrfach das Symbol Sei-He-Ki darüber gezeichnet hatte … Einige Tage später bot mir mein Bekannter an, mich einmal mit einem Bergkristall zu behandeln. Als er mir einen runden Kristall auf den Unterleib legte und darüber Sei-He-Ki schrieb, wurde mir unglaublich warm und ich musste ganz herzhaft lachen ohne damit aufhören zu können … Auf weitere Methoden konnten wir getrost verzichten, denn ich fühlte mich wie neugeboren.“*

Die Techniken, die ich dir hier in ihrer Reinform beschrieben habe, können selbstverständlich auch im Kontext einer Fernbehandlung durchgeführt werden. Dabei musst du alle nötigen Schritte und Handlungen mental im Geist vornehmen. Dies setzt allerdings ein hohes Maß an Visualisierungs- und Konzentrationsfähigkeit voraus. Du solltest dich deshalb an einem ruhigen Ort begeben, an dem du dich ungestört entspannen kannst, bevor du damit beginnst, Fern-Reiki zu verschicken. (Wenn du damit Schwierigkeiten hast, so lies noch mal den Abschnitt über die ‚Bedeutung der Einstimmungen‘ durch, meditiere ein wenig mit Hilfe des Atems und geh dann nach innen.)
Wenn du nun einer Person Reiki schickst und dabei merkst, dass irgendetwas bei der Energie-Übertragung nicht stimmt, so konzentriere dich im Geist auf einzelne Körperstellen und spüre hier mental, wo eine Blockade vorliegt. Hast du die Ursache für die Störung gefunden, so kannst du eine der drei Möglichkeiten zur Auflösung von Blocka-

den verwenden. Solltest du dich für die Methode des Energieballs entscheiden, so stelle dir vor, die Person würde jetzt vor dir liegen. Halte deine Hände dorthin, wo in deiner Vorstellung die Blockade sitzt. Dann verfahre zur Auflösung der Blockade genau so, wie ich es weiter oben für eine Kontaktbehandlung beschrieben habe. Du tust also einfach so, als wäre die Person anwesend und läge vor dir. Mit deinen Händen formst du vorsichtig einen Energieball über der betroffenen Blockade und ziehst anschließend die gebundene Energie heraus.

*„Über die Stelle, wo ich den Energiestau bemerkt habe, forme ich mit meinen Händen die Energie über der Haut zu einem Ball. Es ist wichtig, diesen Vorgang sehr bewusst und langsam auszuführen, damit die Energie nicht aus Versehen abreißt. Wenn ich das Gefühl habe, ich habe genug Energie aus der gestauten Stelle herausgeholt, ziehe ich vorsichtig den Ball vom Körper weg und werfe ihn dann hinter mich. Bevor ich meine Hände wieder über die behandelte Körperstelle lege, um zu vergleichen, wie die Energie nach der Behandlung fließt, schüttle ich meine Hände aus. Den Vorgang kann ich durchaus mehrfach wiederholen, bis es sich für mich richtig anfühlt.“*

Während meiner Tätigkeit als Reiki-Lehrer ist mir ein Phänomen immer wieder aufgefallen: Kaum jemand, der in Reiki eingeweiht ist, nutzt bei Behandlungen die Technik zum Auflösen von Blockaden. Die meisten merken zwar bei Reiki-Anwendungen, dass einzelne Stellen einfach keine Energie annehmen wollen, doch auf die Idee, dass es hier eventuell gilt, eine Blockade aufzulösen, kommen sie nicht. Manchmal fehlt es ihnen darüber hinaus auch am nötigen Vertrauen in die eigenen Fähigkeiten. Und dabei sind die Techniken, obwohl sie auf den ersten Blick recht kompliziert erscheinen, im Grunde genommen sehr einfach. Du musst dich nur trauen, sie anzuwenden.
Das Auflösen von Blockaden kann die Wirkung einer Behandlung ungemein beschleunigen. Es kann die gemeinsame Zeit bereichern und sogar regelrecht Spaß machen – gerade wenn du miterleben darfst, wie sich derjenige, den du behandelst, freier und gelöster fühlt. Es ist ein schönes Gefühl, zu spüren, wie sich ein Wachstumsprozess bei jemand anderem ankündigt. Versuche deshalb ruhig öfters mal, eventuelle Blockaden über die eine oder andere Methode zu entstören, selbst wenn du dir nicht ganz sicher bist, ob tatsächlich eine Blockade

vorliegt. Schaden kann es in gar keinem Fall, und wenn du damit helfen kannst, umso besser.
Indem du bei anderen Menschen Blockaden feststellst, beziehungsweise diese unterstellst, löst du indirekt gleichzeitig auch einen Teil deiner eigenen Blockaden. Du demonstrierst, dass du ohne Scheu in der Lage bist, auch ungewöhnliche Methoden zu beherrschen und sie anzuwenden, anstatt dich einzig und allein auf das Auflegen der Hände zu konzentrieren. Setze neben Gelassenheit, Demut und dem Vertrauen in die Wirkung der Reiki-Kraft ruhig hin und wieder auch deine positive Absicht ein. Indem du besondere Techniken gezielt benutzt, wirst du selbst zum Reiki-Therapeuten. Selbstvertrauen in die eigenen Fähigkeiten hat auch bei Reiki-Anwendungen unterstützende Wirkung. Und manchmal wird alles viel leichter, wenn du deiner Kreativität, den spielerischen Anteilen sowie deinem Inneren Kind bei Reiki-Sitzungen mehr freien Lauf lässt, als alles zu ernst und zu ‚heilig' anzugehen…

*Der Mensch kann nicht zu neuen Ufern aufbrechen,*
*wenn er nicht den Mut aufbringt,*
*die alten zu verlassen.*
(Andre`Gide)

(Vielleicht noch ein Nachtrag zu den Techniken: ich weiß, dass die Techniken einzig und allein durch Nachlesen hier im Buch oft ein wenig unverständlich und offen bleiben. Deshalb biete ich immer wieder und auch auf Nachfrage Vertiefungsseminare zum 2.Grad an, wo ich mit den Teilnehmern die Techniken bespreche und einübe. Also ruhig mal melden!)

*Verdrängung,*
*das heißt das Abschieben psychischer Anteile aus dem Bewussten ins Unbewusste findet auf vielerlei Arten statt.*
*Für einen Großteil der Menschen ist es heute noch wichtiger als früher, sich abzulenken durch Fernsehen oder Musik, den eigenen Urlaub zu planen und durchzuführen oder sich auf Auto und Eigenheim zu konzentrieren.*
*Schmerz, Leiden, Qualen, Angst und Krankheit werden genauso ignoriert wie Umweltprobleme oder globale Belange.*
*Wir nehmen an, das Leben würde zur reinen Freude, wenn wir nur all die negativen und unerwünschten Pole ausrotten könnten. Ken Wilber schreibt in diesem Zusammenhang, es sei ein hervorstechendes Merkmal der fortschrittlichen westlichen Kultur, die Gegensätze zu trennen und sich dann an die positiven Hälften zu klammern oder ihnen nachzulaufen. Für ihn scheint es, als könnten 'Fortschritt' und 'Unzufriedenheit' nicht getrennt werden. Denn "die Zerstörung des Negativen bedeutet zugleich die Zerstörung jeder Möglichkeit, das Positive zu genießen.*
*Es gibt kein Innen ohne ein Außen, kein Kaufen ohne Verkaufen, kein Hinauf ohne Hinab, kein Gewinn ohne Verlust, kein Leben ohne Tod. Die Beschränkung auf nur einzelne Teile von Gegensatzpaaren sowie unsere Kurzsichtigkeit führen dazu, dass vielen Menschen gar nicht der Gedanke kommt, wie abhängig das eigene Wohlergehen sowohl vom Zustand der anderen wie auch seiner Umgebung ist und dass der eigene, wahrgenommene Aktionskreis in immer größere Bedrängnis gerät (...)*
*Im Gefühl vollständiger Ohnmacht gegenüber den Entscheidungen der Rüstungs- und Umweltpolitik wollen sie nicht länger daran denken, was sie ohnehin nicht ändern zu können glauben. Deshalb leben sie so weiter, wie diese Frau. In einem fast hypnotischen Zustand der Betäubung stehen sie der angekündigten Entwicklung gegenüber und erstarren gleich dem Kaninchen vor der Schlange.*
*Nur ist jetzt die große Frage: Wie lässt sich diese Selbsttäuschung erkennen und auslösen?"*

aus: Eckart Warnecke, ‚Die Psychologie des Suchens'
(unveröffentlichtes Manuskript)

# 11. Kapitel

# Verschiedene Techniken bei Reiki-Mental-Behandlungen

## Deprogrammier-Technik

Die Deprogrammier-Technik ist vermutlich die Methode, die am häufigsten bei Seminaren für den zweiten Grad gelehrt wird. Darüber hinaus ist sie nach meiner Erkenntnis aber auch leider eine der Methoden, die am seltensten angewendet wird. Denn sie erscheint auf den ersten Blick kompliziert. Es setzt einiges an Übung und Erfahrung voraus, die einzelnen Schritte in liebevoller, ruhiger Weise vorzunehmen. Dies mag sicherlich der Hauptgrund sein, warum viele Reiki-Schüler eher ihre Finger davon lassen.
Mit dieser Technik besitzt du ein kraftvolles Instrument, um alte ungewollte oder negative erlebte (Denk-) Muster zu beseitigen, beziehungsweise sie gegen wünschenswerte auszutauschen. Manche therapeutischen Schulen vergleichen den Menschen mit einem Computer. In diesem werden im Verlauf des Lebens, bedingt durch Beschämungen, körperliche und psychische Verletzungen, Bestrafungen, Schicksalsschläge, Trauer und Angst häufig sogenannte ‚Programme' installiert, die nicht im Einklang mit der Harmonie und Weisheit der Schöpfung stehen. Diese Negativ-Programme lassen sich ausdrücken durch Haltungen (sogenannte ‚Kognitionen'), wie: „Ich darf nicht so sein, wie ich bin", „Ich muss meine Bedürfnisse verstecken", „Sei hart und fühle nicht!", „Ich bin es nicht wert, geliebt zu werden" oder auch „Ich werde immer allein bleiben und nie glücklich werden."
Die Deprogrammier-Technik soll nun dazu dienen, die alten, negativen Verhaltensmuster zu löschen und sie gleichzeitig gegen neue, positive zu ersetzen. Sie bedient sich dazu in erster Linie positiver Suggestionen, die förderliche, heilende oder vervollkommnende Formulierungen beinhalten. Das Ziel dieser Technik besteht darin, die alten Glaubenssätze mit Hilfe von Reiki tief im Innern des Unterbe-

wusstseins auszulöschen, um sie durch neue Suggestionen zu überschreiben.

Bei der Erstellung von persönlichen Suggestionen solltest du jedoch einige wesentliche Grundsätze beachten. Verwende auf gar keinen Fall die Wörter ‚nicht', ‚kein' oder ‚nie' Vermeide deshalb, wenn du zum Beispiel gern schlanker sein möchtest, eine Suggestion, die lauten könnte: „Ich will nicht mehr so viel essen", sondern verwende statt dessen einen positiv ausgedrückten Satz. Mit der Formulierung „Ich nehme immer mehr ab und erreiche mein Idealgewicht", gibst du deinem Unterbewusstsein die Richtung vor, in die du dich entwickeln willst. Du teilst ihm mit, was du gern für dich erreichen möchtest.

Auf ein solches Ziel kann es sich eher einlassen, als wenn du ihm nur etwas durch ein „Nicht" verbietest oder wegnimmst. (Dies gilt übrigens auch in der Erziehung von Kindern.) Ein zweiter Punkt, den ich wichtig finde, ist die Einfügung eines Verlaufsaspektes. Statt zu sagen „Ich bin ausgeglichen und fühle mich sicher", solltest du lieber die Formulierung verwenden: „ Ich werde von Tag zu Tag ausgeglichener und sicherer." Als letztes sei darauf hingewiesen, dass Suggestionen nicht zu kompliziert, sondern eher einfach formuliert werden sollten.

Wenn du jemanden mit der Deprogrammier-Technik behandeln möchtest, dann wirst du mit ihm vorab besprechen müssen, welche Themen oder Probleme bearbeitet werden sollen. Möchte ein Klient von dir beispielsweise etwas an seinem persönlichen Ausdruck und seiner Sprache ändern, so könnte die positive formulierte Suggestion lauten: „ Ich fühle mich sicher und beginne zunehmend, mein Herz zu öffnen." Für jemandem mit Verdauungsproblemen dagegen könnte der Satz: „ Mehr und mehr lerne ich intuitiv, was mir gut tut", angebracht sein. Und ein Mensch, der sich von den Eltern abnabeln möchte, könnte womöglich die Formulierung verwenden: „Ich spüre meine innere Stärke und werde selbständiger." Solltest du das Thema „Suggestionen" vertiefen wollen, so sei dir das Büchlein von Louise Hay ‚Heile Deinen Körper' wärmstens empfohlen.

Nachdem geklärt wurde, welcher neue Glaubenssatz in den ‚Unterbewusstseins-Computer' deines Klienten neu einprogrammiert werden soll, kannst du mit der Technik beginnen. Am besten ist es hierbei, wenn du als Behandler stehst und die zu behandelnde Person auf einem Stuhl sitzt. Die Füße der Person sollten dabei fest auf der Erde verweilen. Wenn es damit Probleme gibt, so schiebe ein Kissen unter dessen Füße. Anschließend beginnst du mit der Behandlung. Ich habe sie dir hier Schritt für Schritt beschrieben und hoffe, dass du der Darstellung leicht folgen kannst. Als musikalische Begleitung eignen sich besonders gut Glockentöne oder Gong-Musik, da sie bis in sehr tiefe Schichten vordringen und den Zugang zum Unbewussten erleichtern (z.B. ‚Gong' von Jens Zygar oder Teile der Nadabrahma-CD von Osho).

**1.Schritt:**
Als Behandler stimmst du dich gründlich ein, stellst dir den ganzen Ablauf der Technik nochmals mental vor, vergewissere dich, die Suggestion im Kopf zu haben und bittest Meister Usui um Unterstützung bei dieser Reiki-Anwendung. (sicherheitshalber kannst du dir auch einen Zettel mit den einzelnen Schritten in Sichtweite hinlegen)

**2.Schritt:**
Du stehst hinter dem Empfänger und nimmst Kontakt zu ihm auf, indem du die Aura beziehungsweise das elektromagnetische Feld berührst und in fließenden Bewegungen nach unten hin glättest.

**3.Schritt:**
Du sprichst das Mantra ‚Cho-Ku-Rei' und zeichnest zur Kraftverstärkung das entsprechende Symbol über dem gesamten Hinterkopf.

**4.Schritt:**
Nun hältst du eine oder auch beide Hände über den Hinterkopf. Es ist hier egal, ob du deine Hände direkt auf den Kopf auflegst oder aus einem gewissen Abstand die Reiki-Energie überträgst. Spüre selbst, wie es sich für dich am besten anfühlt und gehe erst dann weiter zum nächsten Schritt, wenn du das Gefühl hast, den Kontakt zum Unterbewusstsein auch wirklich hergestellt zu haben.

**5.Schritt:**
Während die eine Hand weiter Kontakt zum Kopf hält, machst du mit der anderen, der ‚eingeweihten' Hand das Sei-He-Ki-Zeichen hinter dem Kopf an der Medulla und formulierst dazu das Mantra einige Male innerlich. Außerdem wiederholst du nun auch an dieser Stelle das Cho-Ku-Rei. Bis hierhin ging es in erster Linie darum, Vertrauen beim Behandelten, verbunden mit einer positiven Erwartungshaltung, zu installieren. Außerdem hast du den Kontakt zum Unterbewusstsein hergestellt. Als Behandler solltest du übrigens während des gesamten

Verlaufs der Deprogrammier-Technik bemüht sein, mental rein zu sein, um nichts von deinen eigenen Persönlichkeitsanteilen zu übertragen. Merkst du, dass in dir dennoch eine gewisse Tendenz besteht, etwas auf deinen Klienten zu projizieren, so solltest du dich innerlich auf Cho-Ku-Rei konzentrieren oder aber Meister Usui am eigenen Hinterkopf visualisieren.

**6.Schritt:**

Nun trittst du als Reiki-Behandler neben den Empfänger. Halte mit der einen Hand die Verbindung zur Medulla aufrecht und bringe die andere direkt vor dessen Stirn. Lass‘ aber ein bis zwei Zentimeter Abstand. So angewendet beginnt die Reiki-Kraft auf das Gehirn, oder anders gesagt, auf den ‚Mental-Computer‘, einzuwirken. In dieser Haltung verbleibst du für den weiteren Verlauf der Anwendung.

**7.Schritt:**

Jetzt stellst du dir vor, wie sich weißes, goldenes oder auch regenbogenfarbenes Licht in dir mehr und mehr ausbreitet – wie es dich ganz erfüllt ... Lass dann das Licht aus deinen Händen in deinen Partner eintreten, um besonders dessen feinstofflichen Bereich zu reinigen und den Boden für die neue Information zu ebnen. Es kann sein, dass es dir anfangs schwerfällt, eine Vorstellung von Licht in dir zu entwickeln. Verzweifle nicht, wenn es nicht gleich klappt. Beim nächsten Mal geht es bestimmt schon einfacher. (Hilfreich ist es auch immer wieder, sich ganz bewusst zu reinigen und zu erden – auch das noch gründlichere und noch bewusstere Einstimmen auf Reiki macht es von Mal zu Mal leichter, hier Erfolg zu haben.)

Wichtig ist, dass du dem Behandelten in dieser Phase ein sicheres Gefühl vermittelst, das ihm hilft, sich für die übertragenen Schwingungen zu öffnen und bereit zu sein, ein neues Programm in sich aufzunehmen.

**8.Schritt:**

Von nun an beginnst du mit der Neuprogrammierung. Hierzu sprichst du leise (in der Regel im Flüsterton) die zuvor festgelegte neue, positive Suggestion. Um den Effekt zu verstärken, solltest du sie regelmäßig etliche Male wiederholen. Gleichzeitig formulierst du diese auch in deinen Gedanken. Auf diese Weise kann der Empfänger die Suggestion auf verschiedenen Wegen in sich aufnehmen: Über die Kraft der Gedanken auf der mentalen Ebene, über die Reiki-Energie auf der energetischen sowie über die Sprache auf der akustischverstandesmäßigen Ebene. (Noch eine Anregung: Falls du im Verlaufe der Programmierung das Gefühl haben solltest, die Suggestion würde irgendwie nicht vom Empfänger angenommen, so könntest du zum Beispiel Stimmlage und Ausdruck beim Sprechen der Suggestion verändern. Weiterhin wäre es denkbar, deren Ausdrucksform auch in deinen Gedanken zu variieren.)

**9.Schritt:**

Du lässt die Hand auf der Medulla und machst mit der anderen vor dem Körper des Behandelten einen ‚Energiestrich'. Wie der geht, sollte bekannt sein: du spannst die Finger an, winkelst deine Hand ein wenig ab, hältst dann du die Fingerspitzen im Abstand von etwa fünf Zentimetern auf den Bauchnabel zielend vor den Behandelten, atmest bewusst einmal länger aus und vollziehst dann mit der Hand eine zügige Aufwärtsbewegung vor dem Körper des anderen bis kurz über dessen Kopfhöhe.

**10.Schritt:**

Löse dich langsam vom Empfänger und hülle ihn, wenn du magst, durch fließende Armbewegung in einen Ball mit heilsamer Reiki-Energie ein. Danach schließt du die Deprogrammierung ab, indem du den Behandelten durch das Cho-Ku-Rei-Symbol versiegelst. (Es ist zu empfehlen, diese Anwendung an sechs aufeinanderfolgenden Tagen und in der anschließenden Woche noch mindestens zweimal zu wiederholen, um das neue Programm auch wirklich fest zu installieren. Allerdings solltest du dich auch nicht entmutigen lassen: wenn du weniger Zeit hast, dann mach' dieses Verfahren erst ein- oder zweimal und lass' dir beschreiben, was der Behandelte in der Folgezeit zu berichten hat. Du weißt: nichts an positiven Taten geht letztendlich verloren.)

Zusätzlich zu der hier dargestellten Form der Reiki-Anwendung könntest du mit Hilfe des kreativen Visualisierens diese Technik noch ergänzen. Zum Beispiel, indem du dir vorstellst, wie der Empfänger die suggerierten Botschaften immer mehr konkret umsetzt. Möglich wäre es auch, mehrere Suggestionen zu verwenden - jedoch nicht mehr als drei gleichzeitig, da mehr als drei vom Unterbewusstsein nicht mehr umgesetzt werden können. Und schließlich kannst du diese Technik zur Deprogrammierung auch für dich selbst anwenden, nur müsstest du sie dann per Fern-Reiki auf dich übertragen.

## Darmsanierung

Nicht immer bringt das Leben in einer Gesellschaft, in der niemand Hunger leiden muss, nur positive Seiten mit sich. Hiervon kann die hohe Zahl derjenigen ein Lied singen, die heute unter Essstörungen leiden. Übergewichtigkeit verdeutlicht dabei ebenso wie die Gier nach Süßem sowie die unaufhaltsame Zunahme an Lebensmittelallergien, dass irgendetwas mit unserem Essverhalten nicht mehr in Ordnung ist. In einer sehr großen Zahl an Fällen handelt es sich dabei weniger um körperliche als um psychosomatische Phänomene.

Im Bereich unseres Verdauungsapparates können die unterschiedlichsten Probleme und Störungen auftreten. Angefangen bei der einfachen Verstopfung, bei Blähungen und Oberbauchschmerzen, reicht die Palette möglicher Erkrankungen über chronische Störungen (Magen-Schleimhaut-Entzündungen, chronische Verstopfung, chronische Dickdarmentzündung/Morbus Krohn, Vermehrung von Candida-/Hefe-Pilzen im Darm usw.) bis hin zu lebensbedrohlichen Formen von Essstörungen. Hier sind insbesondere die Bulimie (Ess-Brech-Sucht) sowie die Magersucht zu nennen.

Das Ausmaß der Leiden, das sich hinter den Erkrankungen beziehungsweise Störungen verbirgt, ist von den Außenstehenden nur in den seltensten Fällen nachvollziehbar.

Ein Großteil der Beschwerden unserer Verdauungsorgane findet seine Ursachen bereits im Kindes- oder Jugendalter. Nämlich dann, wenn Kindern zum Beispiel die liebevolle Umgebung fehlt, sie unter Leistungsaspekten erzogen werden oder von ihnen das Einhalten festgesetzter Essformen verlangt wird (z.B.: „Du isst, was auf den Tisch kommt!“, „Iss‘ gefälligst deinen Teller leer, wenn du ihn dir so voll machst!“, „Bleib am Tisch sitzen, bis alle fertig sind!“). Später kommen im Verlauf der Pubertät neue innere Konflikte hinzu.

Während Jungen in dieser Zeit durch den Einfluss der Clique zu Alkohol und aggressivem Verhalten neigen, tendieren Mädchen oft zur Entwicklung von zwanghaftem Leistungsdenken bis hin zu allen möglichen Formen von ‚Selbstbestrafungen‘. Bedingt werden diese dadurch, dass Mädchen im Verlauf der Pubertät merken, wie sie sich verändern. Oft aus Angst stemmen sie sich dann mit aller Macht gegen die nun erkennbar werdende Entwicklung ihres Körpers zur reifen Frau. Alles, was an ihnen weiblich zu werden beginnt, versuchen

sie zu ignorieren oder heftig zu bekämpfen. Die Vermeidung von Kalorien stellt für viele von ihnen die Methode dar, von der sie annehmen, sie würde ihnen am ehesten helfen, die Entwicklung von Brust und Po zu verhindern. Natürlich führt wiederholtes Verweigern von Nahrung nicht nur zu äußerlichen, sondern auch zu innerlichen Veränderungen und birgt die Gefahr eines frühzeitigen Todes in sich.
Mit Hilfe der Reiki-Darmsanierung verfügen Praktizierende des zweiten Grades über eine Technik, die sich bei jeglichen Formen von Verdauungsproblemen wie auch Essstörungen anwenden lässt. Dies umso mehr, da sich durch diese Form der Reiki-Anwendung sowohl die körperliche wie auch die psychische Ebene gleichzeitig behandeln lässt.

*„Seit zirka 12 Jahren litt ich unter Darmbeschwerden. Aber erst vor fünf Jahren wurde bekannt, dass es sich um eine chronische Entzündung des Dünndarms mit Pilzbefall handelte. Was mir jedoch neben den periodisch immer wieder auftretenden Schmerzen besonders zu schaffen machte, waren meine Fress-Anfälle. Nicht selten stopfte ich mir nachts, wenn schon alles schlief, ein ganzes Glas mit Nutella in den Hals. Natürlich verbunden mit vielen Schuldkomplexen und Gefühlen von starker Übelkeit im Bauch.*
*Andere Male verschlang ich Kuchenberge, wenn es mit meinem Mann Streit gab, oder ich kochte mir einen Topf mit Nudeln. Hin und wieder kam es sogar soweit, dass ich mir nach so einem Fressanfall den Finger in den Hals steckte …*
*An einem Reiki-Abend wurde mir mit der ‚Darmsanierung' eine neue Möglichkeit aufgezeigt. Der Gruppe versprach ich, diese Technik nun eine Woche lang täglich anzuwenden. Gleich beim ersten Mal bekam ich prompt irre Schmerzen – der ganze Bauch tat mir weh. Aber ich hielt durch, da ich mir sagte, dass dies nur eine ‚Erstverschlimmerung' sein konnte. Und dennoch: auch bei den weiteren Behandlungen waren Schmerzen, Krämpfe und Übelkeit angesagt. Ich musste mich zum Weitermachen regelrecht zwingen. Aber ich wollte durchhalten, denn ich sah in dieser Methode auch eine große Chance.*
*Heute bin ich froh, durchgehalten zu haben. Seit mehr als zehn Wochen bin ich schmerz- und beschwerdefrei. Ich habe ein ganz neues Bauchgefühl. Mein Arzt war ganz überrascht, als er unlängst feststellte, dass mein Pilzbefall verschwunden ist.*

*Ach ja, sechs Wochen lang habe ich einmal pro Woche diese Behandlung wiederholt. Danach habe ich es einfach vergessen. Ich finde, es ist ein sehr gutes Zeichen."*

Die Technik der Darmsanierung kannst du sowohl bei dir selbst wie auch bei anderen vornehmen. Sie wird in der Regel zwischen 10 und 30 Minuten dauern. Plane einfach diese Zeit für dich ein, um gegen Ende nicht unter Zeitdruck zu geraten. Im Folgenden beschreibe ich sie dir so, als würdest du sie bei dir selbst durchführen:

**1.Schritt:**
Zentriere dich und stimme dich auf die Reiki-Kraft ein.

**2.Schritt:**
Nimm mit geschlossenen Augen mit Hilfe von Fern-Reiki langsam Kontakt zu deinem Darmausgang auf. Wenn du willst, dann visualisiere zusätzlich vor deinem geistigen Auge den Bereich deines Afters.

**3.Schritt:**
Verwende jetzt zusätzlich ‚Sei-He-Ki', das Symbol zur Harmonisierung und Behebung von Blockaden. Spüre, wie lange dein Darmausgang die heilende Energie anzieht. Gehe erst dann im Verdauungstrakt weiter, wenn du merkst, dass genug Reiki an dieser Stelle geflossen ist. Auf diese Weise schaffst du die Grundlage dafür, deinem Körper das Loslassen zu ermöglichen.

**4.Schritt:**
Allmählich lässt du nun Stück für Stück deines Dickdarms vor deinem geistigen Auge auftauchen und lenkst gleichzeitig die Reiki-Kraft dorthin. Sollten dir Blockaden oder Disharmonien an bestimmten Stellen auffallen, so behandle sie gezielt. Verwende hierzu die Methode zur Auflösung von Blockaden, die dir am sinnvollsten erscheinen.

**5.Schritt:**
Irgendwann kommst du auf diese Weise am Übergang zum Dünndarm an. Spüre genau, was sich hier tut, ehe du weiter aufwärts gehst. Im weiteren Verlauf der Behandlung kannst du nun entweder über Fern-Reiki längere Zeit ‚Harmonie' auf das gesamte Darmknäuel schi-

cken oder aber in der zuvor beschriebenen Art und Weise weiterverfahren, indem du Zentimeter für Zentimeter des Dünndarmes mental durchwanderst. Sollte es dir nützlich erscheinen, angrenzende Organe wie Bauchspeicheldrüse, Leber und Galle mit Reiki zu versorgen, so beziehe sie zusätzlich mit ein.

**6.Schritt:**
Der Magen, in den du anschließend gelangen wirst, stellt einen neuen Abschnitt der Behandlung dar. Lenke deshalb ganz ausführlich die Reiki-Energie für längere Zeit auf diesen Teil deines Körpers. Solltest du den Eindruck gewinnen, der Energiefluss könnte nachlassen, da du irgendwie abgelenkt bist, so wiederhole die Mantras und Symbole. Zusätzlich kannst du für den Magen zur Intensivierung und Zeitersparnis die Energie mit Hilfe von Cho-Ku-Rei verstärken.

**7.Schritt:**
Wenn du schließlich den Magen verlässt, so vergiss nicht, auf Speiseröhre sowie Mund- und Rachenraum Reiki zu schicken. Auch hier befinden sich wichtige Drüsen, die den Verdauungsprozess beeinflussen.

**8.Schritt:**
Beende die Fern-Behandlung, indem du abschließend dich im ganzen Körper mit Harmonie versorgst, und hülle dich, wenn du magst, mental in weißes, heilendes Licht ein. Dann bleibe nach Abschluss dieser Reinigungsbehandlung noch eine Weile regungslos und beobachte aufmerksam das Innere deines Körpers. Spüre, wie es sich anfühlt und ob sich eventuell etwas verändert hat.

**9.Schritt:**
Trinke direkt am Anschluss an die Behandlung ein großes Glas lauwarmen Wassers, um den Abtransport möglicherweise freigesetzter Partikel und Stoffe zu gewährleisten.

Um die Kraft dieser Darmsanierungs-Technik auch wirklich voll und ganz zur Geltung zu bringen, solltest du sie öfters durchführen. Denn die Heilung eines so zentralen Bereiches wie des Verdauungstraktes

benötigt naturgemäß seine Zeit. Nimmst du dir allerdings die nötige Zeit dafür, so sollte dich diese Technik in der Regel nicht nur von vielen verdauungsbedingten Störungen und Essproblemen (auch Allergien) befreien, sondern dich möglicherweise auch vor der Einnahme von Medikamenten (manchmal auch vor Operationen) bewahren.
Auf die gleiche Weise, wie hier für Magen, Darm und Speiseröhre beschrieben, lässt sich auch eine Behandlung von Blut- und Nervenbahnen, von Herz, Ohren, Nase und so weiter durchführen.
Achtung noch ein Hinweis! Solltest du diese Technik bei jemandem durchführen wollen, der akut erkrankt ist, so sollte vorher unbedingt mit einem Arzt gesprochen werden, um die Gefahren einer Erstverschlimmerung abzuwägen. Zum Beispiel, wenn jemand unter einer akuten Darmentzündung leidet oder die Gefahr besteht, dass ein Geschwür aufplatzen könnte.

## Reiki-Dusche

Der Begriff ‚Reiki-Dusche' mag auf den ersten Blick etwas irreführend sein. Indem er den Eindruck vermittelt, er habe etwas mit Wasser zu tun, bietet er Raum für die phantasievollsten Einfälle. Natürlich hat das, was sich hinter dem Wort Reiki-Dusche versteckt, nichts mit Wasser zu tun, und doch ist der Begriff sehr gezielt und treffend gewählt; beschreibt er doch exakt, wenngleich im übertragenen Sinne, die Wirkungsweise von Reiki bei einer speziellen Langzeit-Anwendung.
Nehmen wir einmal an, als Versicherungsangestellter fühlst du dich an deinem Schreibtisch bei der Arbeit regelmäßig schwach und ausgelaugt, du kannst dich schlecht konzentrieren und würdest am liebsten gleich morgens wieder das Büro verlassen. Oder dir fällt als Besitzer eines vegetarischen Restaurants regelmäßig auf, in welcher Angespanntheit und Hektik deine Gäste zum Essen eintreffen und dass es nur wenigen gelingt, abzuschalten und den Aufenthalt hier zu genießen. Oder du kannst als Vater nicht begreifen, dass deine Kinder, sowie sie im Auto sitzen, aufgekratzt sind und jede Fahrt zur Tortur machen.
Drei Beispiele, die eines verbindet. Es handelt sich nicht um isolierte Ereignisse, die einmalig auftreten, sondern um Situationen, die sich

Tag für Tag wiederholen. Natürlich lässt sich in den beschriebenen Beispielen gut mit Reiki arbeiten. Doch statt hier tagtäglich aufs Neue Reiki zu schicken, was auch möglich wäre, empfehle ich in einem solchen Falle eher die Verwendung einer Reiki-Dusche.

Reiki-Duschen eignen sich in erster Linie für Situationen, die immer wieder eintreten. Der wesentliche Unterschied zum reinen Fern-Reiki besteht darin, heilsame Energie an einem bestimmten Ort fest zu deponieren. Hierzu baust du mit Hilfe von Fern-Reiki an einem dir bekannten Ort ein großes Potential an Reiki-Energie auf (beispielsweise an der Lampe über dem Arbeitsplatz, an einem Türrahmen zum Arbeitszimmer, im Eingangsbereich deines Restaurants, im Innern deines Autos). Das heißt, du verschickst Reiki mit der Intention, die Reiki-Kraft möge immer dann zum Wirken kommen, wenn sich der Empfänger dem Ort beziehungsweise der Situation nähert. Alsdann versiegelst du die Energie-Übertragung mit ‚Cho-Ku-Rei'. Auf diese Weise sparst du viel Zeit, da du die Reiki-Anwendungen nicht ständig zu wiederholen brauchst.

Als ‚Deponierungsstellen' für die Reiki-Energien bieten sich besonders gut Orte an, die sich durchschreiten oder durchfahren lassen (eine Tür, eine Brücke, eine Allee mit Bäumen). Kommen wir nun an dem Ort vorbei, an dem die Reiki-Dusche für uns eingerichtet ist, so wird die Reiki-Kraft durch die ihr innenwohnende Intelligenz von ganz allein aktiviert. Und hier erklärt sich das Wort Dusche: In dem Moment, an dem du die Dusche erreichst, gibt diese die Reiki-Energie an dich weiter – sie übergießt dich sozusagen innerhalb von Sekunden mit einer wahren Energie-Fülle.

Auf diese Weise ist es nicht mehr nötig, Tag für Tag aufs Neue alle möglichen Fern-Reiki-Sitzungen vorzunehmen. Die einmalige Installation einer Reiki-Dusche hält Wochen, manchmal Monate an, zumal sich die entnommene Energie teilweise später von selbst wieder auflädt. In der Nähe der Reiki-Dusche wirst du von jetzt ab spüren, dass dir Anstrengungen oder feste Abläufe leichter als früher fallen.

Vielleicht merkst du sogar, wie sich die für dich deponierte Reiki-Energie in deinem Körper ausbreitet. Allerdings solltest du mit Hilfe dieser Technik nicht dein Tagespensum über Gebühr steigern, sondern solltest Reiki lediglich dankbar als Unterstützung für diejenigen Abläufe nutzen, die dir sonst mehr Probleme bereiten würden.

Neben den bis hierher aufgelisteten Beispielen ist noch ein Spezialfall für Reiki-Duschen denkbar. Auf allen möglichen Arten von Reisen kannst du solche Energie-Duschen installieren. Hierfür benötigst du allerdings einen gewissen Überblick über den Verlauf der geplanten Strecke. Willst du zum Beispiel morgen zum dritten oder vierten Mal in den Urlaub nach Schweden fahren, so kannst du vorab an besonderen markanten Punkten für die Reise-Route kraftspendende Reiki-Duschen aufbauen. Zum Beispiel auf einer Brücke, an die du dich gut erinnern kannst oder der Fähre und schließlich an einer Raststation, die du bereits von den vorherigen Urlauben her kennst. Hieraus wird schon deutlich, dass du für die Deponierung der Reiki-Energie den Ort kennen musst.
Ich könnte von Beispielen berichten, wo Menschen lange Autofahrten ohne Probleme bewältigten, obwohl die Straßen gefroren oder verschneit waren und die Nachrichten-Sendungen voll waren mit Unfallberichten. Doch noch unglaublicher ist ein Vorfall, den ich selbst erlebt habe:

*„Ich erinnere mich an einen Urlaub mit meiner Frau im letzten Jahr. Wir hielten uns für einige Wochen in verschiedenen Nationalparks der USA auf. Was das Erleben jedoch immer wieder beeinträchtigte, war der Umstand, dass meine Frau unter starken Kreislaufproblemen und Konditionsmängeln litt. Oft wollte sie nur kürzere Wanderungen mitmachen. Oder sie benötigte viel Zeit für oftmals kurze ‚Trails'.*
*Aus irgendeinem Grund – logisch und ratsam war das bestimmt nicht gewesen – hatten wir uns allerdings schon zu Beginn des Urlaubs vorgenommen, im Grand Canyon bis zur Talsohle, wo der Colorado fließt, abzusteigen. Nach den Erfahrungen der ersten Wochen war ich mir dann aber sicher, dass dies meine Frau hundertprozentig überfordern würde. Denn fünf Stunden bei sengender Hitze ab- und später sieben Stunden wieder aufzusteigen, stellt selbst für trainierte Sportler ein Höchstmaß an Leistungsanforderungen dar. Am Vortag besann ich mich auf Reiki in der Hoffnung, ob es wohl helfen könnte. So nahm ich mir abends etwas Zeit und baute einige Reiki-Duschen für meine Frau entlang des Weges auf. Da ich schon einmal im Grand Canyon unterwegs gewesen war, hatte ich mit der Installation der Duschen keinerlei Probleme.*
*Am nächsten Tag machten wir uns auf den Weg – bewaffnet mit Hüten*

*und etwa fünf Liter Wasser. Ohne Probleme erreichten wir nach gut zwei Stunden ‚Indian Gardens', eine kleine Oase. Schon bis hierher war ich einigermaßen überrascht von der Zielstrebigkeit, mit der meine Frau zu Werke gegangen war. Nun aber hatte ich mich auf eine längere Pause eingestellt, wollte mir gerade die Schuhe ausziehen, weil ich dachte, hier wäre Endstation, als meine Frau fragte, was ich da vorhätte. Sie brauche keine Pause, wolle weiter und so waren wir nach weiteren zweieinhalb Stunden ganz unten im Canyon. Wobei ich dazu sagen muss, dass mir schon etwas die Glieder schmerzten.*

*Und um es abzukürzen: Irgendetwas schien meiner Frau Flügel zu verleihen. Denn auch auf dem Rückweg kannte sie mit mir keine ‚Gnade' und trieb mich fast nach oben. Das heißt, sie vorweg und ich schleppte mich hinterher. Es war absolut nicht zu fassen…*

*Dass die Reiki-Duschen wirklich mitverantwortlich für dieses Phänomen waren, fiel mir am kommenden Tag während einer ‚nur' dreißigminütigen Wanderung im flachen Gelände auf. Hier war ich wieder vorn und meine Frau hatte wie eh und je Kreislaufprobleme. Ohne Reiki-Dusche hatte sich die alte Konstellation an anderer Stelle schnell von selbst wieder eingependelt."*

Die Installation einer Reiki-Dusche kannst du in mehreren Schritten vornehmen. Du wirst dich wahrscheinlich wundern, wie leicht das geht und wie zuverlässig diese funktionieren wird:

**1.Schritt:**
Zentriere dich und stimme dich zur Reiki-Fernbehandlung ein.
**2.Schritt:**
Stelle dir den Ort vor, an dem du die Reiki-Dusche einrichten möchtest und schicke Energie für 15 Minuten dorthin.
**3.Schritt:**
Bitte die Reiki-Kraft, sie möge dort verweilen und auf dich beziehungsweise den möglichen Empfänger ‚warten'.
**4.Schritt:**
Wenn du das Gefühl hast, genügend Energie an dieser Stelle deponiert zu haben, so versiegle sie durch ‚Cho-Ku-Rei'.

## Stärkung der eigenen Ressourcen

*Unsere Heimat liegt innen, und da sind wir souverän. Solange wir diese uralte Wahrheit nicht neu entdecken, sind wir dazu verdammt, umherzuirren und dort Trost zu suchen, wo es keinen gibt – in der Außenwelt.*
(James Bugental, Wissenschaftler und Meditationslehrer)

In diesem Abschnitt möchte ich dir eine Methode vorstellen, die nicht ursächlich aus dem Bereich des Reiki stammt, die sich jedoch unter Zuhilfenahme der universellen Lebensenergie sehr positiv für dich auswirken wird. Gerade dann, wenn du mal an dir selbst zweifelst, dich unsicher fühlst oder allgemeiner ausgedrückt, wenn du ein nur geringes Selbstbewusstsein entwickelt hast. Diese Methode dient der Stärkung deiner eigenen ‚Ressourcen'. Hierunter sind Eigenschaften und Fähigkeiten zu verstehen, die zwar als Potentiale in dir schlummern, die du bisher jedoch nur wenig in deinem Leben nutzen oder verwirklichen konntest. Das heißt, du verfügst zwar über Eigenschaften, die du an dir magst, nur konntest du sie bisher erst unzureichend anwenden. Diese Ressourcen warten nun darauf, aktiviert und angewendet zu werden.

**1.Schritt:**
Besorge dir etwas zum Schreiben. Dann setze dich bequem hin, meditiere ein wenig und denke in den folgenden 10 bis 20 Minuten über all diejenigen Dinge nach, die dir Spaß machen. Dies könnte zum Beispiel sein: Fußball spielen, lachen, reden, in ein Konzert gehen, mit anderen etwas unternehmen, Urlaub machen und so weiter. Jede Tätigkeit, die dir hierzu einfällt, schreibst du auf, ohne viel darüber nachzudenken. Dies würde nur den Verstand und damit verbunden ein ‚kritisches Bewerten' in Kraft setzen.

**2.Schritt:**
Wenn dir keine weiteren Dinge, die dir Spaß machen, mehr einfallen, dann lies dir den Zettel nochmals durch und suche die zehn besten Tätigkeiten heraus. Also diejenigen Stichworte, die dir am meisten Spaß gemacht haben oder machen könnten. Schreibe sie auf einen neuen Zettel, und zwar untereinander.

**3.Schritt:**
Spüre jetzt in dich hinein und schreibe zu jedem Stichwort etwa drei bis fünf Gefühle auf, die dir spontan dazu einfallen.

**4.Schritt:**
Nun sortiere die Gefühle nach ihrer Häufigkeit ... Wenn du damit fertig bist, solltest du dich einen Moment mit den Gefühlen beschäftigen, die am häufigsten aufgetaucht sind. Schreibe sie dir in großen Buchstaben auf einen weiteren Zettel. Diese Gefühle geben dir einen Hinweis darauf, wohin dein Weg sowohl privat wie auch beruflich eigentlich führen sollte. Vergleiche dies mit der Realität. Fällt es dir schwer, die Gefühle, die dir Spaß verschaffen, mit deinem jetzigen Beruf in Verbindung zu setzen, so hast du möglicherweise einen falschen beruflichen Weg eingeschlagen und solltest ihn überdenken. Natürlich gilt dies auch für den privaten Bereich. Die positiven Gefühle sind Teil deiner persönlichen Vision und beantworten dir die Fragen, womit es dir gut geht beziehungsweise was dir gut tun würde. Setzt du dich mit ihnen auseinander, so beginnen sie eine Sog-Wirkung zu entfalten. Eine Sog-Wirkung, die dich unwiderstehlich in ihren Bann zu ziehen beginnt.
Alles, was du bis hierhin getan hast, galt lediglich der Vorarbeit. Indem du herausgearbeitet hast, was dir Spaß machen würde, hast du indirekt auch herausgearbeitet, was dir fehlt, beziehungsweise wonach du dich sehnst. Natürlich hast du, könntest du einwenden, bis jetzt ‚nur' Gefühle aufgeschrieben, doch solltest du bedenken, dass Gefühle und ihre unbewussten Komponenten weitaus größeren Einfluss auf uns und unsere Entscheidungen ausüben, als unser Verstand dies jemals vermag. Jetzt kommt es darauf an, das, was du herausgefunden hast, in positive Energie umzusetzen.
**5.Schritt:**
Um die Sog-Wirkung der Gefühle, die dir bewusst geworden sind, nun zu verstärken, kannst du die stimulierende Kraft von Reiki hinzuziehen. Zum Beispiel, indem du mit Hilfe von Fern-Reiki positive Energie auf jedes einzelne Gefühl, welches du gern verstärken möchtest, lenkst. Verwende bei dieser Art der Mental-Behandlung jedes der drei Mantras und Symbole.

Eine zweite, womöglich einfachere Methode könnte so aussehen: Du schreibst auf den Zettel zusätzlich zu den Gefühlen auch noch die Ziele, die du gern verwirklichen würdest – private wie berufliche. Dann legst du den Zettel an einen Ort, der ein gewisses Flair vermittelt. Dies könnte zum Beispiel dadurch erreicht werden, dass du um den

Zettel herum kleine Kerzen oder Mineralien legst. Für andere wäre die Nähe zu einem Christus-Kreuz, zu einer Buddha-Statue oder einem indianischen Symbol von Bedeutung. Dann schickst du dem Zettel und seiner Botschaft, wann immer du kannst, heilende und harmonisierende Reiki-Energie. Wundere dich nicht, wenn du eine Wirkung beziehungsweise Trendwende in deinem Wesen verspürst. Sei offen für das, was an Neuem auf dich zukommt. Ich kenne etliche Menschen, die durch Skepsis ihre persönliche Entwicklung behindert haben. Aber ich kenne auch genug Beispiele, wo diese Technik faszinierende Wirkungen erzielt hat…

## Karma-Bereinigung

*„Es reicht nicht, untugendhafte Handlungen in der Zukunft zu vermeiden. Wir müssen auch das negative Karma reinigen, das wir in der Vergangenheit angesammelt haben."* (Geshe Kelsang Gyatso)

Das Wort ‚Karma' stammt aus dem hinduistischen Sprachbereich und lässt sich für uns Westeuropäer nur schwer übersetzen. Dies liegt daran, dass ‚Karma' sowohl Handlung wie auch Wirkung gleichzeitig in einem Wort vereinigt. Um den Begriff ‚Karma' zu verstehen, bedarf es zuvor einer kurzen Einführung in die Lehre der Reinkarnation: Buddhisten (wie auch Hindus) gehen davon aus, dass Körper und Geist vom Ur-Sein her getrennte Wesenheiten sind. Sie sind zwar für die Dauer eines Menschenlebens vereinigt, doch hängen sie nicht endgültig zusammen. Mit dem Tod zerfällt zwar der Körper eines Lebewesens, das Kontinuum des Geistes erfährt dagegen keinen Abbruch. Anstatt ein Ende zu finden, verlässt der Geist einfach den gegenwärtigen Körper und wartet darauf, in das nächste Leben überzugehen. Er hält sich sozusagen in einer nicht beschreibbaren ‚Zwischenzone' auf, bis sich die Gelegenheit bietet, in einen neuen Körper sozusagen hineinzuschlüpfen – zu re-inkarnieren. Wenn du dich diesbezüglich noch ein wenig vertieft mit diesem Phänomen befassen willst, so sei auf die Bücher von Dr. Michael Newton wie zum Beispiel ‚Reisen der Seele' hingewiesen; wobei ergänzend zu sagen ist, dass das, was hier bei mir als ‚Geist' bezeichnet wird, sich an anderer Stelle auch synonym auch mit dem Wort ‚Seele' umschreiben lässt.

In seiner ureigensten Form bedeutet ‚Karma' so viel wie ‚bewusst herbeigeführte Handlungen'. So gesehen fließen alle körperlichen, sprachlichen und geistigen Handlungen in das persönliche Karma ein. Und Erfahrungen, die wir in unserem Leben machen, egal ob freudige oder leidvolle, sind nicht wirkliches Karma oder ganz einfach ‚Schicksal', sondern die Auswirkungen desjenigen Karmas, welches wir sowohl in früheren Leben als auch in unserem bisherigen Leben angesammelt haben. Oder anders ausgedrückt: Das, was wir jetzt erleben, sind die Folgen unserer früheren Handlungen. Und das, was wir jetzt tun, wird uns in der Zukunft erwarten.

Wenn nun im Zusammenhang mit Reiki von ‚Karma-Bereinigung' gesprochen wird, so wird darunter nur selten der oben angeführte Sinnzusammenhang verstanden. Vielmehr wird dieser Begriff meist dann verwendet, wenn ausgedrückt werden soll, dass man mit Hilfe der Reiki-Energie zurückliegende Ereignisse oder Erfahrungen harmonisieren und ihren negativen Einfluss auf die Gegenwart heilen möchte. Wobei sich diese ‚Bereinigungen' in den seltensten Fällen auf frühere Inkarnationen beziehen werden, sondern dies werden in der Mehrzahl Erfahrungen sein, die sich auf das jetzige Leben beziehen und traumatisch für einen selbst gewirkt haben. Zwar bietet die Reinkarnationstherapie auch die Möglichkeit ‚frühere Leben' zu besuchen oder kennenzulernen, doch nutzen nur die wenigsten Menschen diese Chance.

Wenn du dich dazu entschließt, mit Hilfe von Reiki die Bereinigung deiner eigenen Lebensgeschichte vorzunehmen, so hast du die Gelegenheit, kritische, angstbesetzte oder traurige Erfahrungen im Rückgriff zu behandeln. Reiki, in Form einer Fern-Heilung verwendet, besitzt, wie ich in Kapitel 3 geschrieben habe, die Kraft, die Gesetze der Zeit zu überwinden. Nehmen wir einmal an, du musstest als vierjähriger ins Krankenhaus, um dich einer Operation zu unterziehen. Weiterhin gehen wir davon aus, dass die gesamte Erfahrung des Krankenhausaufenthaltes für dich traumatisierend war und du sie bis heute nicht richtig verarbeiten konntest. Vielleicht gehst du heute nur ungern in Krankenhäuser, lässt dir nur unter größter Überwindung Spritzen geben oder leidest bis heute unter der Operationsnarbe. In einem solchen Fall bietet sich folgende Form der ‚Harmonisierung' oder ‚Trauma-Bereinigung' an:

**1.Schritt:**
Versuche alles zusammenzutragen, was mit dem Ereignis in Zusammenhang steht. Dies können Erzählungen deiner Eltern, Fotos, medizinische Gutachten und eigene Erinnerungen sein.
**2.Schritt:**
Stimme dich auf Reiki ein und beginne, den Kontakt zur Vergangenheit herzustellen, indem du Symbol wie auch Mantra für die Fern-Behandlung aktivierst.
**3.Schritt:**
Da sich Reiki-Harmonisierungen in der Regel auf Ereignisse beziehen, die in bestimmter Weise dramatisch abliefen und dich selbst heute noch irgendwie belasten, solltest du unbedingt auch die weiteren beiden Symbole verwenden.
**4.Schritt:**
Jetzt schickst du heilsame Energie auf die gesamte Situation und bittest innerlich darum, Reiki möge den Einfluss der traumatischen Situation für dich und dein heutiges Leben allmählich abbauen. Führe diese Behandlung so lange durch, wie du den Energie-Fluss spüren kannst. Danach beendest du die Sitzung.

Echte Heilung beinhaltet jedoch nicht nur das Loslassen, sondern auch das Neu-Lernen (vgl. den Abschnitt zur ‚Deprogrammierung'). Bezogen auf das genannte Beispiel würde dies bedeuten, dass es nicht ausreicht, die gemachte Erfahrung zu löschen, sondern dass es gleichzeitig der Installation einer positiven Erinnerungsvorstellung bedarf. Dies gelingt dir zum Beispiel auf die folgende Weise:
Beginne die Heilungsarbeit damit, dass du über die Fern-Reiki-Technik den Kontakt zu dem Zeitpunkt aufnimmst, der dem Krankenhausaufenthalt unmittelbar vorausging. Stelle dir dann mit geschlossenen Augen und in entspannter Atmosphäre bildhaft vor, wie du dich auf dem Weg ins Krankenhaus befindest. Nun stimme dich innerlich auf einen harmonischen, angstfreien und unproblematischen Verlauf der Operation ein. Spüre das in dir aufsteigende Gefühl, wenn du rückblickend eine positive Erwartungshaltung in dir erweckst, die sich von der realen Situation von damals deutlich unterscheidet. So eingestimmt, schickst du jetzt erst einmal eine ganze Weile Reiki auf die neu imaginierte Ausgangssituation.
Im weiteren Verlauf der Reiki-Neuprogrammierung wird es darum gehen, den tatsächlich erlebten Verlauf des Krankenhausaufenthaltes nebst der Operation umzumodellieren und mental neu zu gestalten. Stelle dir dafür, während du den Reiki-Strahl weiter auf die gesamte

Zeit gerichtet hältst, mit deinem inneren Auge vor, dass du dich ohne Angst und Schmerzen auf die Operation vorbereitest, dass alles reibungslos verläuft, dass du nach der Narkose psychisch frisch erwachst, nette Freunde im Krankenhaus kennenlernst, die Unterstützung und Anteilnahme deiner Eltern und Angehörigen genießt und schließlich mit einem guten Gefühl wieder nach Hause zurückkehrst. Visualisiere besonders das, was für dich damals am wichtigsten gewesen wäre (nicht wie es damals war!). Die Reiki-Energie, die während der gesamten Zeit fließt, hilft dir, die vorgestellten Abläufe besonders emotional und hautnah zu erleben. Für dein Unterbewusstsein ist es dabei völlig egal, ob der Vorgang real oder auch nur in der Phantasie stattfindet. Es reagiert auf beides in gleicher Weise. Vermutlich wirst du diese Technik allerdings einige Male durchführen müssen, um selbst mit dem innerlich erzielten Effekt zufrieden zu sein. Aber mit jeder Wiederholung des optimalen Verlaufes entwickelt sich etwas ganz tief in dir so, als wenn du es als Kind auf genau die gleiche Art und Weise erlebt hättest.

Bis hierher habe ich mich auf ein Beispiel bezogen, wie dies jeden Tag unter Reiki-Praktizierenden vorkommt. Allerdings handelt es sich in dem dargestellten Fall nur im weiteren Sinne um die Bereinigung negativen Karmas. Im engeren Sinne wäre darunter lediglich die Auflösung einer bestehenden energetischen Blockade beziehungsweise einer traumatischen Situation zu verstehen. Negatives Karma wurde dabei natürlich auch bereinigt. Jedoch nur indirekt. So zum Beispiel wäre der Taxifahrer betroffen, der dir auf der Fahrt ins Krankenhaus womöglich durch seine Erzählungen Angst eingeflößt hat oder es wären die Pfleger und Schwestern, die dich lieblos behandelten, davon berührt oder auch deine Eltern, die dich kaum besuchten. Indem du durch diese Technik das Erleben der Situation in dir umprogrammiert hast, kam es zu einem Verzeihen den genannten Personen gegenüber, welches das Maß an negativem Karma für sie reduzierte.
Willst du jedoch zur Karma-Bereinigung dich selbst im Vordergrund sehen, so suche eine Szene, in der du nicht das Opfer, sondern in der du im engeren oder weiteren Sinne ‚Täter/Täterin' warst und dir selbst dadurch negatives Karma aufgeladen hast. Zum Beispiel, indem du jemand anderem Schaden, Leid oder Verletzungen zugefügt hast, egal ob nur in Gedanken, durch Worte oder durch konkrete Handlun-

gen. Wenn du nun gewillt bist, das Negative wieder gut zu machen, so sollst du diesen Prozess mit einer ernsthaften Absicht beginnen!
Stelle nun über Fern-Reiki die Verbindung zu einer Situation, einschließlich der beteiligten Personen her, in der du dich schändlich, destruktiv oder sonst wie negativ verhalten hast. Nach östlichem Verständnis sind dies in erster Linie Handlungen, in denen du zum Beispiel getötet (auch Tiere fallen darunter), gestohlen, gelogen oder sexuelles Fehlverhalten gezeigt hast. Aber auch verletzende, böswillige, trennende Rede sowie ‚leeres Geschwätz' gehören dazu. Natürlich kannst du auch jede andere Situation herausnehmen, für die du heute ein gewisses Schuldgefühl empfindest und die du deshalb am liebsten ungeschehen machen möchtest.
Während du nun dieser ausgewählten Szene sowie allen daran Beteiligten liebevoll Reiki schickst, kannst du zusätzlich um Verzeihung für dein damaliges Handeln bitten. Auch kannst du die Botschaft vermitteln, dass du dein Verhalten von einst heute im Inneren deines Herzens bereust. Ich vermute, dass dir nach und nach viele Situationen einfallen werden, die du aus heutiger Sicht bedauerst. Es sei denn, du warst Zeit deines Lebens ein ‚Engel'.
Sei dir bewusst, dass du es in jedem Moment deines Lebens selbst in der Hand hast, dich zu ändern – und je früher du damit beginnst, umso mehr Zeit hast du zur Besserung noch in diesem Leben. Solltest du bisher angenommen haben, du würdest sowieso keine Chance haben, frühere Handlungen zu revidieren, so verfügst du jetzt sowohl über das Wissen um die tieferen Gesetzmäßigkeiten der Schöpfung wie auch über eine sehr kraftvolle Methode, etwas zu tun. Je mehr negatives Karma du für dich auflöst und gleichzeitig positives durch eine neue Art der Lebensführung hinzufügst, desto deutlicher wirst du erleben, wie sich dein ganzes weiteres Leben zu wandeln beginnt.
Und das Maß an ideeller Bereicherung, Liebe und Zufriedenheit, welches mehr und mehr (‚zufällig'?) in dein Leben tritt, kann dir eine Rückmeldung darauf geben, inwieweit du bereits etwas an dir in Bezug auf die Lebensgesetze gewandelt hast. Denn keine Handlung ist ohne Wirkung. Und gemäß der Reinkarnationslehre gilt für dich wie für jeden anderen auch: Wenn du heute oder in diesem Leben nichts an dir tust, so wirst du im nächsten Leben eine neue Aufforderung dazu erhalten. Also nutze deine Chance jetzt!

# 12. Kapitel

# Reiki für Kinder – Erziehung in Liebe

## Was kann Reiki für Kinder leisten?

*„Du kannst deinen Kindern deine Liebe geben, nicht aber deine Gedanken. Sie haben ihre eigenen."*
(Khalil Gibran)

Kinder werden bis auf ganz wenige Ausnahmen als gesunde und quicklebendige Lebewesen geboren. Von Beginn an verfügen sie über besonders feine Kanäle, sich und die Außenwelt wahrzunehmen. Dieser Umstand führt in der heutigen Zeit jedoch mehr und mehr zu Problemen. Denn die heutige Zeit ist geprägt von immer mehr Spannungen, Hektik, sozialer Isolation, Leistungsanforderungen, Krisen, Gewalt und Unsicherheit. Während wir Erwachsenen irgendwie gelernt haben, damit umzugehen oder dies zu verdrängen, sind es unsere Kinder, die als schwächste Glieder der Gesellschaft unübersehbar unter diesen Umständen leiden.

Erzieher, Lehrer, Kinderärzte und Therapeuten stellen bei ihnen zunehmend mehr Anzeichen unterschiedlichster Symptome und Auffälligkeiten fest; z. B. innere Unruhe, Hyperaktivität, Allergien, Verhaltensauffälligkeiten, Süchte (PC, Smartphone, Online-Wetten), Aggressionen, Essstörungen, Schulschwierigkeiten, Konzentrationsprobleme, Behinderungen, Entwicklungsstörungen, sowie psychosomatische wie auch körperliche Erkrankungen. Die meisten dieser Symptome sind allerdings lediglich Resultate einer Welt, die die Kinder überfordert, indem sie es ihnen nicht mehr ermöglicht, gesund und in Ruhe aufzuwachsen, sich frei zu bewegen  und zu reifen.

Aktuelle Zahlen durch Elternbefragungen aus dem Jahr 2015 belegen für Deutschland, dass bereits annähernd 70 Prozent der Grundschüler heutzutage unter Stress leiden (Prof. Tobias Esch). Besonders Bauchschmerzen, Unruhe, Schlafprobleme und Ängste werden beobachtet. Und schon Achtjährige geraten zum Teil in regelrechte Krisen, wenn

sie auf Facebook nicht „geliked“ werden. Dass sich die Kinder durch die Nutzung sogenannter „Sozialer Medien“ nur in einer künstlichen Halbwelt geistig aufhalten, ist ihnen dabei gar nicht bewusst – wobei man sich kritisch klarmachen muss, dass dies auch bei den Erwachsenen oft kaum anders ist.
In meiner Arbeit als Psychotherapeut und Reiki-Lehrer erlebe ich in den letzten Jahren eine ständig zunehmende Zahl an Eltern, die auf der Suche nach einem Weg sind, um in dieser immer schwierigeren Zeit ihren Kindern mehr inneren Halt, Hilfe und Stützung zu geben. Meine Empfehlungen diesbezüglich basieren auf zwei Aspekten: Liebe und Sicherheit vermitteln, ist die eine Seite. Die Entwicklung unserer Kinder durch Energie-Arbeit unterstützen ist die andere – und dazu gehört auch die Nutzung einfacher Achtsamkeits-Meditationen. Denn was ist sinnvoller, als die eigenen Selbstheilungskräfte zu stärken? Schon wenn wir mit Hilfe von Fern-Reiki unseren Kindern Reiki schicken, immer dann, wenn wir Zeit haben, aber besonders dann, wenn die Kinder irgendwo unterwegs sind, mehr positive Verbindung gibt es nicht, da uns der Reiki-Strahl zum Glück fast immer eine Rückmeldung darauf gibt, was sich bei den Kindern emotional wie auch sozial abspielt.
Ich finde, es wäre von Staats wegen sehr wichtig, sich viel mehr Gedanken in Richtung einer positiven Erziehung zu machen und dies auch zu propagieren. Selbst für das Fahrradfahren sowie den Umgang mit Hunden gibt es heute sogenannte Kurse und Führerscheine. Aber für eine derart wichtige und sensible Tätigkeit wie das Großziehen von Kindern gibt es so gut wie keinerlei staatliche Handreichungen. Jede/r kann sich in diesem Bereich ausprobieren, wie man meint, es sei so richtig; wobei dies leider auch weitestgehend für die Schule gilt.
Seit mehr als 30 Jahren arbeite ich als Psychotherapeut und Berater in eigener Praxis mit Kindern, Jugendlichen und Erwachsenen. Darüber hinaus habe ich als Vater von inzwischen vier erwachsenen Kindern, von denen alle auch in Reiki eingeweiht sind, ein großes Repertoire an eigenen Erfahrungen sammeln können. Aus dem eigenen, nicht immer einfachen Umgang im familiären Umfeld habe ich erkennen dürfen, welche kraftvollen und wunderbaren Möglichkeiten uns Eltern die Anwendung von Reiki bietet. Gerade die eigenen schönen Erfahrungen als Vater und Reiki-Lehrer entfachten meinen Wunsch, etwas von meinem Wissen auch in dieser Richtung weiterzugeben.

Deshalb will ich hier einen leicht verständlichen und nachvollziehbaren Einstieg in die Möglichkeiten der Reiki-Anwendung (und natürlich im Besonderen was den 2.Grad anbetrifft) aufzeigen. Dabei wende ich mich nicht nur an Eltern, sondern genauso an Verwandte, Omas und Opas und natürlich auch an die Vertreter 'professioneller Berufsgruppen' (Erzieher, Pfleger, Sozialarbeiter, Lehrer). Der Umgang mit Kindern im Erziehungsprozess sollte im Bewusstsein erfolgen, dass es das oberste Ziel allen Handelns sein müsse, Kinder zu freien, starken, mitfühlenden Persönlichkeiten zu machen, die etwas geben, sich aber genauso gut auch gesund abgrenzen können. Ich denke, allein schon von diesem Verständnis ausgehend wird erkennbar, dass das Beschreiten des Reiki-Weges genau diesem Ziel implizit dient.
Wohin geht der Weg? Wohin sollte unser Weg gehen? Das fragen wir uns hin und wieder im Verlaufe unseres Lebens selbst, aber wir könnten auch fragen, wohin geht wohl der Weg unserer Kinder? Wie wird deren Zukunft aussehen? Da wir uns im Kontext mit Reiki eher mit den tieferen Schichten und Themen des Lebens beschäftigen, anstatt nur an der Oberfläche dahin zu schwimmen, kommen wir zu Fragen, die sich auch mit dem Thema ‚Religion' beschäftigen. Denn letztendlich besteht das Ziel fast aller Religionen und spiritueller Wege darin, die eigenen negativen Anteile zu überwinden und einen liebevollen Zugang über den Weg der Selbsterkenntnis zu sich selbst wie zu anderen Wesen zu entwickeln (selbst die Natur-Philosophie der Indianer beinhaltet den liebevollen achtsamen Umgang mit ‚Mutter Erde').
Und wo würde der Einsatz von Liebe nicht einfacher und gleichzeitig wichtiger sein, als dieses Prinzip im Umgang mit Kindern zu praktizieren. Zuwendung, Lob und Anerkennung sind das seelische Brot der Kinder. Ohne dieses seelische ‚Brot' verkümmern Kinder zu kranken Persönlichkeiten. Hier bietet uns die Reiki-Kraft neben unserem eigenen positiven Potential eine zusätzliche Hilfe. Denn nichts anderes als praktizierte Liebe ist der Weg von Reiki. Wenn wir uns mit Reiki behandeln, so tun wir uns etwas Gutes – wir fügen uns Liebe zu. Und noch mehr gilt dies, wenn wir anderen Menschen oder auch Tieren und Pflanzen Reiki geben. Wir schicken und schenken ihnen in erster Linie Liebe.
Der zweite Grad bietet uns aufgrund der höheren Einweihungen nicht nur einen stärkeren Energiefluss bei der Nutzung der Reiki-Kraft,

sondern er bietet uns natürlich auch noch zusätzliche Einsatzmöglichkeiten sowie eine Vielzahl von vertieften Anwendungstechniken. Auch hier könnte man sagen: einzig und allein unsere Phantasie setzt uns Grenzen bei der Verwendung von Reiki. Entwickeln wir also unsere Kreativität wie auch unseren Mut, die Anwendungsbereiche von Reiki auszudehnen! Hierzu ein eigenes Beispiel:

*„Unser ältester Sohn war etwa fünf Jahre alt. Eines Tages wollte er (warum auch immer) die von Innen verriegelte Toilettentür nicht öffnen. Wir standen vor der Tür, er dahinter. Das ging eine ganze Weile so, bis jemand anderes der Familie auch mal aufs Klo wollte und die Zeit zu drängen begann. Zureden, Drohen, Rütteln – alles half nichts. Der Sohn stand zwar hinter der Tür, aber es tat sich nichts. Sollten wir die Tür irgendwie aufbrechen? Ein anderes Kind weinte schon und wir standen mit zwei Erwachsenen und zwei kleinen Kindern weiterhin minutenlang vor der verschlossenen Tür.*
*Plötzlich kam mir der Gedanke: ‚Wie blöd bist du eigentlich? Warum nutzt du nicht die Möglichkeiten, die du anderen Menschen beibringst ..?‘ Gedacht getan. Ich stimmte mich also auf Fern-Reiki ein, bat Meister Usui um Unterstützung und schickte unserem Sohn Reiki. Und man glaubt es nicht – zwei/drei Minuten später war die Tür auf und er kam verschmitzt lächelnd heraus.“*

## Kinderkrankheiten – Selbstverantwortung stärken

Die meisten Sorgen, mit denen Eltern bei der Erziehung ihrer Kinder konfrontiert werden, sind Entwicklungsprobleme. Deshalb ist es grundlegend ratsam, Kindern so oft es geht, im Alltag Reiki zu geben – allein auch schon zur Vorbeugung: wenn wir sie ins Bett bringen und ihnen noch eine Weile die Hände auf den Brustkorb legen, wenn wir bei Hausaufgaben hinter ihnen stehen und ihnen unsere Hände auf die Schultern legen oder natürlich auch, wenn sie sich irgendwas wehgetan haben und wir nicht nur pusten, sondern auch einige Minuten unsere Hände auf die schmerzende Stelle legen.
Folglich kann man auch sagen, Eltern sollen sich anregen lassen, sich erst mal wieder mehr auf die eigenen Fähigkeiten und Stärken zu verlassen, anstatt bei jeder ‚Kleinigkeit‘ gleich zum Arzt zu laufen. Denn bei liebevoller Anwendung unterstützt Reiki jedweden Heilprozess, wobei der Verlauf der klassischen ‘Kinderkrankheiten’ wie bei Masern,

Keuchhusten, Windpocken genauso dazugehört, wie die Anwendung bei Erkältungen und Fieber. Und darüber hinaus nicht zu vergessen: auch nach Operationen oder Unfällen mit Arm- und Beinbrüchen beschleunigt Reiki die Heilungszeit; und natürlich auch bei sehr schweren Krankheiten kann man Reiki zumindest unterstützend einsetzen. Verfügen wir über den zweiten Grad, so können wir, wie in Kapitel 3 aufgezeigt, auch auf die psychischen Hintergründe von Symptomatiken und Auffälligkeiten Reiki schicken, um deren Ausprägungen positiv zu beeinflussen oder diese gänzlich aufzuheben, wie zum Beispiel bei Nägelkauen, Sprachstörungen, Ängsten, Konzentrationsschwäche, Neurodermitis, Schulproblemen, Immunschwäche oder motorischen Problemen. Grundlage ist hier jedes Mal, die Persönlichkeit der Kinder zu fördern und zu stärken mit dem Ziel, deren Selbstheilungspotential anzuregen.

Aber auch selbst können Kinder für die Aktivierung der Selbstheilungskräfte' sorgen. Hierzu müssen sie natürlich erst mal in einem Kinderseminar selbst in Reiki eingeweiht worden sein. Wobei darauf hinzuweisen ist, dass Kinder es im Gegensatz zu Erwachsenen nicht mögen, sich für etwa eine Stunde ruhig hinzulegen, um sich zu behandeln, sondern sie brauchen Abwechslung und Bewegung. Deshalb sollen die Behandlungstechniken und -positionen kindgerecht, spielerisch und kreativ angewendet werden, um dabei Spaß und Freude zu bereiten.

Reiki kann aber noch mehr. In einer Welt, die aus immer weniger konkreten sinnlichen Reizen und Anregungen besteht, hilft Reiki, sich neuen Empfindungsqualitäten zu öffnen. Reiki kann dazu beitragen, seine Psyche zu reinigen, sich sensibler zu machen und die Wahrnehmung zu harmonisieren und dabei auf einfache Weise energetische, aber auch mentale Blockaden zu beheben. Unter 'Blockaden' sind dabei Widerstände, innere Hürden wie auch körperliche Vernarbungen zu verstehen, die den freien Energiefluss behindern, wie ich an anderer Stelle bereits aufgezeigt habe.

*„Meditation hat ein großes Potential für die Schule und sollte in den Lehrplan eingearbeitet werden.*
*Auch was das wesentliche Ziel der Selbstbestimmung anbetrifft."*
(Magister Dominik Weghaupt, Wien)

## Anwendungsbeispiele aus der Praxis

*„Kinder sind glücklicher, wenn sie mehr Zeit mit ihren Eltern verbringen, nicht wenn sie mehr Spielzeug haben.“*
Bronnie Ware

Magen- und Darmprobleme: Wimmern oder gar lautes Weinen, gerade dann, wenn es im Schlaf durch mehr oder minder starke Bauchschmerzen verursacht wird, ist in der Regel ein untrügerisches Zeichen für einen Magen- und Darminfekt. Diese Erkrankungen, die durch Druck, Übelkeit bis hin zu Krämpfen begleitet werden können, lassen sich durch die Verwendung von Reiki bei Kindern oft sehr rasch lindern. Einfach die Hände anfangs auf den Oberbauch, später den Unterleib gelegt, helfen oft schon, die Ursachen der Beschwerden sowie die Schmerzen selbst aufzulösen. Sollte es sich bei dem Erkrankten noch um ein eher kleines Kind handeln, welches durch die bisher unbekannte Situation sehr verängstigt oder aufgelöst ist, so lege ihm erst einmal deine Hände zwecks Beruhigung auf die Schläfen oder auf die Fußsohlen. Dies fördert die seelisch-mentale Entspannung und bildet die Grundlage dafür, dass es sich auf die weitere Behandlung überhaupt einlässt.
Solltest du als erkranktes Kind selber schon über Reiki verfügen, so lege dich auf den Bauch und kuschele dich etwas zusammen, indem du auch noch die Knie etwas anziehst und schiebe sodann deine Hände zwischen Bauch und Matratze. So bleibe jetzt liegen und spüre, wie angenehme Reiki-Energie von deinen Händen aus langsam in deinen Bauchraum strömt, wie sich heilsame Wärme ausbreitet, den Schmerz umhüllt, behutsam Magen und Darm beruhigt und die schmerzenden Stellen nach und nach ausheilt. Meistens dauert es höchstens 10 bis 15 Minuten, bis Reiki diese unangenehme Symptomatik aufzulösen beginnt.
Für die Eltern gilt, wenn euch das weinende Kind aus dem Schlaf gerissen hat, folgendes: Bedingt durch die nächtliche Störung werdet ihr sicherlich etwas Probleme haben, wieder einzuschlafen. Dies mag zum einen durch die unliebsame Unterbrechung des Schlafes aber auch zum anderen durch die beunruhigenden Gedanken über die Erkrankung eures Kindes bedingt sein. In diesem Falle könnt ihr, wenn ihr wieder im Bett liegt, mit Hilfe des 2.Grades noch eine Weile Reiki zu

dem Kind schicken. Dies gibt euch Sicherheit und fördert die Ruhe. Vermutlich werdet ihr schon bald wieder einschlafen - wissend, das Kind gut versorgt zu haben.

Zahnklammer: „*Unser zwölfjähriger Sohn Sebastian bekam eine festsitzende Klammer und hatte tagelang starke Schmerzen. Als er beim Essen auch noch irgendwie unglücklich zugebissen hatte, konnte er die Schmerzen gar nicht mehr aushalten. Er weinte und sagte, er könne nie wieder etwas essen. Da besann ich mich auf Reiki und behandelte seinen Kiefer ca. fünf Minuten lang. Anschließend saß Sebastian etwas verwundert da und untersuchte seinen Mund. Der Schmerz war wie weggeblasen und er begann, weiter zu essen.*“

Ohrröhrchen: „*Unsere beiden Kinder litten seit Jahren unter immer wieder auftretenden Mittelohrentzündungen. Da die Erkrankung inzwischen chronisch geworden war, mussten beim Älteren sogenannte Paukenröhrchen ins Trommelfell rein operiert werden, mit dem Ziel, den Eiter abfließen zu lassen. Anfänglich war ich mir unsicher, ob Reiki hier etwas bewirken könnte. Doch mein Reiki-Lehrer bestärkte mich und führte ein paar Behandlungen durch.*

*Reiki hat sich im Nachherein als sehr gute Methode erwiesen. Die Röhrchen sind von selbst herausgewachsen und das Trommelfell hat sich wieder geschlossen, ist transparent und gesund.*

*Auch das zweite Kind sollte diese Röhrchen bekommen. Kurz vor dessen OP ließ ich mich in den ersten Grad einweihen. Von nun an behandelte ich mein Kind allein und zwar auf die Weise, wie uns dies unser Reiki-Lehrer empfohlen hatte. Wir haben noch mal Glück gehabt, denn inzwischen hat sich die Operation erübrigt, da auch hier das Trommelfeld klar wurde und das Hörvermögen wieder voll hergestellt wurde. Und das bis zum heutigen Tage. Unser Kinderarzt war derart von der Entwicklung überrascht, dass er das, was er da sehen konnte, eigentlich gar nicht glauben wollte....*“

Aggressives unkoordiniertes Verhalten

Es kommt immer häufiger vor, dass Kinder (vor allem Jungs) Ärger in Kindergarten und Schule bekommen, da sie scheinbar immer durch gereiztes Verhalten auffallen. Natürlich könnte man auch hier wieder schauen, ob das Kind genügend Lob von zu Hause erhält und man könnte auch Fern-Reiki schicken auf die Hintergründe dieser Verhaltensauffälligkeit. Aufgrund eigener Erfahrungen empfehle ich aber zusätzlich, mal zu überprüfen, ob das Kind Amalgam-Füllungen im Mund hat; denn es gibt gute Beispiele dafür, dass jemand, dessen Amalgam-Füllungen fachgemäß gegen Keramik ausgetauscht und wo auch die Ausleitung von Quecksilber und anderen Gifte erfolgte, tatsächlich nach und nach wieder zu einem ruhigen positiven Zeitgenossen wurde.

## Was tun bei Schulverweigerung?

Ein großes Problem, welches sich weitestgehend von der allgemeinen Öffentlichkeit auszubreiten beginnt, ist das Phänomen der Schulverweigerung. Eigentlich ist schon der Name irreführend, denn in der Regel verweigern die betroffenen Kinder nicht die Schule, sondern es gelingt ihnen einfach nicht mehr, hinzugehen. Demzufolge wird auch in Fachkreisen von ‚Schulabsentismus' gesprochen, wodurch eine geringere negativistische Bewertung zum Ausdruck kommt.
Für Außenstehende ist dieses Phänomen fast immer unbegreiflich, für die Betroffenen eine oft jahrelange Qual. Vor einigen Jahren kam ein Jugendlicher zu mir in die Behandlung, der seit zweieinhalb Jahren nicht mehr in der Schule war. Inzwischen war er vom Gymnasium erst auf die Real-, später dann auf die Hauptschule umgeschult worden. Es gab Strafgeldaufforderungen an die Eltern und andere Androhungen. Die Eltern ihrerseits wiederum waren verzweifelt, wobei sie unterschiedlich reagierten: der Vater überwiegend mit Vorwürfen, die Mutter mit rücksichtsvoller Verzweiflung, der Junge selbst mit starken Selbstzweifeln und generalisierten Ängsten. Er meinte: *„Ich hatte es mir nach den Herbstferien ganz fest vorgenommen, es wieder zu versuchen. Ich hatte mir abends schon meine Sachen zurecht gelegt, stand pünktlich auf, nahm meinen Rucksack, aber schon an der Haustür begann es in mir wieder – mir wurde übel, ich ging los, es begann in meinem Kopf zu kreisen, ich ging immer noch weiter, der Schmerz im Bauch wurde stärker, als ich die Schule erreichte hatte ich schon extreme Krämpfe im Bauch, mir war total schwach, vor meinen Augen begann das Bild der Mitschüler zu verschwimmen – ich rettete mich eben gerade noch so ins Schulbüro. Eine Viertelstunde später holte mich meine Mutter ab, ich fühlte mich als totaler Versager!"*
Ich kann nur als ersten und vielleicht wichtigsten Schritt empfehlen, die Kinder ernst zu nehmen, wenn sie von Ungereimtheiten berichten.

In diesem Falle war es so, dass der junge Patient nach einem Klassenwechsel nicht mehr in die Gemeinschaft hineingekommen war – ganz im Gegenteil, man hatte sich über ihn sogar verschiedentlich lustig gemacht. Er wurde unsicher, traute sich nicht mehr, sich zu melden, wurde schlechter, wurde deshalb auch wieder verlacht – eine Negativspirale hatte eingesetzt an deren Ende die Angst vor dem Schulbesuch derart groß wurde, dass er trotz aufrichtigem Vorsatz immer weniger in der Lage war, noch zur Schule zu gehen und am Ende war die Angst vor den negativen Erfahrungen derart groß, dass er gar nicht mehr loszugehen vermochte.
Als ‚Therapie' ist natürlich neben wohlwollenden Gesprächen in Bezug auf die Verwendung von Reiki zu empfehlen, was ich schon zuvor geschildert habe: Trauma-Auflösung von schlimmen Erfahrungen, Stärkung der eigenen Ressourcen und Reiki-Dusche. Wie dies geschieht, habe ich in den vorherigen Kapiteln bereits ausgeführt. Ansonsten wäre auch zu überlegen, das Kind auch in Reiki einweihen zu lassen. In jedem Fall ist es fast immer ein langer Weg, ein Kind wieder in die Lage zu versetzen, die sogenannte ‚Schulverweigerung' zu überwinden; in jedem Fall gehört dazu, das Kind zu unterstützen und nie aufzugeben!

## Reiki-Märchen für Eltern und Kind

Eltern sind oft überlastet. Deshalb sind sie nicht nur schnell gestresst oder müde, sondern verlieren auch schnell Geduld und Selbstsicherheit. Regelmäßiges Meditieren wäre sicherlich eine Methode, die beim Abschalten hilft und die Klärung der Gedanken anregt; allerdings ist dies, wenn man Kinder hat, nicht immer so einfach durchzuführen. Deshalb bringe ich hier die Idee ins Gespräch, Reiki und Märchen zu kombinieren – ein Vorgang, von dem Eltern und Kinder beiderseits profitieren können.
Diesen Abschnitt habe ich „Reiki-Märchen" genannt. Genauso ließe er sich auch mit dem Titel „Reiki-Familien-Therapie" bezeichnen. Hierbei versammelt sich die junge Familie, schafft durch Kerzen eine angenehme Atmosphäre, man sitzt im Kreis und jeder gibt dem Nebenmann eine Hand. Aus den Händen derjenigen, die in die Reiki-Kraft

eingeweiht sind, fließt nun die Energie im Kreis herum. Das Ganze fördert nicht nur Vertrautheit, sondern auch Kreativität und Spaß.
Eine schöne und oft sehr lustige Sache wäre die Entwicklung eines ausgedachten Märchens im Kreis der Familie. Während sich die Reiki-Kraft sich schon bald von einem zum anderen im Kreis herum bewegt, fängt ein Erwachsener mit den Worten an: „Es war einmal …“ und ergänzt dies mit etwas Ausgedachtem. Nach ein bis zwei Sätzen stoppt er dann mittendrin und eines der Kinder soll die angefangene Geschichte fortführen. Auch dieser stoppt nach wenigen Sätzen und der nächste ist dran. So entspinnt sich eine manchmal sehr konfuse, manchmal sehr lehrreiche Erzählung, oft extrem witzige Geschichte, wobei man oft eine Reihe von Parallelen aus der eigenen Familie wiederfindet. Die Reiki-Kraft verstärkt dann jeweils den Zusammenhalt der Familie wie auch das seelische Wachstum der Beteiligten.
Bei einer anderen Form von Reiki-Märchen, kommt es darauf an, sich gemeinsam Dinge auszudenken, wie sie im Idealfall sein sollten, um heilsame Bewusstseinsprozesse zu aktivieren – negative Inhalte kennen Kinder oft genug: sie hören, was sie nicht tun sollen, was sie falsch gemacht haben oder welche Fehler ihnen in Klassenarbeiten unterliefen. Nur mal ein Beispiel: angenommen ein Kind hat ein gestern ein Glas runter geworfen, so könnte man von dem Zauberglas berichten, dass zwar erst auf der Erde kaputt ging, sich dann aber nach und nach wieder magisch von selbst zusammensetzte. Ich wünsche euch nun viel Kreativität, um eigene Märchen zu erfinden – einfach mal anfangen.

***"Wenn du intelligente Kinder willst, lies ihnen Märchen vor. Wenn du noch intelligentere Kinder willst, lies ihnen noch mehr Märchen vor."***
***(Albert Einstein)***

# 13. Kapitel

# Burnout vermeiden – Burnout behandeln

*„Das unkontrollierte Streben nach endlosem Wachstum, ist eine Krankheit. Es ist die gleiche Störung, wie sie sich bei Krebszellen zeigt, deren einziges Ziel die Vermehrung ist und die nicht ahnen, dass sie sich selbst zerstören, wenn sie den Organismus zerstören, in dem sie leben."* (Eckhart Tolle,2005)

## „Volksseuche Burnout" - Hintergründe und Ursachen

Es ist ein Grundbedürfnis von uns Menschen, Freude und Zufriedenheit zu empfinden, lachen zu können und gesund zu sein. Das Streben nach Glück ist nicht nur im östlichen Kulturraum ein wesentliches Ziel, sondern auch in einer Vielzahl westlicher Staaten sogar in deren Verfassungen niedergeschrieben. Nun nähern wir uns allerdings leider einem gesellschaftlichen Zustand, in dem das genaue Gegenteil davon zu erkennen ist. Die Menschen fühlen sich immer gehetzter, verlernen das Lachen und haben immer mehr Schwierigkeiten, den täglichen Anforderungen des modernen Lebens nachzukommen. Die Zahl derer, die an einem Erschöpfungszustand mit allen seinen negativen Folgen erkranken, ist in den letzten fünfzehn Jahren in erschreckender Weise angestiegen. Als ich 1990 meine psychotherapeutische Praxis eröffnete, hatte es so etwas wie Burnout noch gar nicht gegeben, inzwischen liegt der Anteil von Patienten mit einer derartigen Symptomatik bei annähernd 90 Prozent.

Eine Patientin (51 Jahre) meinte mal, als wir über die große Zahl an Flüchtlingen, die ab 2014 aus vielen nordafrikanischen Ländern in Richtung Europa kamen, sprachen, sie würde am liebsten auch flüchten: *„Am liebsten die Arbeit sofort hinschmeißen. Die Atmosphäre bei uns in der Produktion besteht nur noch aus Stress. Man überlässt uns uns selbst, weil die Führungskräfte ständig in Meetings oder Briefings sitzen müssen. Die Schichtleiter laufen nur noch lethargisch herum oder stehen anteilslos zwischen den Maschinen. Wenn man trotz der vielen geleisteten Überstunden wenigstens mal einen Dank hören würde, Lob kann man keins mehr erwar-*

*ten, aber wehe, da ist mal irgendwo ein Fehler, dann geht's aber los! Man hat kein Familienleben mehr, drei Schichten! Mein Freund fährt LKW, man sieht sich so gut wie gar nicht mehr. Ich bin verzweifelt, überall wird gemeckert, nur ich komme aus meiner Situation nicht mehr raus, zu alt. Früher waren wir mal 80 Kollegen, in den letzten Jahren – keiner wurde ersetzt, wenn sie gingen, und gerade sind von den verbliebenen 50 sage und schreibe 24 nicht da – Urlaub oder krank. Und früher bestand unsere Leitung aus Leuten, die vom Fach waren, die wussten, wie man Brotteig oder Eis herstellt, die hatten das von der Pike auf gelernt, aber heute? Da setzen die uns Studierte vor die Nase, meistens inzwischen Frauen, und die haben von nichts eine Ahnung, nur von Betriebszahlen. Und wenn man sie wirklich mal braucht, dann sind sie mal wieder außer Haus. Mal in Frankfurt, mal in Erfurt – so was wie Mitarbeiterführung habe ich hier schon lange nicht mehr erlebt. Inzwischen merken die da Oben zwar, dass der Durchschnitt unserer Belegschaft bei fast 50 Jahren liegt – die Älteste von uns ist 71! Nur jetzt finden die kaum noch junge Leute, ist doch klar, wer will unter derartigen Bedingungen hier anfangen und dann vielleicht mehr als 50 Jahre bis zur Rente mit 70 unter derartigen Bedingungen arbeiten?"*

Der Buddha lehrte als zentrale Methode zur Überwindung von Leid den „Edlen Achtfachen Pfad". Dies mag zwar schon urlange her sein, hat aber dennoch von seiner Aktualität bis heute nichts verloren. Darin wird gelehrt, dass der erste Schritt in Richtung Heilung besonders schwierig ist, da es hier um den Beginn einer persönlichen „Reise" gehen sollte. Bezogen auf eine Burnout-Problematik reicht es folglich nicht aus, einfach nur eine ärztliche Behandlung aufzusuchen, um sich wieder „gesund machen zu lassen". Hinter einem Burnout verstecken sich so gut wie immer tiefe und vielfältige Ursachen mit einer ellenlangen Vorgeschichte.

Im ersten Schritt in Richtung Heilwerdung geht es im „Achtfachen Pfad" um das Erkennen – also um Selbsterkenntnis. Um ein Erkennen, das den Schleier von unserem Geist wegnimmt. Das heißt, wir müssen überhaupt erst einmal den Umstand erkennen, dass es uns schlecht geht, dass wir uns leer fühlen, dass wir nicht so leben, wie wir dies erhofft hatten – und daran scheitert es in den meisten Fällen bereits. Denn wir leben überwiegend in einer Art von geister Verblendung die verhindert, dass wir uns unserer wirklichen Situation überhaupt bewusst werden. Eckhart Tolle spricht diesbezüglich sogar davon, die

Menschen seien „geisteskrank“ und würden dies in der überwiegenden Mehrzahl noch nicht einmal merken.
Wahrscheinlich wirst du jetzt denken: *„Aber ich doch nicht! Ich bin doch nicht geisteskrank.“* Mag sein, aber lies dir erst mal die nächsten Absätze durch, vielleicht wird dir dann einiges klarer. Eine Burnout-Erkrankung kommt nicht über Nacht, sondern ist Resultat einer oft jahre-, manchmal jahrzehntelangen körperlichen wie auch seelischen Überforderung, die sich jedoch schleichend und zumeist unbemerkt vom Betroffenen vollzieht. Oft merken Außenstehende schon viel früher, dass mit jemandem etwas nicht stimmt, nur leider will dies der Betroffene zumeist nicht hören.
Die Ursachen für fast jeden Burnout sind beruflich bedingt, was natürlich jemand kaum erkennen kann, der sich nach Feierabend nur noch von den Nachrichten im Fernsehen berieseln lässt, sich Tag für Tag morgens bereits auf die Übertragung irgendeines wichtigen Fußballspieles am Abend freut, jeden Tag ins Fitness-Studio geht oder ständig Alkohol und Partymachen im Kopf hat. Um dir das Erkennen zu erleichtern, wie stark sich das gesellschaftliche Leben in den letzten Jahrzehnten um dich herum verändert hat und wie sehr sich diese auf jeden Einzelnen auswirkt, stelle ich dir hier erst einmal diejenigen Merkmale vor, die unsere Lebensumwelt von früheren Jahrzehnten unterscheidet. Hieraus lässt sich bereits weitestgehend ableiten, aufgrund welcher Faktoren das Empfinden der Menschen, den täglichen Anforderungen nicht mehr gewachsen zu sein, gespeist wird:
- Das Tempo der Veränderungen hat immer mehr zu genommen. Das Einleiten und Durchführen von Reformen ist zu einer Art Dauerzustand nach dem Motto geworden: ‚Was gestern noch galt, ist schon heute überholt‘
- Arbeiten und Leben werden immer komplexer, wobei es fast nur noch um Gewinn geht; etwa gemäß der Frage: ‚Was bringt uns das ein?‘ Wir sollen immer mehr schaffen in immer kürzerer Zeit und dies auch noch mit immer weniger Menschen.
- Es kommt immer mehr zur Auflösung zwischenmenschlicher Bindungen wie auch sozialer Strukturen durch den Zwang zur Mobilität und Flexibilität im Bereich des Arbeitsmarktes, bei gleichzeitiger Zunahme der Online-Kommunikation.
- Aufgrund der vielfältigen sozialen Umwälzungen in Verbindung mit Attentaten und Gewalt kommt es bei vielen Menschen immer mehr zu

einem schleichenden Gefühl von Unsicherheit und Angst, so dass man im Dunkeln ungern auf die Straße geht.
- Die Schere zwischen Arm und Reich klafft immer weiter auseinander – auch ausgelöst durch die Tendenz, Firmen in Kapitalgesellschaften umzuwandeln, welche dann durch Investoren, Fonds und Unternehmer aufgekauft werden.
- Der Trend zur Zurückdrängung des Staates schreitet unvermindert fort – egal ob dies zum Beispiel bei der Post oder im Gesundheitswesen passiert. Herkömmliche Verwaltungen werden zunehmend wie Dienstleistungsunternehmen geführt.
- Es kommt immer mehr zu einer Art 'Entkirchlichung' unseres Lebens; für immer mehr Menschen im Westen spielen die Kirchen heute immer weniger eine Rolle. Und damit einhergehend schwinden Werte wie Moral und Ethik immer mehr.
- Der medizinische Fortschritt bewirkt, dass die Bevölkerung heute wesentlich länger lebt als früher. Da aber nur noch relativ wenige Kinder geboren werden, kommt es zu vielen negativen Auswirkungen auf die Finanzierung der Sozialsysteme.
- Migration und Flüchtlingsbewegungen führen in der Folge zu deutlichen Verschiebungen in der Bevölkerungsstruktur und bringen Probleme im Zusammenleben, auch wenn sich daraus mögliche neue Chancen für Kultur und Arbeitsleben ergeben können.

Der erste Fehler, den du machen kannst, wenn du merkst, dass irgendetwas mit dir nicht in Ordnung ist, besteht darin, anzunehmen, dass du der einzige bist, dem es so geht. Dies würde dazu führen, dass du dich vielleicht schämst, ein schlechtes Gewissen entwickelst und dir Vorwürfe machst, ein Versager zu sein. So gesehen ist es schon einmal wichtig und ein erster Schritt in Richtung Heilung, wenn du erkennst, dass Burnout eine Art Massenphänomen ist – ausgelöst durch gesellschaftliche Faktoren, welche immer mehr Menschen an ihre Belastungsgrenzen geraten lassen. Es gelingt ihnen immer weniger, gesund, vital und lebensfroh zu bleiben – stattdessen sind sie überfordert und werden krank.
In einer Hamburger Zeitung war Anfang 2016 folgender Text zu lesen: *„Die Lage in den Kundenzentren der Bezirksämter ist unveränderter katastrophal. Wer derzeit versucht, online einen Termin zu machen, wird feststellen: es gibt keine! Für die nächsten 60 Tage sind alle vergeben. Jetzt*

*wurde unserer Zeitung ein behördeninternes Papier zugespielt: demnach sind die Kundenzentren heillos unterbesetzt. Von den 212 Stellen sind im ersten Quartal mehr als 40 vakant. Das liegt daran, dass niemand freiwillig in den Kundenzentren arbeiten will und sich die, die es tun, wegen des hohen Arbeitsdrucks wegbewerben. Weiter heißt es in dem Papier, dass langzeiterkrankte Mitarbeiter und Mitarbeiter in Altersteilzeit die zur Verfügung stehenden Ressourcen noch einmal reduzierten. Im Klartext seien derzeit somit nur 171 besetzt. Zum Vergleich: 2012 hatten die Kundenzentren noch 256 Stellen, also 85 mehr. Jetzt sollen zwar 20 neue Mitarbeiter eingestellt werden, aber die Lage wird das kaum entschärfen, weil sie für zusätzliche Aufgaben vorgesehen sind – vor allem für die Mehrarbeit im Zusammenhang mit Änderungen des Bundesmeldegesetzes wegen der Registrierung der ankommenden Flüchtlinge aus Nordafrika. Und dann käme auch noch hinzu, dass sich neue Mitarbeiter oft gar nicht finden ließen, da es sie wegen fehlender Geburtenzahlen schlicht und einfach gar nicht mehr gäbe.“*

Was den Begriff des Burnouts von der klassischen Depression unterscheidet, ist der Umstand, dass es sich beim Burnout um einen krankhaften Erschöpfungszustand handelt, der in erster Linie auf die Auswirkungen des Arbeitslebens zurückzuführen ist, wobei gehäuft diejenigen Personen davon betroffen sind, die besonders großes Engagement und mitunter übertriebenen Ehrgeiz ins Berufsleben einbringen und sich nicht ausreichend und gesund abzugrenzen verstehen.

Oft setzt der Kreislauf der Erkrankung demgemäß ein, dass bei den Betroffenen der Eindruck entsteht, es würde die Leistungsfähigkeit nachlassen; man ist leichter abgelenkt und erholt sich nicht mehr so schnell wie früher. Aber anstatt sich Ruhe und eine Auszeit zu gönnen, steigern viele Menschen noch ihre Anstrengungen, um den gleichen ‚Output' abzuliefern wie früher. Nicht selten machen gefährdete Menschen dann unentgeltliche Überstunden oder reden Fehler klein, um ihre bisherige Fassade weiter aufrecht zu erhalten. Es wurde inzwischen herausgefunden, dass Menschen mit einem hohen Selbstanspruch und einer perfektionistischen Ader, sowie der Eigenschaft, sein Selbstbewusstsein über den Erfolg im Arbeitsleben zu definieren, besonders häufig der Gefahr eines Burnouts ausgesetzt sind.

Stuft man das Syndrom ‚Burnout' als eine Art Endzustand nach dem Durchleben einer oft jahrelangen Überforderungssituation ein, so wird man fast immer im Rückblick erkennen können, dass sich erste Warnungen zumeist schon lange zuvor durch Schlafprobleme angekündigt hatten, auf die oft dann zum Beispiel Unachtsamkeiten im Alltag, Gereiztheit, Schuldgefühle sowie Konflikte in Beziehungen folgten. Weitere Warnsignale hätten dann womöglich Bluthochdruck, Immunschwäche, Erschöpfung, Ängste vor der Zukunft sowie Schmerzen sein können.

Der gestiegene Druck (auch durch ständiges Präsent-sein per Smartphone) und die vielen Reize, mit denen wir klarkommen müssen, führt dazu, dass sich der Stress in uns kaum noch abbauen lässt. So meint der Arzt Ulrich Bauhofer, ein Adrenalinschub sei kein Problem, wenn sich der Körper danach entspannen könne. Er sei ja dafür gemacht, in bedrohlichen Situationen blitzschnell zu reagieren und alle Reserven zu mobilisieren. Doch bei vielen Menschen sei die Stressreaktion außer Kontrolle geraten, weshalb der Organismus mit chronischdauerhaftem Stress überfordert sei.

Sucht man nach Personengruppen, die bezüglich eines Burnout's besonders gefährdet sind, so findet man sie vor allem in Arbeitsfeldern, die ‚hochgetaktet' sind. Hinzu kommt häufig noch erschwerend der Umstand, dass in derartigen Arbeitsumfeldern vermehrt Veränderungsprozesse gefordert werden (z.B. IT-Sektor oder Maschinenbau). Zur Arbeit im permanenten ‚Alarmzustand' kommt dann noch die Angst hinzu, von der nächsten Entlassungswelle selbst betroffen zu sein. Diese Angst fördert alsdann die Bereitschaft zu einer Art von übermäßiger Anpassung und Selbstüberforderung. So ist es nicht verwunderlich, dass nicht nur in den technischen Berufen, sondern auch in den sozialen Arbeitsfeldern besonders häufig Erkrankungen aufgrund von Überlastung und Erschöpfung vorkommen. Neuere Erhebungen zeigen, dass besonders Lehrer, Ärzte, Manager, Sozialpädagogen, Altenpfleger, Krankenschwestern, aber auch Mitarbeiter in Justizvollzugsanstalten, Trainer oder Musiker besonders von Burnout betroffen sind. Und vergessen wir nicht Schüler, Studenten und Auszubildende, von denen man regelmäßig Sätze wie diesen hört:

*„Ich habe eigentlich genug Zeit, aber ich schaffe es nicht, mich aufzurappeln, ein Buch zu lesen oder mich rechtzeitig auf Prüfungen vorzubereiten. Und gleichzeitig habe ich die ganze Zeit über im Kopf ein Schuldgefühl, ich müsste eigentlich was tun".*

**Übung:**
Lege jetzt beim Lesen erst einmal eine Pause ein, schließe die Augen und vergleiche deine Erfahrungen mit dem Text. Entschleunigung sollte auch beim Lesen dieses Buches geübt werden. Bleibe wie in einer Art Meditation gelassen und atme tief und ruhig durch. Sag' zu dir einfach mal „Stopp". Beobachte, welche Gedanken oder Bilder sich durch den gelesenen Text inspiriert vor deinem geistigen Auge einstellen, wenn du etwas Ruhe in dir zulässt.
Falls du schon in den 2.Grad eingeweiht bist, dann kannst du auch Reiki auf deine persönliche Entwicklung in den letzten Jahren schicken. Die Reiki-Kraft wird dir helfen, die Verblendung aufzulösen und dir deiner Situation klarer bewusst zu werden. Oft mündet dann eine derartige Reiki-Anwendung bereits in einen zweiten Schritt gemäß der Abfolge im „Achtfachen Pfad" ein: in eine Absicht oder einen Plan, wie man sein zukünftiges Leben verändern möchte.
Hier an diesem Punkt geht es jetzt erst mal um das Erkennen deiner eigenen Situation mit dem Ziel, einstufen zu können, inwieweit du vielleicht auch gefährdet oder sogar schon von Burnout betroffen bist. Nimm das, was in dir hochsteigt, einfach nur achtsam wahr, ohne zu bewerten oder dies abzuwehren – es ist so oder so vorhanden und ein Teil von dir.

## Wie sich ein seelischer Zusammenbruch verhindern lässt

„Wenn du willst, dass es dir schlecht geht, dann denk an dich!
Wenn du glücklich sein willst, dann denk an andere!"
(Sakyong Mipham Rinpoche)

Wenn man sich fragt, was sich konkret aus Vorgenanntem ableiten lässt, so ist in meinen Augen eine Doppelstrategie vonnöten: du solltest schauen, ob sich im Rahmen deines Berufslebens etwas verändern lässt und gleichzeitig bemüht sein, dich besser abzugrenzen. Ich finde, man müsste den Leuten immer wieder klarmachen, dass das Leben wie eine Art Marathon-Lauf ist. Will man die 42 Kilometer wirklich gut überstehen, dann darf man seine Energien nicht schon auf den ersten Kilometern verbrauchen. Ansonsten erreicht man nie das Ziel. Und man sollte den Menschen auch zugestehen, dass sie im Arbeitsleben nicht ständig 120 Prozent und mehr Leistung bringen müssen, sondern vielleicht nur 90. Wer glücklich und gesund sein will, der braucht ein zufriedenstellendes Privatleben. Und ein derartiges Privatleben kann man nur führen, wenn man nicht ständig bei der Arbeit an seine Leistungsgrenze geht und dann gereizt nach Hause kommt. Also: leiste bei der Arbeit lediglich 80 bis 90 Prozent, allerdings kontinuierlich bis hin zum Rentenalter – aber bringe gleichzeitig lieber 100 Prozent oder mehr zu Hause ins Privatleben ein; es wird sich auf Dauer mit Sicherheit für alle auszahlen!

Wer nun also im Arbeits- wie im Privatleben bestrebt ist, sein Verhalten an heilsamen Aspekten auszurichten, der beschreitet damit in Bezug auf Buddhas „Achtfachen Pfad" bereits die Stufen drei und vier, in denen es um achtsames Reden sowie um positives Handeln geht. Wir sollten aber nicht nur unsere individuelle Ebene im Auge haben. Deshalb geht es im fünften Schritt um den Bereich des Arbeitslebens. Man sagt, dass das „Sein" das „Bewusstsein" prägt. Folglich wäre in meinen Augen auch die Einflussnahme auf gesellschaftlich-globaler Ebene vonnöten. Hier wären ebenfalls deutliche Veränderungen angezeigt, denn ansonsten würden die Konzerne und Arbeitgeber letzten Endes nur davon profitieren, wenn sich ihre Mitarbeiter persönlich optimieren und ihre Leistungskraft durch Selbstoptimierung und Achtsamkeitstraining erhöhen würden.

Bisher ging es den Konzernen immer nur um Profitoptimierung. Deshalb wäre eine Art von neuer Gesamtethik nötig, wie dies von Franz-Johannes Litsch gefordert wird. Er meint, *„Menschlichkeit und Verantwortung sind lächerlich überholt. Wer sich darin noch auszeichnet wird als langweiliger Gutmensch abqualifiziert. Kaum einer ist noch überzeugt, dass sich heute noch Ehrlichkeit und Anstand lohnen"*.

Ergänzend ließe sich in diesem Zusammenhang anmerken, dass die Sorge unter Ärzten wie auch Psychologen immer mehr anwächst. Diese müssen oft nur noch als Reparaturdienst für Schäden bei Erkrankten bereitstehen, die durch Verheizen der Mitarbeiter, durch Ausbeutung, durch verantwortungslose Kapitalmarktprozesse und häufig entwürdigende Strategien vieler Unternehmen im Arbeitsbereich entstanden sind. Ich denke, wir bräuchten dringend eine neue Gesamtethik.

Die neue Gesamtethik müsste zumindest gewährleisten, dass ein verändertes Denken innerhalb der Wirtschaft einsetzt. Wir müssten wieder wegkommen von Profitoptimierung auf Kosten der Mitarbeiter.

Gleichzeitig müsste der soziale Wert eines Menschen wieder deutlich höher eingestuft werden als Geld und Kapital. Folglich möchte man allen Menschen zurufen: *„Wehrt euch – denn sonst geht unsere Zivilisation bald den Bach runter!“*

Ich habe seinerzeit nicht verstanden, warum sich die neue Gewerkschaft in Polen „Solidarität“ genannt hatte. Heute verstehe ich das, denn das Wort soll einen Sachverhalt ausdrücken, etwa gemäß dem Motto: *„Ihr kleinen Leute der ausgebeuteten Klasse tut euch zusammen, denn ansonsten habt ihr gegen ‚die da Oben‘ keine Chance, weil sie am längeren Hebel sitzen.“* Das mag jetzt vielleicht etwas sozialistisch klingen, soll es aber auch. Allerdings nicht in der Ausprägung, wie man dies im Osten erlebt hatte, sondern im Sinne von ‚sozial‘ im humanistischen Sinne.

## Stressvermeidung durch Meditation und Reiki

In der neueren Zeit konnte in vielen Studien nachgewiesen werden, dass das Praktizieren von Achtsamkeitsmethoden das menschliche Hirnpotenzial nachhaltig positiv beeinflusst. Hierzu schreibt die Amerikanerin Chozen Bays: *„Achtsamkeit bedeutet, dass wir unseren Geist an einem Ort ruhen lassen, an dem es keine Angst und keine Sorge gibt. Tatsächlich finden wir dort das genaue Gegenteil. Wir entdecken Einfallsreichtum, Mut und ein stilles Glück“.*

Ich wies weiter oben bereits darauf hin, dass wir Teil einer extrem schnelllebigen Zeit sind, die dadurch charakterisiert wird, dass das, was heute hochmodern ist, morgen schon wieder überholt erscheint. Der Spruch vom lebenslangen Lernen kursiert; nur ist das alles gut? Fühlen wir uns nicht immer mehr wie Getriebene in einem Hamsterrad? Und gleichzeitig beschleicht uns der Eindruck, wir kommen mit dem Tempo nicht mehr mit? Ein tibetischer Lehrer meinte unlängst, wir würden in einem Zeitalter leben, in dem das nächste Produkt von Apple deutlich wichtiger erscheine, als der zwar schleichende, aber immer mehr sichtbare dramatische Zerfall der gesellschaftlichen Strukturen – und was für ihn noch gefährlicher sei: die durch den Menschen ausgelöste Umweltzerstörung mit ihrer Klimaveränderung. Um mit verlängerten Arbeitszeiten, finanziellen Unsicherheiten, immer weniger festen Anstellungen, bei einer Zunahme der Arbeitsintensität und beruflichen Anforderungen, einer Flut von Informationen und immerwährenden Veränderungen sowie unzähligen Terminen, ständiger Erreichbarkeit, unregelmäßigen Arbeitszeiten und dauerndem Dokumentieren seiner geleisteten Arbeit in Verbindung mit der Pflicht zur regelmäßigen Qualifizierung und Lizensierung, um mit seelischem Druck, psychosomatischer Überreizung und einem innerlichen Anspannungsniveau, welches von uns immer weniger kompensiert werden kann, noch einigermaßen klarzukommen, bleibt neben dem Schritt in die ‚Frühverrentung' fast nur noch die Suche nach einem veränderten Sinn im Leben, sowie die Nutzung der heilsamen Reiki-Kraft in Verbindung mit den Möglichkeiten der Meditation.

Innerliche Stressreaktionen müssen nicht unbedingt schlecht sein. Wichtig ist allerdings, dass nach der Phase der Belastung eine Phase der Entspannung folgt. Die Natur hatte den Mechanismus der körperlichen Stressreaktionen als eine Art Schutz in Bezug auf hin und wieder einmal auftretende Extremsituationen eingerichtet. Arbeitet und lebt der Mensch jetzt jedoch in einer ständigen Anspannung, so entstehen Beschwerden, die zu körperlichem wie seelischem Leiden führen können, weil die Entspannung fehlt.

„Das Leben ist Leiden" hatte der Buddha schon vor 2600 Jahren gesagt und dass wir uns in einem immerwährenden Kreislauf befinden, getrieben von unseren Anhaftungen. Heute gilt das Gleiche immer noch, nur man würde das ein wenig anders sagen: das Leben ist voller Stress und wir sind von unseren Terminen getrieben. Es sind andere Worte, Botschaft und Weg heraus aus dem Leiden bleiben die gleichen.

Nun muss man nicht unbedingt zu einem Buddhisten werden, denn das Wissen um die positive Wirkung von Reiki, Achtsamkeit und Meditation erreicht heute über die mediale Verbreitung immer mehr auch die breite Bevölkerung. Waren es vor 30 Jahren nur einzelne Versuche, mit Hilfe der Meditation auf die Achtsamkeit hartnäckige psychosomatische Erkrankungen zu behandeln, so hat sich dies bis heute stark gewandelt. Die Achtsamkeitsmeditation ist eine einfache Methode, die den Geist beruhigt, Stress abbaut und Kraft aus der Konzentration auf die Gegenwart erlangen hilft.

**Übung: Reiki und Meditation auf die Körperpunkte**
Eine sehr starke Wirkung erzielst du, wenn du Reiki und Achtsamkeit verbindest. Hierzu setzt du dich in eine ruhige Position, stimmst dich in das Fernreiki-Symbol ‚Hon-Sha' ein und richtest deine Konzentration auf deinen eigenen Körper. Beginne mit dem rechten Fuß. Spüre ihn, stell' ihn dir vor und schicke gleichzeitig auch über die Hände die Reiki-Energie dorthin. Das machst du etwa zwei bis drei Minuten, je nachdem, wie viel Zeit du hast. Inzwischen gibt es auch gute Meditationsuhren und Taktgeber, die du nutzen kannst.
Als nächstes gehst du dann zu deinem rechten Knie und verfährst genauso wie am Fuß. Du fokussierst dich auf Empfindungen und Form des Knies, sagst zu dir innerlich: „Da ist mein rechtes Knie, so liegt es da, so fühlt es sich an"  und schickst auch dort Reiki hin. Und auf diese Weise durchläufst du weitere Positionen. Für Anfänger in dieser Methode eignet sich als Ablauf: rechts - Fuß, Knie, Gesäßhälfte und Hand – dann links - Fuß, Knie, Gesäßhälfte und Hand. Zum Abschluss schickst du dann noch Reiki auf dein Wurzel-Chakra, welches sich in der Nähe des Steißbeines befindet.
Wenn du bei jeder Position etwa zwei Minuten verweilst, dann benötigst du zirka 20 Minuten hierfür. Insbesondere, wenn du im Alltag wahrnimmst, dass es dir schlecht zu gehen beginnt, sollten dir diese 20 Minuten pro Tag unbedingt etwas wert sein. Wenn du jetzt aber auch noch bestimmte psychosomatische Störungen positiv beeinflussen willst, dann solltest du die Anzahl der Körperpunkte noch ausdehnen; zum Beispiel auf Bauch, Herz, Schultern etc. Durch die regelmäßige Verwendung dieser Methode wird man lebendiger, frischer, lernt den Augenblick wahrzunehmen, verbessert sein Immunsystem und entdeckt indirekt auch mehr über den Sinn des Lebens. Man kann sich leichter von Verpflichtungen lösen, baut innerlichen Druck ab und wird insgesamt friedlicher.

Meditation ist trotz des immer noch etwas fremden Begriffs eine Methode, die sehr leicht zu praktizieren ist. Es reicht, sich für eine Weile mit aufrechtem Rücken hinzusetzen, ein wenig auf den Atem zu achten und sich dann auf eine Art Meditationsobjekt zu konzentrieren. Und dieses Objekt kann allein schon der Atem sein, es können aber auch innere Bilder, lächelnde Gesichter, freundliche Worte, auch Töne oder, wie zuvor beschrieben, auch bestimmte Körperteile sein. Alles hilft auf leichtem Wege, den Geist zu beruhigen und wieder ein kraftvolleres und sinnvolleres Lebensempfinden zu entwickeln. Natürlich geht dies in einer Art Gemeinschaft unter fachlicher Anleitung besser, als würde man dies allein beginnen. Am besten, man fängt gleich an - lieber heute als irgendwann in der Zukunft. Man weiß ja sowieso nie, wie viel Zeit man noch hat.

Ein ähnlicher Weg, der sich inzwischen etabliert hat, ist ein Trainingsprogramm, welches Jahn Kabat-Zinn entwickelt hat: „MBSR" – Mindful-based stress-reduction, zu Deutsch: Achtsamkeitsbasierte Stressreduktion. Kabat-Zinn hatte ab Anfang der 1970er begonnen, ausgehend vom buddhistischen Gedanken des Mitgefühls, ein fünfstufiges Programm zu entwickeln mit dem erklärten Ziel, Stress und Stresserleben zu verringern, um hierdurch Folgeerkrankungen zu verhindern.
Bei diesem Programm geht es, kurz gesagt, um fünf wesentliche Bereiche: Erlernung leichter Yoga-Übungen, den sogenannten Body-Scan, ruhiges Sitzen mit Atembeobachtung, Gehmeditation sowie Einüben von bewusster Achtsamkeit im Alltag – alles mit dem Ziel, ein Mehr an Entschleunigung und Stressabbau zu erwirken und wieder mehr Gelassenheit und Lebensfreude zu erlangen. Wie dies im Konkreten zu verstehen ist, beschreibt Kabat-Zinn mit den Worten: *„Was immer sie gerade erledigen, seien Sie sich jeder Handlung, jedes Gedankens und allen Empfindungen voll bewusst, jeden Augenblick"*.
Das Training als solches kann durch Lesen oder in Kursen erlernt werden, die inzwischen deutschlandweit angeboten werden. Und im Anschluss daran beginnt man zu Hause über vorerst acht Wochen das Programm umzusetzen, indem es Tag für Tag darum geht, ein oder zwei Einheiten praktisch durchzuführen; zum Beispiel 20 Minuten ruhiges Sitzen und später 30 Minuten Yoga-Übungen.
Wie es dann jemandem gehen kann, der das Programm der Achtsamkeitsbasierten Stressreduktion durchlaufen hat, soll hier zum Ende des Absatzes angedeutet werden. Der Wissenschaftler Mark Williams beschreibt, er habe erkannt, wie sehr er sich selbst antreiben würde. Inzwischen sei ihm klargeworden, dass er in jeder Sekunde die Freiheit habe, selbst zu entscheiden, wie er reagieren möchte. Er glaube, er sei deswegen weniger hektisch geworden.

## Reiki für Selbstschutz und gesellschaftliche Veränderungen

*„Ich könnte mich jetzt aufregen, mir Stress machen, ausflippen – ich muss es aber nicht."* (Eckart von Hirschhausen)

Ich hoffe, ich konnte zeigen, wie wichtig es ist, sich unbedingt mit der Gefahr eines Burnout's in unserer heutigen Lebens- und Arbeitssituation zu befassen, da niemand mehr sicher sein kann, nicht auch einmal von einer derartigen Erkrankung betroffen zu sein. Deshalb sollte der Schutz der eigenen Gesundheit schon im Rahmen von Schule, Ausbildung und Universität einen viel größeren Stellenwert erlangen. Psychohygiene, Gesundheitslehre und Vorbeugung sollten ein fester Bestandteil von Bildungsangeboten sein. Reiki kann hier zu einer wesentlichen Hilfe werden; zum Beispiel, indem Eltern ihre Kinder regelmäßig damit behandeln und sie hierdurch stärker und gesünder machen.

Der Wunsch nach Vermeidung einer Erkrankung setzt zwangsläufig an der Motivation des Einzelnen an. Je mehr du schon frühzeitig die Frage der Gesundheit beachtest und dich in Bezug auf Ernährung, Bewegung, Selbstschutz, Gewicht und andere Dinge bewusst verhältst, umso weniger wirst du dies später bereuen. Hinzu müsste aber auch kommen, dass sich auf gesellschaftlicher Ebene vieles ändert; ansonsten werden die wirklichen Hintergründe der Burnout-Epidemie bestehen bleiben, zumal die Macht der multinationalen Konzerne weiter wächst. Deshalb solltest du für dich entscheiden, ob es nicht besser wäre, deine freie Zeit mehr für das Verschicken von friedvollem Reiki einzusetzen, anstatt sie vor dem Fernseher oder im Internet zu verbringen.

Das könnte dann beispielsweise so aussehen, dass du Politikern und Managern regelmäßig Reiki schickst, wie dies vor Jahrzehnten schon vom Dalai Lama empfohlen wurde, da diese besonderen Einfluss auf die Zukunft von Staaten haben. Hierzu brauchst du diese Personen auch gar nicht um ihr Einverständnis zu bitten, denn Menschen, die sich freiwillig in die Öffentlichkeit stellen, wissen, dass ihr Handeln andere beeinflusst, dass sie aber auch gleichzeitig durch andere beeinflusst werden. (vgl. Kap.9) Nimm' dir vor, wo immer du gerade Zeit hast, Reiki anzuwenden. Aber ich kenne es auch von mir selbst: es

geht oft ganz schleichend, dass man vergisst, Reiki zu nutzen, obwohl man es eigentlich fast ständig tun könnte.
Deshalb noch einmal: ich möchte motivieren, trotz der schwierigen Zeiten nicht vorzeitig aufzugeben, sondern sich für eine bessere Welt einzusetzen, was in groben Punkten in etwa so aussehen könnte: schicke Reiki immer wieder auf das Aufsteigen einer neuen Ethik, in der nicht mehr einzig und allein Wachstum und Profitoptimierung im Mittelpunkt stehen, stärke die Erkenntnis unter den Menschen, dass es darauf ankommt, das Leben insgesamt zu entschleunigen, dass der Wert jedes Lebewesens wieder eine größere Wichtigkeit erlangen muss und dass vor allem endlich ernsthafte Umweltschutzpolitik betrieben wird, denn ansonsten werden die natürlichen Grundlagen nicht mehr zu retten zu sein. Die Welt braucht uns Menschen nicht, aber wir brauchen die Umwelt.

*"Die Floskel vom mündigen Bürger wird häufig bemüht, ist im Grunde genommen aber eine Farce. Man kann sie schon lange nicht mehr hören. Denn: weder will der Staat tatsächlich mündige Bürger (die würden nur stören), noch will der Bürger tatsächlich die Verantwortung übernehmen".*
(Dr. Manfred Nelting,2014)

# 14. Kapitel

# Die Angst vor Vergänglichkeit und Tod überwinden

*„Herr, lehre uns bedenken, dass wir sterben müssen, auf dass wir klug werden."*
(Bibel, Psalm 90, Vers 12)

## Vom Wesen der Vergänglichkeit

Am Ende steht der Tod. Vielen Menschen macht dieser Umstand Angst, sie versuchen den Gedanken an die Begrenztheit ihres Lebens von ihrem Bewusstsein fernzuhalten. Der Buddhismus spricht von zwei endgültigen Wahrheiten. Die erste ist: Wir werden sterben und die zweite ist: Wir haben keinerlei Ahnung, wann das genau sein wird. Aus diesem Grunde habe ich mich auch dafür entschieden, dieses Thema aufzugreifen und ans Ende des Buches zu stellen. Leben heißt im Grunde genommen nichts anderes, als dass wir uns bereits ab dem Zeitpunkt unserer Geburt in großen Schritten unserem Ende nähern. Da aber unsere Existenz ein kostbares Geschenk ist, sollten wir die Zeit, die wir auf dieser Erde haben, auch nutzen.

‚Tod' gilt gemeinhin als das Schwinden und letztendliche Verlassen der Lebenskraft, die auf Mensch oder Tier beschränkt ist. Wenn du zu denjenigen unter uns gehörst, die den Umstand, eines Tages nicht mehr da zu sein, für sich zugelassen und akzeptiert haben, dann kannst du hier schnell weiterlesen. Wenn du aber zu denjenigen gehörst, die große Schwierigkeiten mit dem Thema Tod haben, dann nähere dich diesem Text nur in kleinen Schritten. Zum Beispiel, indem du an die zweite Reiki-Lebensregel denkst: *„Gerade heute sorge dich nicht!"* Oder indem du eine Weile die Augen schließt und an die Zeit denkst, die vor dir liegt. Dabei brauchst du gar nicht an irgendetwas Bestimmtes zu denken, gib' dich ganz einfach deinem Geist hin.

Wenn du diesen Vorgang noch ein wenig intensiver gestalten möchtest, dann stimme dich in Fern-Reiki ein und lenke den Reiki-Strahl völlig unbestimmt in Richtung deines weiteren Lebensweges und lass' die Energie fließen. Diese Technik wird dir dreierlei positive Wirkung bringen: erstens merkst du, wie viel Weite noch vor dir liegt, zweitens verlässt du deine innerliche Begrenztheit und lässt auch angstbesetzte Impulse zu und drittens bewirkst du eine Verringerung von Hindernissen auf deinem zukünftigen Weg. Das heißt, du gibst dich dem Fluss des Lebens hin, anstatt gegen die Strömung anzukämpfen.

## Todesbetrachtungen und Reiki als Wachstumsprozess

Der Tod stellt also einen Bereich im Kreislauf der Existenz dar, auf den wir uns seit unserer Zeugung mit jedem Schlag unseres Herzens zu bewegen. Auch wenn wir uns am liebsten mit allem anderen beschäftigen möchten, so bleibt der Tod doch ein unausweichliches Ereignis. Ein Ereignis, dem gegenüber wir uns im Verlauf unseres Lebens lieber öffnen sollten, als es zu verdrängen. In unserem Innersten nehmen wir an, dass unser Tod erst in ferner Zukunft irgendwann einmal bevorstehen wird. Und so leben wir zumeist in den Tag hinein, ohne uns ernsthaft mit diesem Thema zu beschäftigen.

Gerade wenn wir aber innerlich frei werden wollen, sollten wir nie den Aspekt des Sterbens gänzlich ausklammern. Denn wir können jederzeit damit konfrontiert werden. Entweder, indem jemand stirbt, der uns nahe steht oder den wir selbst behandelt haben oder dass es jemanden aus unserem Familien- oder Verwandtschaftsbereich trifft. Nur jemand, der sich aktiv mit dem Thema Sterben auseinander gesetzt hat, wird in so einem Fall auch angemessene Hilfestellung leisten können. Dies gilt sowohl für die Verwendung von Reiki wie auch für die menschliche Begleitung und Anteilnahme.

In einer Zeit, in der das Thema ‚Tod' weitgehend aus dem gesellschaftlichen Blickpunkt verdrängt wird, in der Sterben oft hinter geschlossenen Mauern fernab von den Angehörigen stattfindet, sollten wir uns darauf besinnen, was der Tod wirklich bedeutet. Tod lässt sich nicht allein mit Ende gleichsetzen. Er stellt auch einen Neuanfang dar. Während der Körper zu zerfallen beginnt, leben Seele und Geist ihrerseits weiter. Allerdings verlassen sie mit dem körperlichen Ende ihren bisherigen Aufenthaltsort, der nur Herberge mit beschränkter Aufenthaltsdauer gewesen war. Sie gehen über in eine andere Welt, der wir Lebenden sprachlos gegenüberstehen. Hier warten die Seelen auf eine Möglichkeit, zu re-inkarnieren; das heißt, auf einen Körper, in dem sie erneut ihrer universalen Bestimmung nachgehen können. (An dieser Stelle möchte ich auf die Studien von Michael Newton hinweisen, der nachgewiesen hat, was mit uns ist, wenn wir uns nach dem Tod unseres Körpers im Jenseits aufhalten.)

Nun vollzieht sich jedoch nicht jeder Tod so reibungslos, wie es im Idealfall sein sollte. Langes Siechtum, verlängert durch ärztliches Können sind genauso häufig wie unerwartete Todesfälle durch Unglücke oder Krankheiten. Mit Reiki hast du die Möglichkeit, sehr tiefgreifende Sterbebegleitung zu geben. Ich möchte hier nicht zu weit ausholen, da unter anderem bei Baginski/Sharamon ein sehr schönes Kapitel zum Thema ‚Reiki und Sterben' zu finden ist.

Worum es mir neben der Anregung, das Leben bewusster zu leben und im Hinblick auf den unausweichlichen Tod intensiver zu nutzen, geht, ist folgender Aspekt: Viele Menschen sterben, ohne ihr Lebenswerk beziehungsweise ihre Aufgabe vollendet zu haben. In anderen Fällen mag es möglicherweise Seelen schwerfallen, sich von Körper und Ort zu lösen, so dass sie gebunden sind und weiter auf der realen Weltbühne verweilen. Und manchen Verstorbenen hätte man vielleicht gewünscht, sie hätten die letzten Wochen ihres Lebens nicht mehr erlebt. In solchen Fällen hast du durch die Techniken des zweiten Grades diverse Möglichkeiten, die Reiki-Kraft rückwirkend und heilbringend einzusetzen. Einige davon möchte ich kurz andeuten. Besonders schön wäre es, wenn die Anwendungen dabei von einer Gruppe durchgeführt werden könnten. Dadurch käme die erzeugte Energie noch stärker zum Tragen.

**Übung: Energieübertragungen für ‚verstorbene' Seelen**

Hier einige kürzere Anregungen, welche Vielfalt uns der zweite Grad auch im Kontext von Tod und Sterben bietet:

a) Angenommen, jemand verstarb durch eine Krankheit, die die Körperfunktionen immer mehr außer Kraft gesetzt hatte (z.B. Darmkrebs, Schlaganfall oder Hirn-Tumor) und wir hören später mal davon, so ließe sich unter Verwendung von Fern-Reiki der Körper rückwirkend energetisch wieder in Ordnung bringen, was sich dann zwangsläufig auch auf dessen Seele karmisch positiv auswirken würde; denn Zeit ist ja bekanntlich nur eine Illusion in unserer materiellen Welt.

b) Würde sich die Seele demgegenüber noch immer in einem sterbenden Körper aufhalten, aber nicht genügend Energie besitzen, um in die Licht-Welt einzutauchen, so würde ihr der Reiki-Strahl helfen, den nötigen Schwung zu bekommen, um den Körper aufzugeben, anstatt sich noch eine Weile darin quälen zu müssen.

c) Eine Bereinigung negativen Karmas würde sich wiederum in Fällen anbieten, in denen der Verstorbene durch sein Handeln viel Leid und Destruktivität in der Welt ausgelöst hat. Wenn du keine Idee hast, wie das gehen könnte, dann schau noch mal in Kapitel 11.

d) Und wo jemand verstarb, der eine begonnene Arbeit nicht mehr zu Ende führen konnte, wäre das verschicken von Reiki zur Unterstützung zur mentalen Beendigung dieser Arbeit sicherlich sinnvoll. Denn letztendlich wirkt sich der Einfluss auf den feinstofflichen energetischen Sektor genauso auf das Unterbewusstsein aus, als habe die Beendigung des Lebenswerkes tatsächlich real stattgefunden.

Aber genauso wie die Verstorbenen benötigen auch die Hinterbliebenen in den meisten Fällen viel Unterstützung. Gerade für die nahestehenden Angehörigen stellt der Tod eines geliebten Menschen oft einen tiefen Einschnitt in ihrem Leben dar, wobei es leider häufig hinterher auch noch zu Erbschaftsstreitigkeiten kommt. Viele Hinterbliebene werden somit über Jahre zu jahrelang gebrochenen, traurigen Menschen. Sie können das Schicksal nicht überwinden, geschweige denn annehmen. Und dabei stellt der Tod für den Verstorbenen in keiner Weise ein schreckliches Ereignis dar. Oft ganz im Gegenteil. Berichte von zeitweilig schon für tot erklärten Menschen dokumentieren eine ganz andere Welt. Eine Welt voller Licht, Wärme und Harmonie. Zum Beispiel spricht jemand über seine Nahtod-Erfahrung wie folgt: *„Ich weiß, dass es nach dem Tod ein Weiterleben gibt! Es ist friedlich und es gibt nichts zu befürchten – es ist wunderbarer als alles, was wir uns jetzt vorstellen können. Seit ich das erfahren habe, habe ich meine Angst total verloren."*

Also tun wir nicht so, als würde für den Verstorbenen ein Drama anbrechen. Freuen wir uns lieber mit ihm, dass er den Schritt geschafft hat, sich wieder vom materiellen Körper zu lösen und nutzen wir gleichzeitig unsere noch verbleibende Zeit. Denn eines ist ganz gewiss: So schön die jenseitige Lichtwelt der freien Seelen (‚bardo') auch sein mag, wir können nur zur Persönlichkeitsentfaltung mit Vervollkommnung und schließlich Erleuchtung gelangen, wenn wir den Körper, den uns das Schicksal zur Verfügung gestellt hat, auch nutzen.

## Intensiver Leben – der Existenz einen Sinn geben

Das Wissen um die Unausweichlichkeit des Todes sollte dazu anregen, das Leben intensiver zu nutzen. Der Großteil der Menschen lebt in einem Bewusstseinszustand, als würden sie endlos Zeit in dieser Lebensexistenz haben. Dabei sollte man von älteren Menschen lernen, die einem erzählen, wie kurz sich der Verlauf eines Lebens letztendlich anfühlt. Und viele bereuen dann irgendwann, dass sie vieles versäumt oder falsch gemacht haben. Unlängst hörte ich von einem 70-jährigen: *„Arbeiten, das Geld für die Kinder ranschaffen und nun bin ich allein; soll das alles in meinem Leben gewesen sein?"*

Da müsste man eigentlich sagen: *„Ja – leider bist du nie auf die Idee gekommen, dir bewusst zu machen, wie kostbar diese Existenz ist und dass du deine Zeit unbedingt sinnstiftend nutzen solltest."* Nun könnte man sich natürlich fragen: *„Was heißt sinnstiftend nutzen? Wie lebe ich ein erfülltes Leben an dessen Ende ich nichts zu bereuen habe?"* Wenn du dich länger mit der gesamten Thematik beschäftigst, so müsstest du genügend Anregungen für dich persönlich bekommen, was darunter zu verstehen ist. Wobei man auch noch anmerken kann, dass es zwar auch darum geht, nach dem Sinn des Lebens zu suchen, aber letzten Endes muss man nicht immer nur danach suchen, sondern es kommt darauf an, für sein Leben ab einem gewissen Zeitpunkt auch eine Art Sinn festzulegen, ihm also einen Sinn zu geben.

Gesetzt den Fall, du würdest wissen, dass du nur noch ein halbes Jahr zu leben hast, was würdest du tun, wie würdest du deine dir verbleibende Zeit nutzen? Wie kostbar empfindest du sie jetzt plötzlich?

Und keine Angst: indem du dir die Unausweichlichkeit des Todes bewusst machst, förderst du nicht das rasche Herannahen des Sterbens, du schwörst es nicht herauf, sondern du schaffst dadurch eine Grundlage in dir, *„klug"* zu werden. Du wendest dich Aspekten des Lebens zu, die wirklich Sinn machen. Möglicherweise erkennst du, wie unwichtig es ist, dem Geld hinterher zu laufen, um damit ein neues Auto, ein Haus oder sonstige materielle Güter anzuschaffen. Derjenige, der das Bewusstsein seines unausweichlichen Todes in sich zulässt, verliert die Fixierung auf die materiellen Dinge. Er beginnt, in veränderter Weise zu denken, unheilvolle Taten zu verabscheuen, wird freier im Geiste und schöpft Kraft und Liebe aus der Gegenwart.

**Übung: Marana-sati (Betrachtung des Todes)**
Wenn du etwas gegen deine mögliche Angst vor dem großen Mysterium mit Namen „Tod" tun willst, dann solltest du dir immer mal wieder eine Viertelstunde Zeit nehmen und dich zu einer kurzen Phase der Sammlung zurückziehen. Du schließt deine Augen und beginnst, den Atem so zu beeinflussen, dass das Ausatmen immer länger und langanhaltender wird. Hierdurch simulierst du nicht nur das gedankliche Verlassen des Körpers, wie dies im Eintreten des Todeszeitpunktes geschieht, wo es heißt, jemand habe seinen letzten Atemzug gemacht, sondern du kommst hierdurch auch auf schnelle einfache Weise in eine Art entspannten Alpha-Zustand, der dir hilft, deine Bewusstheit auf das Thema deines eigenen zukünftigen Todes zu lenken.
Das Ziel besteht darin, bezüglich des Todes mehr Gelassenheit zu aktivieren, sein Leben achtsamer zu gestalten, sowie Begehren und Fixierungen loszulassen. Sitze einfach nur da und warte, dass sich der Geist beruhigt und beobachte alsdann, welche Einfälle und Absichten in dir hochsteigen, wie du angesichts des Todes die dir verbleibende Lebenszeit sinnvoll nutzen könntest.
Die Reiki-Kraft kannst du zusätzlich heranziehen, indem du dich nach einigen Minuten in das Fern-Reiki-Symbol einstimmst, und die Hände so auf Bauchhöhe vor dir hältst, dass die Finger horizontal von dir weg in Richtung deines noch vor dir liegenden verbleibenden Zeitstrahls zeigen. Oft kommen dann in diesen Übungsphasen auch Gedanken oder Einfälle hoch, die du dir möglichst hinterher aufschreiben solltest.
Die Betrachtung des Todes hilft also, Achtsamkeit, Ergriffenheit und Einsicht zu schulen und sein Denken und Handeln an heilsamen Taten auszurichten.

## Die Begleitung von Sterbenden und Todkranken

Für Angehörige von kranken oder alten Menschen (aber auch Tieren), die sich im Sterbeprozess befinden, stellt dies in den meisten Fällen eine enorme psychische Belastung dar. Insbesondere deshalb, da es einem schwer fällt, mental umzuschalten von jemandem, den wir noch vor Kurzem als vital erlebten auf jemanden, der nun immer weniger Lebensenergie ausstrahlt. Ich kenne Menschen, die sich in so einem Augenblick dabei an den Sterbenden klammern und immer wieder behaupten, dem Todkranken würde es ja schon bald wieder besser gehen. Diese Menschen klammern allerdings nur aus dem einen Grund, da sie sich mit der tieferen Problematik des Sterbens nur unzureichend auskennen. Am liebsten würde sie womöglich auch weiterhin die Wahrscheinlichkeit des nahen Todes verdrängen, aber insbesondere bei Angehörigen fällt das schwer und verbietet sich oft auch moralisch.

Anders verhält es sich bei denjenigen Berufsgruppen, die per se schon mit dem Thema Sterben in enger Beziehung stehen (Altenpflege, Hospiz, onkologische Stationen). Hier stellt sich zwar nach einiger Zeit eine gewisse professionelle Routine ein, aber es ist bei diesen Personen oft die wiederholte Erfahrung von Sterben, Leid und Abschiednehmen, an der sie zu knacken haben.

Hier wäre der erste Schritt, die Reiki-Kraft für sich zu nutzen, um sich immer wieder selbst energetisch aufzuladen und sein seelisches Verarbeitungssystem in einem guten gesunden Zustand zu erhalten. Im zweiten Schritt ließe sich Reiki aber auch anwenden, um sich Tag für Tag aufs Neue auf die Betreuten einzulassen; zum Beispiel, indem man ihnen kurz Fern-Reiki schickt, wenn man deren Zimmer betritt, oder dass man die Hände auf deren Brust legt und sich ans Bett setzt. Dies ist dann nicht nur für die Sterbenden ein wohltuender Umstand und führt ihnen Energie zu, sondern es hilft auch den Begleitern, sich auf die Menschen, deren Lebenskurve sich ihrem Ende zuneigt, einzulassen. Man steigert sozusagen die zwischenmenschliche Schwingungsfrequenz und erzeugt eine Verbindung, so dass sich der Sterbende „getragen und sicher“ fühlt. (Auch an eine Reiki-Dusche wäre zu denken, wie in Kapitel 11 beschrieben.)

Noch ein häufig zu beobachtender Sonderfall sei erwähnt: es kommt immer wieder mal vor, dass sich Sterbende über Monate in einem

Siechtum befinden, wobei man sich wundert, dass sie nicht längst gestorben sind. Dies liegt zumeist nicht daran, dass sie noch über zu viel Lebenswillen verfügen, sondern in der Regel daran, dass sie zu wenig Kraft haben. Es fehlt ihnen ganz einfach an der notwendigen Menge an Lebensenergie, um sich aus dem Körper zu lösen. Legt man diesen die Hände auf und überträgt ihnen auf diesem Wege Energie, so führt das häufig zu einem schnellen und harmonischen Sterbeverlauf. Damit soll nicht gesagt werden, dass man Menschen mit Reiki sozusagen umbringt, sondern vielmehr, dass man der Seele hilft (ihr sozusagen den nötigen Schwung gibt), sich vom Körper zu lösen. Im Übrigen reicht es auch oft schon aus, wenn sich eine Altenpflegerin an das Bett eines Todkranken begibt, mit ihm eine Weile spricht und ihm dabei die Hand hält, um einen ähnlichen Effekt zu erzielen.
Hier ein Beispiel, wie es vor einiger Zeit einer Reiki-Schülerin in der ambulanten Altenpflege erging: *„Einige Monate betreute ich einen älteren Mann. Als er dann vor Kurzem ins Krankenhaus musste und ich bei ihm neben dem Bett in der Notaufnahme und später auch auf der Intensivstation stand, fühlte ich den Effekt, den ich vor Jahren auch schon während meiner Tätigkeit im Altenheim oft erlebte: ich konnte die Energie nicht halten. Auch als ich mich von ihm entfernte, und ihm von zu Hause aus Reiki schickte, fühlte sich das anders an als sonst. Irgendwie war kaum noch was zu spüren. Als ich ihn zwei Tage später noch mal am Bett besuchte, floss Reiki auch beim Handauflegen nur noch spärlich. Ich konnte es mir nicht erklären, zumal ich mich zumindest bei der Kontaktbehandlung noch mal auf einen starken Energiefluss eingestellt hatte. Als ich ihn dann am nächsten Tag zum letzten Mal sehen und berühren durfte, war er eingeschlafen und zu seiner geliebten Mutter Maria und Jesus hinüber gegangen. In meinen Händen war nichts mehr zu spüren.“*

## Tonglen – Mitgefühl bei der Sterbebegleitung

Die tibetische Praxis des Tonglen lässt sich sehr gut mit den Werkzeugen des zweiten Grades kombinieren. Denn bei Tonglen stehen zielgerichtetes langsames Ein- und Ausatmen sowie symbolische Visualisierungen im Mittelpunkt. Übersetzt heißt Tonglen ‚Geben und Nehmen‘. Hierdurch öffnet man sich für die Wirklichkeit des Leidens anderer, löst Blockaden des eigenen Herzens und zerstört somit

Selbstsucht sowie Selbstzufriedenheit in sich. Sogyal Rinpoche schreibt hierzu: *„Wir brauchen Mitgefühl zwar in jedem Augenblick unseres Lebens, aber wann wäre es wohl dringender nötig als zur Zeit des Sterbens. Kann es ein schöneres und trostreicheres Geschenk für Sterbende geben, als das Wissen, dass für sie gebetet wird und dass Sie in Ihrer Übung ihr Leiden annehmen und ihr negatives Karma reinigen? Selbst wenn sie gar nicht wissen, dass Sie für sie praktizieren, helfen Sie den Sterbenden, und im Austausch helfen sie Ihnen."*

Kurz zurück zur Methode von Fern-Reiki: Wir stimmen uns durch innerliches Sprechen des Mantras Hon Sha, sowie das konkrete Zeichnen des dazugehörigen Symbols auf das Verschicken von Energie ein, dann stellen wir uns die Person mental vor und lenken alsdann die Reiki-Kraft dorthin. Dabei versuchen wir nach Möglichkeit, uns die behandelte Person die ganze Zeit über vor dem geistigen Auge abzubilden. Wenn wir diese Technik jetzt mit Tonglen bei einem Sterbenden kombinieren wollen, dann versuchen wir zu beobachten, wie alle Aspekte des Leidens und der Angst des Sterbenden sich während der Reiki-Fernübertragung zu einer Wolke von grauem, schwarzem, schmutzigem Rauch zusammenballen, die wir Reiki-Praktizierenden durch langsames Einatmen sozusagen in uns aufnehmen. Hierbei wird nicht nur spirituelle Harmonie beim Behandelten eingeleitet, sondern wir reinigen uns auch zusätzlich nach und nach von eigener Selbstsucht und negativem Karma.

**Übung: Reiki und Tonglen verschicken**

Nimm dir zum Üben jemanden, den du recht gut kennst und von dem du weißt, dass er es gut findet, wenn du ihm universelle Energie schickst. Sollte dieser Mensch nun auch noch an einer bestimmten Symptomatik leiden, dann wäre das natürlich noch praxisnäher. Nun stimmst du dich auf die Behandlung ein, bittest Meister Usui um Unterstützung, stellst dir die Zielperson vor deinem geistigen Auge vor und beginnst mit Fern-Reiki. Sei hierbei bestrebt, besonders viel Mitgefühl für den anderen zu entwickeln.

Nachdem du eine Weile Reiki verschick hast, beginnst du langsam mehr und mehr auf dein Einatmen zu achten. Gleichzeitig versuchst du dir vorzustellen, wie sich eine Art von schwarz-grauer Wolke bei oder über dem Behandelten erkennen lässt. In dieser Wolke sollen sich Schmerzen, Angst und negatives Karma materialisieren. Nun

beginnst du dir vorzustellen, wie du diese Wolke beim langsamen Einatmen allmählich von dem Behandelten weg und in dich hinein saugst. Keine Angst übrigens, dass du selbst hierdurch krank wirst, denn du tust dies ja in einer heilsamen Absicht und dies wird dir nie Schaden zufügen.
Wenn du nun in dieser meditativen Versenkung angekommen bist, solltest du auch noch auf das eigene Ausatmen achten. Denn hierbei stellst du dir vor, wie du dem anderen Liebe, Wärme, Heilung, Freude und Glück zuführst. Also: beim Einatmen Leid vom anderen wegnehmen und beim Ausatmen Heilung dorthin verschicken.
Im Idealfall führst du diese Behandlung so lange durch, bis du das Gefühl bekommst, als würde der Qualm der Wolke heller oder weniger werden. Im Idealfall erscheint dir der Behandelte in einem leuchtenden energiegeladenen Umfeld. Am Ende nimmst du allmählich Abschied, schleichst dich aus dem gezielten Atmen heraus und beendest nach und nach auch die Reiki-Übertragung. Zuletzt führst du wie gewöhnlich die Dankbarkeitsgeste durch und versiegelst die Person wieder.

Ich komme noch mal auf die Prinzipien des „Edlen Achtfachen Pfades“ vom Anfang des Buches zurück. Dieser kann einerseits als Stufenweg gesehen werden, ausgehend von dem Aspekt des Erkennens, was in eine Absicht übergeht, aus dem bestimmtes Handeln erwächst, welches dir später hilft, dein Handeln auf heilsame Taten auszurichten und das Leid zu überwinden, er kann aber andererseits auch als Methode genutzt werden, sich allein durch die zufällige Nutzung einer einzelnen Stufe selbst zu erkennen. Das heißt, der Prozess meiner eigenen Freiwerdung kann dadurch beginnen, dass ich mit dem ersten Schritt beginne und mir meiner selbst und dem Sinn des Lebens bewusst werde und, nachdem ich die verschiedenen Stufen durchlaufen habe, zu der Erkenntnis gelange, wie wichtig es für mich ist, Meditation und Reiki als ein und dieselbe Kraftquelle zu verstehen. Erst durch die Praxis der Achtsamkeit wird in mir vermutlich allerdings erst das langsame Erkennen reifen, dass mit mir irgendwas nicht stimmt – dass ich vielleicht in einem krankhaften leidvollen Zustand lebe, der mir bis dahin gar nicht bewusst gewesen ist. Und um diesen zu überwinden, ist es dann wiederum ein wunderbarer Weg, das Leiden anderer zu lindern und, was noch kraftvoller ist, Sterbende auf ihrem letzten Lebensabschnitt zu begleiten und hierdurch eine positivere eigene Wiedergeburt vorzubereiten.

## Dem Lebensende bewusst entgegensehen

Es gibt eine Unmenge an Literatur die darauf hinweist, sich nicht als Opfer des Schicksals zu verstehen, sondern als Gestalter. Norman Vincent Peale meint: *„Die Welt in der wir leben ist keinesfalls vorbestimmt durch äußere Bedingungen und Umstände, sondern durch die Gedanken, die unseren Geist beherrschen; formen wir im Geist ein Bild der Verhältnisse, wie sie sein sollten. Halten wir dieses Bild fest, bauen wir es bis in alle Einzelheiten aus, glauben wir daran, beten wir dafür, arbeiten wir dafür! Das ist der Weg zu seiner Verwirklichung."*
Übersetzt auf unser Thema heißt dies, wir sollten zwar im Hier und Jetzt leben und denken, aber gleichzeitig sollten wir darauf achten, was wir anderen gegenüber unbewusst äußern, wenn es um unsere Zukunft geht. Denn das, was wir über die Zukunft denken und äußern führt oft in Form einer selbsterfüllenden Prophezeiung dazu, dass die Wahrscheinlichkeit zunimmt, dass das Ereignis auch eintrifft, wie wir dies erwartet oder geäußert haben.
Unlängst sagte mal eine Bekannte von mir, als sie eine Frau auf der Straße im Rollstuhl sitzen sah: *„Na, bestimmt wird es mir eines Tages auch so ergehen."* Hierauf versuchte ich ihr klarzumachen, dass sie ihre negativen Gedanken kontrollieren müsse, denn sie wolle ja wohl nicht wirklich, dass dieses Ereignis, das womöglich ohne ihre negativen Gedanken gar nicht eingetreten wäre, eines Tages Wirklichkeit wird. Viel besser wäre die Formulierung: *„Ich will alles versuchen, damit ich gesund bleibe und bis ins hohe Alter gute Beine und Hüften habe."*
Übertragen auf unser Thema würde dies heißen: setze dich bewusst immer mal wieder mit der Problematik des eigenen Sterbens auseinander. Und dann stelle dir vor, wie ein wünschenswerter Sterbevorgang und der eigene Tod im Idealfall aussehen sollten.

### Übung: Wie möchte ich sterben?

Male dir gedanklich in ruhigen Augenblicken aus, wie dein Sterbevorgang im Idealfall vonstattengehen sollte. Wenn du eine positive Form gefunden hast, dann wird dir die Kraft der Gedanken helfen, dass deine Vision mehr und mehr wahr wird – insbesondere, wenn du immer wieder mal über das Verlassen des Körpers meditierst und auch noch Reiki auf die positive Visualisierung schickst.

Da das Thema Tod und Sterben bei vielen immer wieder unterschwellige Ängste hervorruft, möchte ich es an dieser Stelle noch einmal betonen: indem du dir deiner Unausweichlichkeit des Todes bewusst bist und daran arbeitest, förderst du gerade nicht das rasche Herbeieilen des Todes, sondern du beginnst, bewusster zu leben und machst dir die Kostbarkeit dieser jetzigen Existenz bewusst. Du bist dankbar für jeden neuen Tag, denn du weißt ja nie, wann dir irgendwann in der Zukunft mal die Gnade zuteilwird, einen neuen Körper beseelen zu dürfen um wieder in der Welt der Menschen zu leben. Derjenige, der das Bewusstsein seines unausweichlichen Todes in sich zulässt, verliert die Fixierung auf materielle Dinge, verabscheut das Böse, wird frei im Geiste und schöpft Kraft und Liebe aus der Gegenwart. Dies ist im Sinne der Mystiker der wahre Weg zu wirklicher „Freiheit".

**Zum Abschluss eine kleine Geschichte:**

***Vor dem Tor der endgültigen Wahrheit steht ein Torhüter, der sehr stark aussieht. Eines Tages kommt zu diesem Torhüter ein Mann und bittet um Durchlass. Der Torhüter antwortet allerdings etwas abweisend und unwirsch, jetzt könne er ihm auf gar keinen Fall Eintritt gewähren. Der Mann überlegt daraufhin und fragt, ob er denn später werde eintreten dürfen. „Möglicherweise – jetzt aber wohl nicht", kommt sofort als Antwort.***

***Da das Tor wie eh und je offen steht und der Torhüter immer wieder mal zur Seite tritt, versucht der Mann, durch das Tor in das Innere zu sehen. Als das der Torhüter jedoch bemerkt, lacht er und sagt: „Wenn es dich so unheimlich lockt, dann versuche doch mal, trotz meiner Anwesenheit hindurch zu gehen. Doch bedenke, dass ich sehr mächtig bin. Und ich bin nur der unterste Torhüter. Würdest du hier hindurch gelangen, so weißt du nicht, was dich dahinter erwartet. Sicher ist jedoch, dass noch weitere Tore auftauchen werden. Und vor jedem Tor stehen weitere Torhüter, wobei einer mächtiger ist als der andere. Schon den Anblick des dritten könnte wohl nicht einmal ich ertragen."***

*So bleibt der Mann deutlich verunsichert stehen und wartet. Nach einer ganzen Reihe von Tagen bekommt er einen Stuhl hingestellt – scheinbar hat der Torwächter Mitleid mit ihm. So setzt sich der Mann neben das Tor auf den Stuhl und wartet. Und wartet. Tage, Monate, Jahre vergehen. Er beobachtet das Tor und den Torhüter, der nach wie vor daneben steht. Hin und wieder versucht er, eingelassen zu werden oder wenigstens eine endgültige Antwort zu erhalten. Doch stets erfährt er nur, dass er jetzt noch nicht eintreten könne.*

*Inzwischen ist der Mann sehr alt geworden. Nun lebt er nicht mehr lange. Und so sammeln sich kurz vor seinem Tod in seinem Kopf alle Erfahrungen der ganzen Zeit zu der einen (an und für sich logischen) Frage, die er bisher an den Torhüter noch nicht gestellt hat. So winkt er ihm zu, näher heranzutreten, da er seinen alten Körper kaum noch bewegen kann. Der Torhüter muss sich schon tief zu dem Mann herunterbeugen, um zu erfragen, was der alte Mann denn jetzt nach so langer Zeit eigentlich noch zu wissen begehrt: „Alter Mann, du bist wirklich unersättlich!"*

*Darauf flüstert ihm der alte Mann die alles entscheidende Frage, die ihm schon lange auf der Seele gelegen hatte, ins Ohr: „Weißt du, alle Menschen, die ich kenne, streben doch nach Glück, Wahrheit und Verwirklichung ihrer Ideale, nur wie kommt es, dass in den ganzen Jahren, seit ich hier sitze, niemand außer mir Einlass begehrt hat?"*

*In diesem Augenblick erkennt der Hüter des Tores, dass der Mann inzwischen am Ende ist, und um sein vergehendes Gehör noch zu erreichen, brüllt er ihm zu: „Hier konnte niemand sonst Einlass erhalten, als du. Denn dieser Eingang war nur für dich bestimmt. Leider ist deine Zeit jetzt abgelaufen. Du hast die ganze Zeit, die dir zur Verfügung gestanden hatte, nicht einmal annähernd genutzt. Nicht einmal einen einzigen Versuch hast du aus deiner Angst heraus unternommen, einen Schritt weiter zu gehen. Darum gehe ich jetzt und schließe das Tor für dich für immer."*

*Hier noch mal zwischendurch ein Dank an Andrea, Torsten, Niels-Wabun, und Karoline für deren Unterstützung, sowie alle diejenigen, deren Zitate ich im Verlaufe des Textes verwenden durfte.*
*Und natürlich auch rückblickend ein Dank an meine Reiki-Lehrer Walter Lübeck und Jay Arjan Falk.*

# 15. Kapitel

# Ein Wort an die Reiki-Lehrer

Im letzten Kapitel möchte ich mich nun an die Reiki-Lehrer wenden, die ihre Schüler mit den Möglichkeiten des zweiten Grades vertraut machen wollen. Nachdem es zwischenzeitlich Ende der 90iger Jahre im deutschsprachigen Raum mehr als dreitausend Lehrer gab, hat sich die Gruppe derjenigen, die es sich zur Aufgabe gemacht haben, Reiki an andere weiterzugeben, deutlich verkleinert. Ich könnte mir vorstellen, dass dies daran liegt, dass der sogenannte Reiki-Boom, der anfangs mit vielen Hoffnungen und Versprechungen gestartet war, einem gewissen Realismus gewichen ist. Denn Liebe und Heilung stellten sich oft doch nicht so schnell ein, wie dies vielen versprochen worden war. Vielmehr war zu erkennen, dass auf dem Reiki-Weg eben auch Geduld, Anstrengung und Ausdauer dazu gehören. Und das hatte von Anfang an vielen ‚Suchenden' gefehlt.
Was dann noch hinzu kommt ist der Aspekt, dass viele Reiki-Lehrer an ihren eigenen Problemen und seelischen Blockaden nicht genug gearbeitet haben. Der Reiki-Weg besteht nicht in der Anwendung von Techniken, sondern er ist eher als eine Art von Selbst-Therapie zu verstehen, ähnlich einer Psychotherapie. Und da dies viel zu wenig propagiert wurde (und vielleicht auch noch wird), bleiben viele in ihrem Ego verhaftet, so dass zu vermuten ist, dass die schwindende Zahl der Reiki-Lehrer mit enttäuschten Erwartungshaltungen zusammen hängt, da sich die Reiki-Energie von ihnen abwendete. Ein besonders krasses Beispiel passierte vor Jahren in meiner näheren Umgebung: eine Reiki-Lehrerin, die sehr viele Menschen im Kontext der Volkshochschule in Reiki eingeweiht hatte, tauchte plötzlich in den Prospekten nicht mehr auf. Als ich dann mal nachforschte, bekam ich mit, dass diese sich das Leben genommen hatte.
In meiner Ausbildung zum Reiki-Lehrer lernte ich die beiden Systeme der Alliance und der T.R.T.A.I. kennen, aber auch Aspekte von Reiki, die sich nicht direkt auf Meister Usui bezogen (tibetisches Reiki, Verfahrensweisen von Sai Baba, gechannelte Informationen, chinesischer Buddhismus usw.). Bei der Verarbeitung dieser vielen Informationen

und Ansichten wurde mir letztlich erst einmal nur eines klar: jeder Suchende befindet sich an einem bestimmten Ort auf seinem Weg. Und es kommt darauf an, sich immer wieder selbst zu hinterfragen und sich von Meistern und Gelehrten, die weiter als man selbst sind, regelmäßig Anregungen zu holen. Die Grundlage für die Vervollkommnung der Seele ist, dass man nie aufgibt – sozusagen sich immer *„strebend bemüht, bis man erlöst wird"*, wie das bei Goethe heißt.

Geistige Weiterentwicklung vollzieht sich auf dem spirituellen Weg zumeist unbemerkt. Dabei kann es vorkommen, dass jemand bereits schon so was ist wie ein Meister, dieses aber möglicherweise gar nicht bemerkt, weil es einem egal geworden ist – das Ego-Denken ist verschwunden. Es gibt die buddhistische Lebensweisheit: *„Triffst du Buddha unterwegs – dann töte ihn."* Das soll nicht heißen, dass wir Buddha konkret töten sollen. Vielmehr soll das heißen, dass man sich nicht nur Mühe geben soll, so gut und erleuchtet zu werden wie sein Guru, sondern dass man auch noch bestrebt sein sollte, darüber hinaus zu wachsen und ihn hinter sich zu lassen.

Mit den Jahren wurde mir klar, dass jedes Symbol und jede Technik erst durch konkrete Anwendung und Erfahrung im Fluss des Lebens zu einem Teil von mir werden will. Und auch: dass nichts von allem besser oder schlechter ist. Im Endeffekt kommt alles nur auf den verantwortungsbewussten Umgang mit den heilenden, heiligen Kräften an und dass man lernt, über regelmäßige Meditation nicht nur gemäß den fünf Reiki-Lebensregeln zu leben, sondern auch die ‚Vier edlen Wahrheiten', wie sie uns der Buddha gelernt hat, für uns zu erkennen und sie aufzunehmen (siehe Kapitel 1).

Aus diesem Bewusstsein heraus sehe ich mich als Reiki-Lehrer, der bestrebt ist, ehrliche Arbeit für diejenigen zu leisten, die ihn aufsuchen. Ich versuche, Reiki mit liebevoller Haltung und gründlicher Durchführung an andere weiterzugeben und wehre mich ganz bewusst gegen die Bezeichnung ‚Reiki-Meister'. Für mich bedeutet der Titel ‚Meister' nicht etwas, was ich mir erkaufen oder durch willentliche Bemühungen aneignen kann. Allerhöchstens kann so eine Art Titel eine Auszeichnung darstellen, die mir nach ausdauernder, geduldiger, vielleicht lebenslanger persönlicher Weiterentwicklung im heilsamen Umgang mit anderen von anderen Menschen verliehen wird; als äußerlicher, symbolischer Ausdruck dafür, dass ich die Pilgerschaft des Lebens angenommen und einigermaßen gemeistert habe. Und dies vollzieht sich eben nicht zwischen Heute und Morgen, wie Laotse bereits unmissverständlich feststellte:

*Der Sinn, der sich aussprechen lässt, ist nicht der ewige Sinn.*
*Der Name, der sich nennen lässt, ist nicht der ewige Name.*

Wenn jemand zu dir als Reiki-Lehrer kommt und sich für Reiki interessiert, so solltest du ihn natürlich da abholen, wo er gerade steht. Das heißt in der Regel, ihm die Scheu vor der Reiki-Kraft mit ihren Elementen des Berührens, Öffnens, Einweihens erst einmal nehmen. Die Vermittlung einer Haltung, dass Reiki nicht nur eine Heilmethode, sondern insbesondere auch einen Weg der Persönlichkeitsentwicklung darstellt, könnte bei einer ersten Begegnung vielleicht noch zu weit gegriffen oder verunsichernd wirken. Meistens versprechen sich die ‚Suchenden' zu Anfang vornehmlich Hilfe oder Linderung (‚Heilung') von bestimmten, meist körperlichen Symptomen oder Problemen. Insofern wäre der Aufbau einer guten Beziehung, verbunden mit dem Erwecken von Hoffnung hier wichtiger.
Entscheidet sich der Reiki-Schüler, seinen Weg mit der Erlangung des zweiten Grades zu vertiefen, so lässt er sich auf eine ganz neue Erfahrung ein. Spätestens hier solltest du dir der Verantwortung deiner Funktion für ihn bewusst werden. Es sollte dir klar sein, dass sich der Reiki-Schüler nun intensiver deiner Leitung anvertraut. Dieser Umstand bringt es mit sich, dass die Art und Weise, wie du ihn von jetzt an berätst oder führst, sich mehr in positiver oder mehr in negativer Richtung für seine weitere Entwicklung auswirken wird. So gesehen ist es nicht so sinnvoll, Menschen einzuweihen, die weit von dir entfernt wohnen. Denn in so einem Falle gibt es kaum eine Möglichkeit für eine weitere spätere anhaltende Betreuung. Und auch bezüglich der Anzahl derer, die du begleitest, solltest du dir überlegen, für wie viele du wirklich da sein kannst. Da dem Reiki-Schüler zumindest eine persönliche Bindung zu dir als Lehrer angeboten werden sollte, wirst du die Zahl der Schüler nicht ins Übermaß steigern können.
Willst du mit Reiki-Schülern intensiver arbeiten, so reicht es nicht aus, sich nur deren Seite anzuhören. Wenn jemand mit deiner Hilfe irgendwohin kommen will, so müsst ihr euch beide kennenlernen. Deshalb erzähle ich auch viel von mir. Und dies nicht unbedingt, um dem anderen zu helfen oder gar anzugeben, sondern mindestens ge-

nauso aus dem Grunde, um mir selbst zu helfen. Entwicklung benötigt Geduld und Zeit.
Was meinst du, würde ein erleuchteter spiritueller Meister zu seinem Schüler sagen, würde der ihn fragen, wie er denn jemals ‚frei werden könne?‘ Denkbar wäre beispielsweise der Satz: ‚Wer hat denn jemals aus dir einen Sklaven gemacht?‘, oder auch die Aufforderung: ‚Frag den Pfahl da vorn. Der weiß auch nicht mehr als du und ich…!‘
So betrachtet gehören Lehren und Lernen als lebenslanger Prozess untrennbar zusammen. Und erst an dessen Ende werden wir erfahren, ob es sich im karmischen Sinne um eine nützliche oder weniger nützliche Inkarnation gehandelt hat. Hoffen wir, dass wir nicht ähnlich dumm handeln, wie die Zen-Schüler in der folgenden kleinen Erzählung: Der Zen-Meister verspricht dreien seiner Schüler einen großen Schritt auf ihrem Weg zur Erleuchtung, wenn sie von jetzt an für unbestimmte Zeit schweigen würden. Darauf sagt der erste sofort: „Natürlich werde ich nicht sprechen,“ worauf ihn der andere ausschimpft: „Wie töricht du bist“ und schließlich der Dritte angibt: „Ich habe als Einziger nicht gesprochen.“

Ich will es noch mal betonen: Reiki und sein Einweihungsweg in Richtung Vervollkommnung verlangt dauerhafte Achtsamkeit, je höher wir uns geistig entwickeln. Das heißt, wir sollten das Ziel haben, einen Bewusstseinszustand zu erreichen, in dem wir durchgängig unsere Gedanken und Handlungen auf die positive, lebensbejahende, heilsame Seite des Lebens ausrichten. Dies ist der beste Schutz vor zu viel Ego und Machtbesessenheit.
Ich würde mich freuen, wenn du dich für den Weg der sauberen hellen Reiki-Lichtenergie entscheidest. Helfen wird dir hierbei bestimmt auch die Anleitung vom Buddha zum ‚Achtfachen Pfad‘ im ersten Kapitel, wo es unter anderem heißt, man solle sich bemühen, „Unheilsames wegzulassen und Heilsames zu tun.“
So wie ich eben Reiki verstehe, handelt es sich um einen Weg, sich selbst und andere freier zu machen – sich von den Fesseln zu lösen, die wir durch Kultur, Erziehung, Religion und Schule angelegt bekamen. Reiki hat für mich nichts mit Dogmatismus und einengenden Strukturen zu tun. Reiki besitzt die Kraft, uns dem ‚endgültigen Wissen‘ sowie den ‚Geheimnissen des Lebens‘ näher zu bringen. Hierzu benötigen wir nicht unbedingt irgendwelche Moscheen, Kirchen oder

Tempel. Denn ein Mensch, der das Leben liebt, kann auf alles Äußere verzichten.
Jemand, der sich in Bezug auf die innere Befreiung des Menschen besonders eingesetzt hat, war Osho, den ich hier abschließend zitieren möchte:

***„Ja, alle Prophezeiungen der alten Seher wie Nostradamus, dass die Welt bis Ende dieses Jahrhunderts untergehen werde, sind richtig – nur in einem sehr anderen Sinne, als man es bisher verstand. Die alte Welt wird enden, und eine neue Welt wird beginnen. Das ist meine Interpretation des Nostradamus. Der ‚Alte Mensch' muss verschwinden, um einem ‚Neuen Menschen' mit neuen Werten Platz zu machen: mit einer Erde, ungeteilt in Nationen, mit einer Menschheit, ungespalten durch Religionen. Religion ist ursprünglich nichts anderes als die reinste und höchste Form der Liebe … Gott wird sich überall sehen lassen – in allem, in jedem Wesen."***

**In eigener Sache**

Seit 2003 unterrichte ich Reiki nach einem neuen, umfangreicheren Konzept als zuvor. Ich habe nach vielen Jahren meines Praktizierens und Suchens erkannt, dass das bis dahin gelehrte System ergänzt werden musste, um in meinen Augen in sich stimmig zu werden. Nun umfasst mein Schulungsweg neun Stufen. Nach meiner ersten Veröffentlichung besuchte mich einer meiner Lehrer Arjan Falk und meinte: *„Mensch Eckart, du hast dich getraut, genau den Schritt umzusetzen, der mir auch schon lange vorgeschwebt hatte."*

Deshalb an dieser Stelle noch ein kurzer Überblick, wie ich Reiki anbiete:

## Das komplette Reiki-System -

**(Neun Tore auf dem Weg zur Persönlichkeitsentfaltung)**

Die Basis dieses Weges bilden neuen Stufen - neun Tore, durch die es mit Hilfe der Einweihungen bildlich gesehen hindurch zu schreiten gilt, neun Tore, wobei jedes für einen neuen Lebensaspekt steht, mit dem Ziel, ein gesunder, selbstbewusster, lebensbejahender, verantwortungsbewusster und dennoch nicht unkritischer Mensch zu werden, der sich und sein Handelns bewusst vollzieht – oder anders gesagt: der auf dem Weg zu sich selbst ist. Vorab noch der Hinweis, dass sich die Einteilung bei mir ab dem 3.Grad von den bisher weitgehend gelehrten Reiki-Systemen unterscheidet und dass sich Weiteres auf meiner Homepage nachlesen lässt

1. Grad: Öffnung für die Reiki-Kraft; schon die erste Stufe versetzt den Interessierten in die Lage, Reiki anzuwenden. Man kann sich oder auch Angehörige im Kreise der Familie über das ‚Healing-Touch-Verfahren' mit positiver Energie versorgen – vornehmlich auf körperlicher Ebene.
2. Grad: Die Selbstheilungskräfte werden weiter aktiviert und man lernt, psychische Vorgänge positiv zu beeinflussen sowie Energie über Zeit und Raum zu schicken. Der Reiki-Strahl wird insgesamt stärker. Die drei vermittelten Symbole stehen in Verbindung zu den unteren drei Chakren.
3. Grad: Das Herz-Chakra wird geöffnet, so dass wir kopflastigen, gefühlskalten Mitteleuropäer nicht nur lernen, Herzenswärme zu entwickeln, sondern die Einweihung kann auch dazu beitragen, mögliche Störung im Herzzentrum zu reduzieren.
4. Grad: Das Hals-Chakra wird geöffnet, so dass wir unsere Blockaden im Ausdruck und in der Kommunikation nach und nach reduzieren können. Es kommt zu verbessertem Fluss zwischen Verstand und Gefühl.

5. Grad: Der sogenannte ‚Meister-Grad'. Das Stirn-Chakra wird geöffnet, so dass wir immer klarer erkennen, was unser Weg im Leben ist. Der erste Einweihungszyklus wird vollendet.
6. Grad: Reiki-Assistenz-Trainer (man tritt in intensiveren Kontakt zum Wissen des Lehrers, lernt erste Schritte, mit Reiki-Schülern umzugehen, übernimmt kleinere Vorträge bei Seminaren und hilft bei den Einweihungen)
7. Grad: Der sogenannte ‚Erste Geheimgrad' – große Harmonie.
8. Grad: Der sogenannte ‚Zweite Geheimgrad' – das große Teilen, spirituelle Reiki-Arbeit oder auch ‚Reiki Pur'.
9. Grad: Den Abschluss bildet dann eine erneute Einweihung in den ersten Grad, da sich von jetzt ab die Lebensspirale auf eine neue Ebene zubewegt.
0. Grad: Auf zur ‚Reiki-Meisterschaft' – man erlangt die Schulung und das Wissen, um selbst als Reiki-Lehrer andere Menschen auszubilden und einzuweihen. Dafür bedarf es keiner neuen Gradeinteilung mehr, da das Ende gleichzeitig einen Anfang darstellt.

Ich würde mich freuen, wenn weiterhin viele Menschen sich berufen fühlen, um den von mir angebotenen Weg kennenzulernen. Also ruhig mal anmelden:

Eckart Warnecke
Marderhof 17
29525 Uelzen
Tel.: 0581-3896378
Fax: 0581-77994
Homepage: eckart-warnecke.de (auch Facebook)
Mail: information@eckart-warnecke.de

## Literaturverzeichnis

Adler, Alfred: Der Sinn des Lebens,
Frankfurt 1981
Baginski/Sharamon: Reiki – Universale Lebensenergie,
Essen 1994
Barnett/Chambers: Reiki – Energy Medicine,
Rochester 1996
Bhagwan Shree Rajneesh: Das Ultimatum,
Köln 1988
Bauhover, Dr. Ulrich: In Balance leben,
2013
Byrne, Rhonda: Das Geheimnis (The secret),
München 2007
Dalai Lama: Logik der Liebe,
München 1992
Distel/Wellmann: Das Herz des Reiki,
München 1995
Freud, Sigmund: Psychoanalyse–Unbehagen in der Kultur, 1997
Gawain, Shakti: Im Garten der Seele,
München 1991
Geshe Kelsang Gyatso: Einführung in den Buddhismus,
Zürich 1995
Hamer, Dr. Ryke Geerd: Krebs – Krankheit der Seele,
Köln 1991
Hay, Louise: Heile deinen Körper,
2009
Kersten, Holger: Jesus lebte in Indien,
München 1993
Klinghardt, Dr. Dietrich: Lehrbuch der Psycho-Kinesiologie,
2004
Kopp, Sheldon B.: Triffst du Buddha unterwegs… ,
Hamburg 1980
Litsch, Franz-Johannes: Mystik – Der wahre Weg zu Gott,
2010

Lübeck, Walter: Reiki – Der Weg des Herzens,
Aitrang 1993
Lütge, Lothar-Rüdiger: Kundalini,
Freiburg 1989
Milner, Kathleen: Reiki&Other Rays of touch Healing,
Mesa 1994
Müller/Günther: Reiki – Heile dich selbst,
München 1994
Nelting, Dr. Manfred: Burn-out – Wenn die Maske zerbricht,
2014
Newton, Michael: Die Reisen der Seele,
Wettswil 1996
Olbricht, Ingrid: Alles psychisch?
München 1993
Osho: Der Weg der weißen Wolke,
1970
Peale, Norman Vincent: Die Kraft positiven Denkens,
Zürich 1952
Rand, William L.: Reiki – The Healing Touch,
Southfield 1991
Russell, Peter: Die erwachende Erde,
München 1987
Servan-Schreiber, David: Das Antikrebs-Buch,
München 2008
Sheldrake, Rupert: Das schöpferische Universum,
1995
Simonton, Carl O.: Wieder gesund werden,
1984
Sogyal Rinpoche: Das tibetische Buch vom Leben und vom Sterben,
2002
Sommer, Doris: Das Reiki-Lexikon,
München 1996
Stadler-Straub, Renate: Die Bildersprache der Seele,
1997
Sun Bear/Wabun Wind: Das Medizinrad Praxisbuch,
München 1993
Sun Bear: Die Zukunft liegt in deiner Hand
1986

Tolle, Eckhardt: Jetzt – Kraft aus der Gegenwart, 2010
Vaughan, Frances: Heilung aus dem Inneren, Hamburg 1993
Ware, Bronnie: 5 Dinge die Sterbende am meisten bereuen, München 2015
Warnecke, Eckart: Die Psychologie des Suchens, Oldenburg 1988
Warnecke, Eckart: Feng Shui für Partnerschaft und Liebe, Uelzen 1999
Warnecke, Eckart: Praxisbuch des magischen Wohnens, München 1998
Warnecke, Eckart: Reiki in der Schwangerschaft, München 1995
Warnecke, Eckart: Wenn alles ganz anders kommt, 1998

**Danksagung:**

Ich möchte mich an dieser Stelle noch mal bei all' den wunderbaren Menschen bedanken, die mir in den letzten mehr als dreißig Jahren ihr Vertrauen entgegenbrachten und bei mir an Seminaren oder Psychotherapien teilgenommen haben. Ich hoffe, ich konnte ihren Wünschen und Hoffnungen gerecht werden. Zumindest bin ich allen, die sich an mich gewendet haben, mit einem Höchstmaß an innerlichem Mitgefühl und aufrichtiger Motivation begegnet. Ich werde bestrebt sein, dies auch zukünftig zu tun und hoffe, dass mir noch ein langes Leben beschieden sein wird, in dem ich dies auch weiterhin tun kann.

*Eckart Warnecke*